지은이 | 존 우드워드

이 책을 쓴 존 우드워드는 어른과 아이들이 모두 쉽게 읽을 수 있는 과학, 환경, 예술에 관한 30여 권이 넘는 책을 썼습니다. 과학의 다양한 주제들을 통해 인간의 마음과 우리들의 뇌가 가진 유연함에 대해 항상 배우고 있습니다.

옮긴이 | 서유헌

서울대학교 의과대학을 졸업하고 같은 학교 대학원에서 뇌 연구로 의학박사 학위를 받았습니다. 미국의 코넬 대학교, 독일의 하이델베르크 대학교, 영국의 임페리얼 대학교, 일본의 도쿄 대학교 등 세계 여러 유명 대학교에서 교환교수 및 객원교수로 활동했습니다. 1980년부터는 서울대학교 의과대학 교수로 재직하고 있으며, 한국뇌학회 초대회장, 한국뇌신경과학회 이사장, 한국인지과학회장, 대한약리학회장, 한국마음두뇌교육협회장 등을 역임하면서 우리나라 뇌 연구의 기반을 닦았습니다. 그 공로로 대한민국최고과학기술인상, 세종문화상, 유한의학대상 등을 받았습니다. 이밖에도 의사협회에서 지정하는 우수의 과학자 20인(2001), 과학기술훈장 웅비장(2002) 등을 받았습니다.
『천재 아이를 원한다면 따뜻한 부모가 되라』, 『잠자는 뇌를 깨워라』, 『바보도 되고 천재도 되는 뇌의 세계』, 『뇌를 알고 머리를 쓰자』, 『천재가 되는 두뇌과학세상』 등 30여 권의 저서와 200여 편에 달하는 논문을 국내외에 발표했습니다.
현재는 서울대학교 의과대학 신경과학연구소장, 교육과학기술부 치매정복창의연구단장, 대통령 주재 국가과학기술위원회 위원을 맡고 있습니다.

옮긴이의 말

우리가 매일 숨을 쉬며 살아갈 수 있고 생각하고 공부할 수 있는 것은 뇌 덕분입니다. 뇌가 없이 우리는 한시도 살아갈 수 없을 뿐만 아니라, 인간다운 삶을 누릴 수가 없습니다. 뇌는 생명의 주관자이고 창조의 원동력입니다. 따라서 우리는 뇌를 효율적으로 활용해야만 공부도 잘할 수 있고 건강하게 살아갈 수 있습니다. 아무리 좋은 머리를 가지고 태어났다 하더라도 뇌에 대해서 잘 알고 머리를 써야만 천재가 될 수 있습니다. 『뇌는 정말 신기해』는 이런 면에서 볼 때 뇌의 기능이 무엇인지, 뇌를 어떤 방식으로 잘 써야만 천재처럼 빛나는 두뇌를 가질 수 있는지에 대한 유익한 정보가 알차게 잘 설명되어 있는 책입니다. 이 책을 쓴 존 우드워드는 어린 학생들도 잘 이해할 수 있는 쉬우면서도 교육적인 여러 권의 과학 서적을 집필해서 영국을 비롯한 여러 나라의 과학 교육에 큰 기여를 하고 있는 사람입니다. 『뇌는 정말 신기해』는 뇌의 복잡한 구조와 기능을 아주 알기 쉽게 그림을 통해 재미있게 설명해 주고 있습니다. 뿐만 아니라 여러 가지 어려운 문제들을 해결하는 창의적인 방안들을 제시해 주고 있습니다. 나아가서 역사적으로 유명한 위인들이 어떻게 창의성을 발휘하여 인류의 역사에 큰 공헌을 하게 되었는지를 가슴에 와 닿게 들려주기도 합니다. 위트 넘치는 일러스트와 뇌의 기능에 대한 기본적인 해설, 감동적인 인물들의 이야기, 그리고 두뇌를 자극하는 신나는 퍼즐과 게임들이 어우러진 이 책을 다 읽고 나면 여러분들의 두뇌가 예전보다 한층 더 자란 것을 느낄 수 있을 것입니다.

이 책에는 여러분의 뇌가 즐거워할 만한 재미있는 퍼즐과 게임, 수수께끼들이 가득해요. 하지만 어렵거나 위험한 실험과 문제들은 부모님이나 선생님 같은 어른들과 꼭 함께 해야해요!

뇌는 정말 신기해!

존 우드워드 지음 | **서유헌** 옮김
데이비드 하드먼 & 필 체임버스 자문
세르게 세이들리츠 & 앤디 스미스 그림

차례

6 뇌는 정말 놀라워요

뇌를 구석구석 살펴보자!
10 뇌의 구조를 알아보자
12 좌뇌, 우뇌
14 오른쪽? 왼쪽?
16 신경과 뉴런
18 뇌파
20 천재란 과연 무엇일까?

감각을 느끼는 뇌
24 뇌와 눈의 관계
26 우리 눈을 속이는 그림들
28 어떻게 볼 수 있을까?
30 신기한 착시 효과들
32 현실에서는 불가능한 착시
34 어떻게 들을 수 있을까?
36 무슨 소리일까?
38 볼프강 아마데우스 모차르트
40 맛 감각과 냄새 감각
42 예민한 감각들
44 어떻게 감촉을 느낄까?
46 무슨 촉감일까?
48 마음을 속이는 속임수
50 속임수 마술
52 우리 몸의 또 다른 감각들
54 우리 몸의 착각
56 직관적인 직감

기억을 하는 뇌
60 어떻게 생각할 수 있을까?
62 기억이란 무엇일까?
64 기억력을 높이는 방법
66 기억할 수 있나요?
68 주의를 집중해요!
70 연관 만들기
72 알베르트 아인슈타인

공부를 하는 뇌
76 어떻게 배울 수 있을까?
78 미로를 탐험해 보자
80 수수께끼 같은 모양들
82 지능의 여러 가지 형태
84 조지 워싱턴 카버
86 논리력
88 비논리적인 사고
90 뇌가 곤란해 하는 문제들
92 빈 칸을 채워요
94 수학적인 사고
96 숫자로 생각하기
98 수학의 마술
100 공간 지각
102 2차원으로 보기
104 3차원으로 생각하기
106 쓸모 있는 발명품
108 베르너 폰 브라운

말과 글을 사용하는 뇌

112 말하기를 배워요
114 단어를 만들어요
116 언어를 사용해요
118 큰소리로 말해요
120 읽기와 쓰기
122 장 프랑수아 샹폴리옹

뇌가 바로 나예요

138 자아를 인식해요
140 다양한 성격들
142 여러분은 어떤 성격을 가졌나요?
144 바쁘다 바빠! 여러분의 하루 일과는?
146 매리 애닝
148 무의식
150 꿈꾸는 뇌
152 감정을 느껴요
154 마하트마 간디
156 공포심
158 다른 사람의 기분을 읽어요
160 몸으로 나누는 대화
162 좋은 습관 나쁜 습관
164 나는 이길 수 있어!

창조적인 뇌

126 창의력이란 무엇일까?
128 창의력을 키워 주는 문제들
130 창의력을 키우는 방법
132 창의력을 키우는 훈련
134 레오나르도 다빈치

뇌는 이렇게 발달해요

168 어떻게 지능을 가지게 되었을까?
170 찰스 다윈
172 뇌는 어떻게 성장할까?
174 뇌 수술은 이렇게 해요
176 동물들도 지능을 가지고 있어요
178 애완동물 길들이기
180 생각하는 기계?
182 명령을 주고 받아요

184 용어설명
186 정답
190 찾아보기

기억력 실험

여러분 뇌의 기억력을 실험해 봅시다. 옆에 보이는 소년의 뇌를 45초 동안 보세요. 그리고 책을 덮은 뒤, 다음 질문에 대답해 봅시다. 절대 책을 들춰보면 안 돼요!

1. 소년은 어디에서 노래하는 것을 좋아합니까?
2. 소년이 하고 있는 3가지 운동은 무엇입니까?
3. 어떤 그림은 소년의 신체 내부를 보여 주고 있습니다. 어느 기관인가요?
4. 소년이 무서워하는 귀신은 어떤 색깔입니까?
5. 소년이 좋아하는 것은 무엇입니까?
6. 소년이 싫어하는 음식은 무엇입니까?
7. 소년의 생일 케이크에는 촛불이 몇 개 있습니까?
8. 여기에 나온 동물의 이름을 3개 이상 말해 보세요
9. 소년이 맡고 있는 맛있는 냄새는 무엇입니까?
10. 소년은 어떤 상처 때문에 울고 있습니까?

답을 찾았나요? 정답은 186쪽에 있습니다.

감정
두려움, 노여움, 기쁨, 사랑을 비롯한 다양한 감정들은 자동적으로 나오는 정신적인 반응이에요. 우리는 감정을 조절하기 위해 다른 뇌 부위도 함께 사용합니다.

자동 활성
우리의 뇌는 항상 활동하고 있습니다. 심지어 우리가 잠을 자고 있을 때도 활동해요. 뇌는 심장 박동, 혈압, 호흡, 소화를 조절합니다.

뇌는 정말 놀라워요

뇌는 우리의 신체 가운데 가장 놀라운 부분입니다. 수십 억 개의 세포는 우리가 생각하고 행동하는 모든 것, 즉 운동, 감각, 감정, 기억, 언어 등을 조절합니다. 뇌는 사용하면 할수록 그 기능이 좋아집니다. 이 책은 뇌의 신경 세포가 어떻게 작동하는지, 어떻게 해야 천재가 될 수 있는지를 보여 줄 것입니다.

지각
모든 감각은 회로로 연결되어 있어 신호를 주고받으면서 보고, 듣고, 냄새도 맡고 맛을 봅니다.

완벽한 한 쌍
이 퍼즐로 여러분의 공간 능력을 알 수 있습니다. 육각형 모양을 만들기 위해서는 오른쪽에 있는 조각들 중에서 어떤 것 두 개를 합해야 할까요?

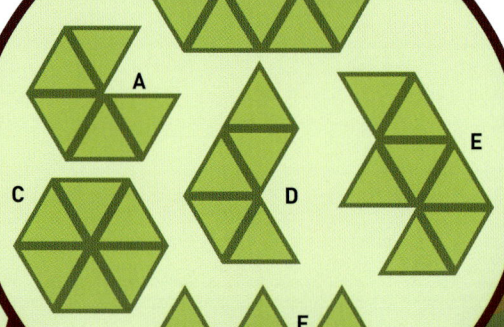

정답은 186쪽에 있습니다.

생각
우리의 뇌는 서로 다른 생각들을 연결해서 문제를 해결합니다. 심지어 우리들이 직접 경험한 일이 아닌데도 말이에요. 오로지 인간만이 이러한 일을 할 수 있습니다.

"인간의 뇌는 지구에서 가장 복잡한 구조를 가지고 있어요"

기억
주의를 끄는 사건이나 사실들은 놀라울 정도로 효율적인 도서관인 '기억' 속에 저장됩니다.

언어
우리의 뇌는 언어를 사용해 대화를 하고, 복잡한 생각을 이해할 수 있는 능력이 있습니다. 오래전에 쓰인 글들을 읽으면서 우리는 배울 수 있지요.

운동
뇌는 운동을 시작하게 하고 통제합니다. 행동들을 부드럽고 효율적으로 조절해요. 이런 운동의 대부분은 의식적인 생각없이 일어납니다.

길을 잃어버렸나요?
인생은 수수께끼 같은 문제로 가득합니다. 미로처럼 생긴 뇌는 복잡한 문제를 해결하죠.

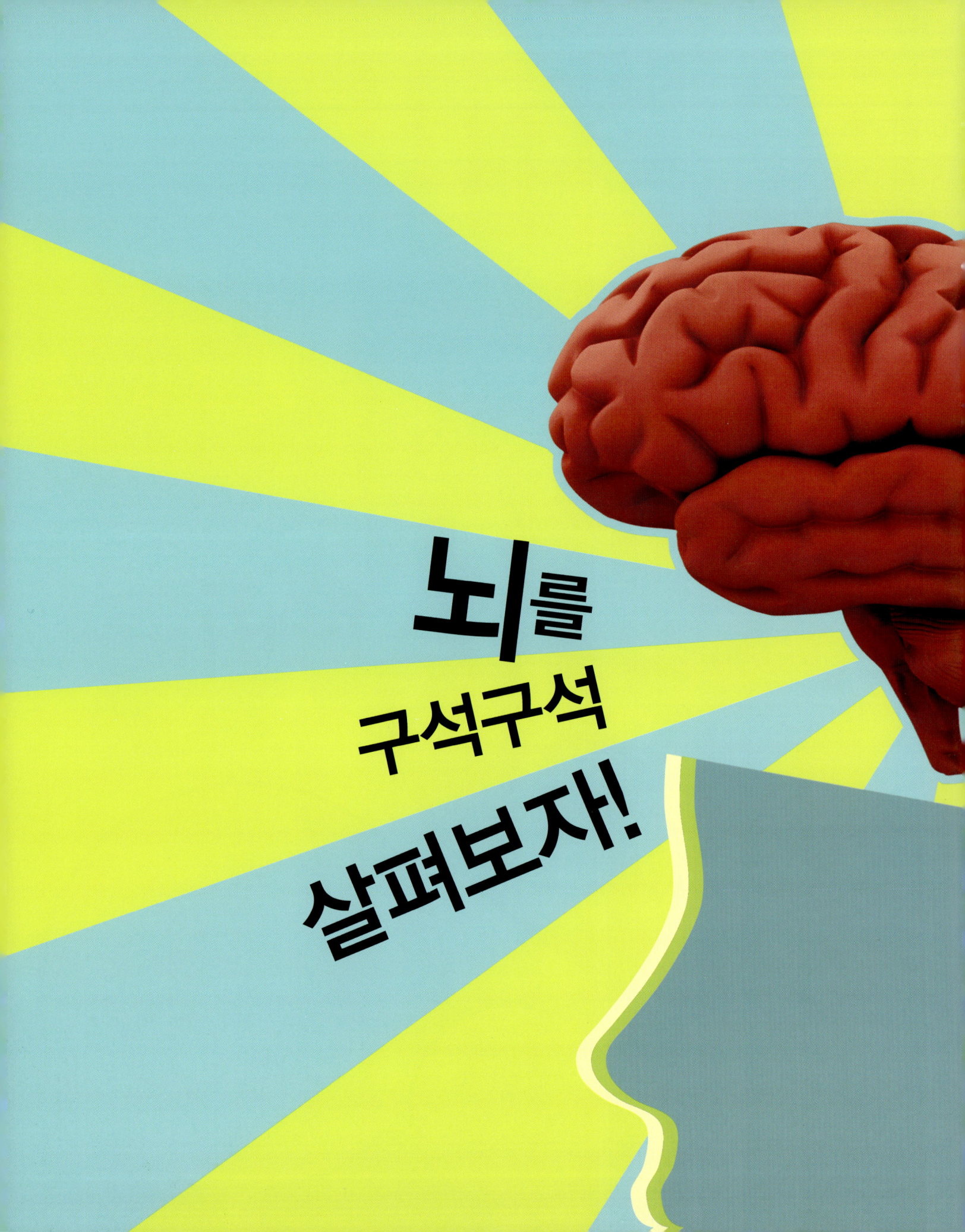

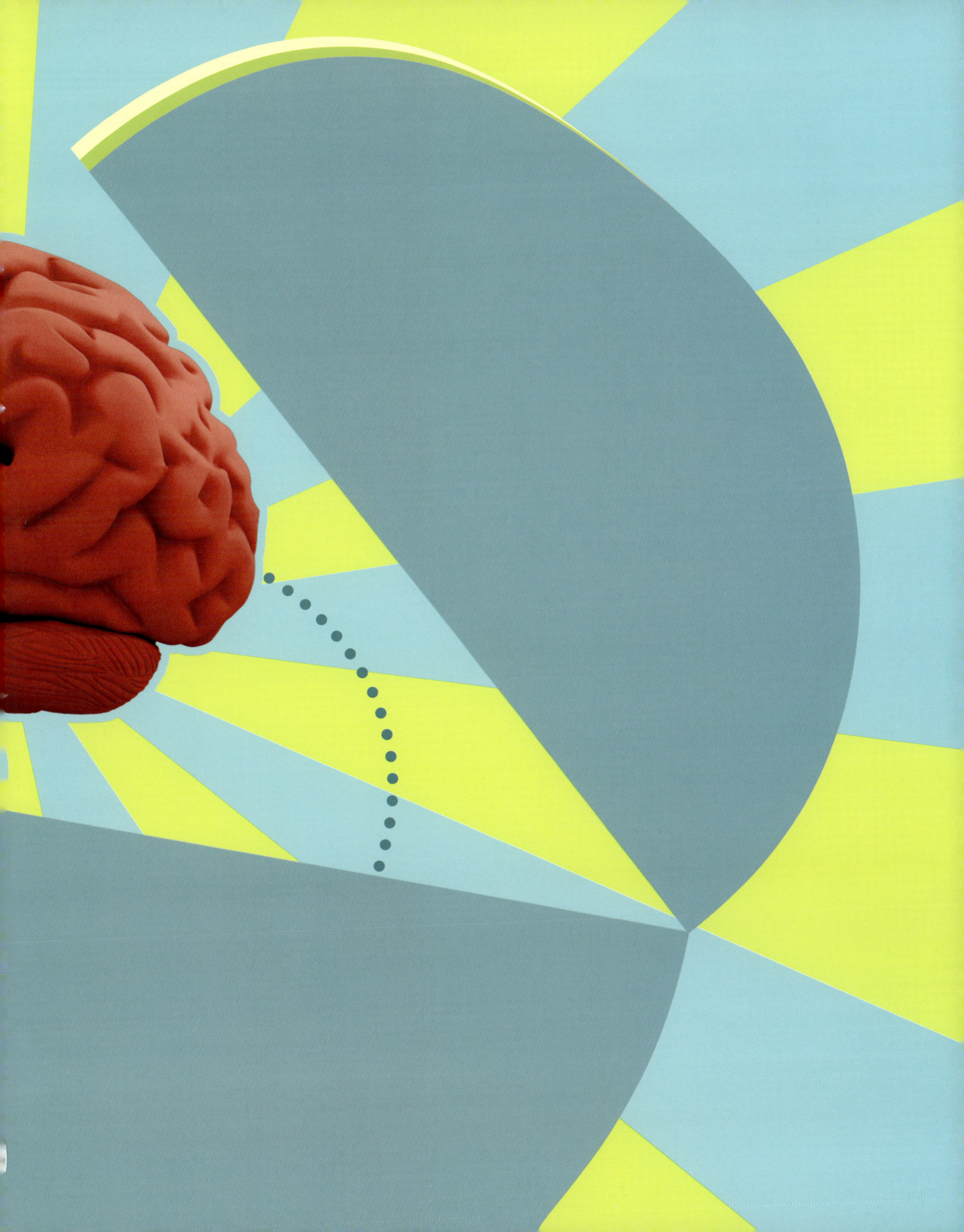

물고기의 뇌

새의 뇌

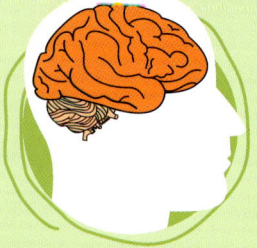
사람의 뇌

천재의 기원
다른 동물들과 비교해볼 때 인간의 뇌는 훨씬 큰 대뇌를 가지고 있습니다(그림에서 주황색으로 표시된 부분). 인간은 의식적인 사고를 위해 대뇌를 사용함으로써, 지능을 가질 수 있었습니다.

뇌막은 외부의 충격으로부터 뇌를 보호해주는 막입니다.

뇌의 구조를 알아보자

우리의 뇌는 신체 중에서 가장 복잡한 기관입니다. 수십 억 개의 신경 세포가 전자 연결망으로 이어져 있습니다. 각각의 뇌 부위는 특정한 기능을 가지고 있습니다. 그중에서 우리의 사고와 행동을 담당하고 있는 대뇌가 가장 큽니다.

페르가몬의 의사 갈렌
'페르가몬의 갈렌'이라고 불렸던 그리스의 외과의사는 뇌가 중요한 장기이며 기억과 감정을 조절하고 있다고 생각했던 최초의 사람들 중 한 명입니다. 갈렌은 129년부터 200년까지 지금은 터키라고 부르는 곳에서 살았어요. 갈렌은 검투사들의 처참한 상처를 치료해 주었습니다.

뇌하수체
호르몬이 혈액 속을 흘러 다니게 합니다. 호르몬은 성장과 신체 발달을 포함한 많은 기능을 조절해요.

시상하부
수면, 배고픔, 체온을 조절하는 뇌 부위입니다.

시상
시상은 우리 몸에서 올라온 감각 정보를 대뇌로 전달해 줍니다.

"우리 뇌의 77퍼센트는 물이에요."

뇌 줄기
척수와 연결되어 있고, 신체 각 부위와 뇌를 연결하여 심장 박동과 호흡을 조절합니다.

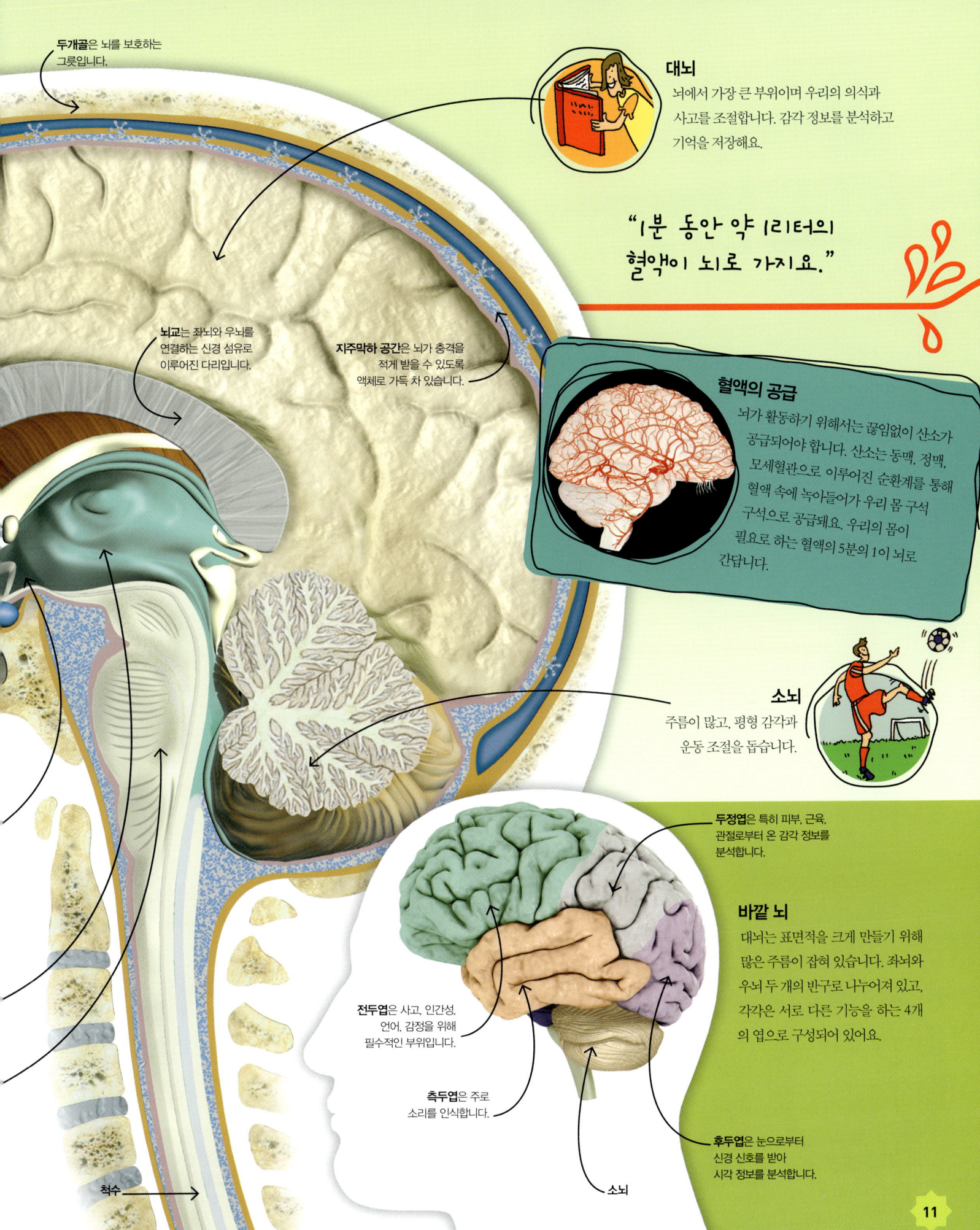

대뇌는 좌뇌와 우뇌 두 개의 반구로 나누어지며 신경 섬유 다리(뇌량)로 연결됩니다. 각각의 반구는 반대쪽 신체 기능을 조절합니다. 그러나 이외의 다른 기술이나 사고 과정들은 대체로 한쪽 반구가 중심이 되어서 조절합니다.

좌뇌(왼쪽 뇌)

좌뇌의 기능
좌뇌는 우뇌와 비교했을 때,
논리적이며 언어적인 기능을 담당합니다.

언어
말로 표현하는 능력은
보통 좌뇌의 전두엽이 담당합니다.

왼쪽 시신경 회로는
오른쪽 시각 영역으로부터
들어온 정보가 이동하는
통로입니다.

과학적 사고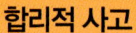
논리적이며 과학적인 사고는
좌뇌가 담당합니다.

합리적 사고
생각하고 합리적으로 반응하는 것은
주로 좌뇌가 하는 일입니다.

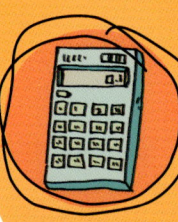 **수학적 사고**
우뇌보다는 좌뇌가 수학적인
일을 잘 해냅니다.

글로 표현하는 기술
말하기나 생각을
글로 표현하는 기교는
주로 좌뇌가 담당합니다.

왼쪽 시각 피질은
오른쪽 시각 영역으로부터
들어온 정보를 처리합니다.

두 개의 마음?
많은 정신 활동은 양쪽 뇌를 모두 사용합니다. 옆에 보이는 두 장의 사진은 음악을 듣고 있는 두 사람의 뇌 활동을 보여주고 있습니다. 왼쪽 사진은 우뇌를 더 많이 사용하고 있어 더 직관적이라는 것을 알 수 있지요. 반면에 오른쪽의 사람은 좌뇌를 더 많이 사용하고 있어 분석적인 것을 알 수 있지요.

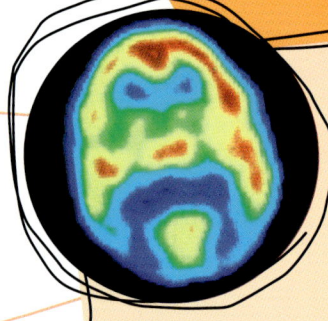
이 사진은 활발하게
활동하는 우뇌를
보여주고 있습니다.

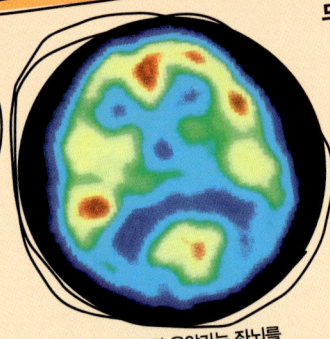
훈련된 음악가는 좌뇌를
더 많이 사용합니다.

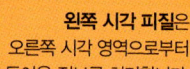

우뇌 (오른쪽 뇌)

오른쪽 시각 영역
양쪽 눈의 오른쪽은 왼쪽에 있는 것을 봅니다.

우뇌의 기능
우뇌는 창의적인 사고와 감정, 통찰력과 관계가 깊습니다. 입체적으로 공간을 인식할 때도 중요하지요.

입체 공간적 기술
3차원적인 모양을 볼 때 우뇌가 더욱 활발해집니다.

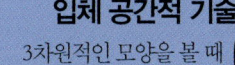

시신경
시각 신호를 뇌로 보냅니다.

예술

시각 예술은 공간을 입체적으로 받아들이는 기술과 관련되어 있습니다. 우뇌는 그림을 그리고, 예술 작품을 감상할 때에 더욱 활발해집니다.

상상력
창의적인 상상력은 주로 우뇌에서 나오며 그 상상을 표현하는 것은 좌뇌가 담당합니다.

오른쪽 시신경회로
왼쪽 시각 영역으로부터 들어온 정보가 통하는 통로입니다.

통찰력

두 가지의 매우 다른 생각을 연결할 때에는 통찰력이란 것이 필요한데, 이것은 우뇌에서 주로 담당합니다.

음악
시각 예술처럼 음악도 많은 우뇌 활동을 필요로 합니다. 그러나 훈련된 음악가들은 음악 이론에 통달하기 위해서 좌뇌를 많이 사용하지요.

오른쪽 시각 피질
왼쪽 시각 영역으로부터 들어온 정보를 처리합니다.

교차하는 회로
양쪽 눈의 왼쪽은 좌뇌와 연결되어 있지만 오른쪽으로부터 들어온 정보를 분석합니다. 각각의 뇌는 반대쪽 장소로부터 들어온 이미지를 분석하여 반대쪽 손발 근육을 조절합니다.

오른손잡이 중심의 세계

좌뇌가 오른손을 조절하며 대다수의 사람들은 오른손잡이이기 때문에 좌뇌가 보통 우성인 뇌입니다. 그렇다면 왼손잡이들은 좌뇌보다 우뇌가 담당하는 기술에 더 능숙할까요? 이에 대한 과학적인 증명은 없지만 실제로 많은 왼손잡이들이 언어와 논리적인 일을 하는 데에는 어려움이 없습니다.

재미있는 두뇌 게임

오른쪽? 왼쪽?

대다수의 사람들은 왼손잡이이거나 오른손잡이입니다. 발이나 눈도 더욱 능숙하게 사용되는 쪽이 있다는 것을 알고 있나요? 몸을 움직일 때나 정신적인 일을 할 때도 좌뇌와 우뇌는 동일하게 작용하지 않습니다. 양손과 양발을 동시에 잘 쓸 수 있는 사람은 매우 드물지요. 여러분이 과연 어느 쪽을 더 능숙하게 사용하는지 실험을 통해 한 번 알아볼까요?

누가 더 행복해 보이나요?
위아래 그림 속 여자의 코를 똑바로 봅시다. 어떤 여자가 더 행복하게 보이나요? 대부분의 사람들은 왼쪽 얼굴에 미소를 짓고 있는 아래의 여자가 더 행복해 보인다고 이야기합니다. 왜냐하면 왼쪽 시야로 들어온 정보는 감정을 조절하는 우뇌로 들어와 분석이 되기 때문입니다.

자주 사용하는 발은 어느 쪽?
어느 쪽 발을 더 능숙하게 사용하는지 알아보는 가장 쉬운 방법은 축구공을 차 보는 것입니다. 보통은 두 발 중에서 힘이 센 발로 공을 찹니다. 능숙하게 사용하는 발은 능숙하게 사용하는 손과 꼭 같은 쪽이 아닐 수도 있어요.

"자주 사용하는 손의 반대쪽 손으로 일해 봅시다. 예를 들어 반대편 손으로 포크를 잡거나 반대쪽 팔에 시계를 차는 것처럼 말이죠. 그렇게 바꾸면 우리의 뇌는 일을 하는 새로운 방법을 배우게 되고 양쪽 뇌 사이에 더 많은 연결이 만들어지게 된답니다."

자주 사용하는 눈은 어느 쪽?

어떤 눈이 능숙하게 자주 사용하는 눈인지 알아보기 위한 실험을 해봅시다. 먼저 검지를 눈높이로 올린 뒤 좀 더 멀리 둡시다. 그리고 한쪽 눈을 차례로 감습니다. 자주 사용하지 않는 눈으로 볼 때는 손가락이 점프하는 것처럼 보이지만, 능숙하게 사용하는 눈으로 볼 때는 손가락이 제자리에 있을 거예요. 주로 사용하는 눈은 물체의 위치를 잘 잡고, 그렇지 않은 눈은 깊은 감각을 보는 것을 도와줍니다.

"어떤 운동 경기에서는 양손을 둘 다 잘 쓰면 유리해요. 예를 들어서 야구에서 양손으로 공을 잘 맞추는 선수는 가장 좋은 쪽에서 공을 맞추기 위해 손을 바꿀 수도 있어요."

간단한 테스트

양손잡이는 양손을 똑같이 잘 쓰는 능력을 가지고 있습니다. 여러분이 양손잡이인지 아닌지를 알아보기 위해 아래의 실험을 해봅시다. 먼저 오른손으로 연필을 잡고 친구에게 15초의 시간을 재라고 하세요. 그다음 오른쪽 위에서부터 흰 원 안에 가능한 한 점을 계속 찍어 내려가세요. 왼손을 사용해서도 같은 방법으로 해보고 결과를 비교해 봅시다.

왼손 시작

오른손 시작

거꾸로 보면 정확해져요

이 실험은 가끔씩 뇌가 우리를 어떻게 속이는지를 보여줍니다. 우선 거꾸로 된 얼굴을 그려보세요. 그리고 똑바로 된 얼굴을 그려보세요. 아마도 여러분이 그린 두 그림 중 거꾸로 놓고 그린 그림이 더 정확할 것입니다.

🌀 좌뇌는 간단한 모양을 인지합니다.
예를 들어 얼굴의 형태를 아몬드 모양으로 인식하고 그렇게 그리지요. 그래서 사진을 똑바로 놓고 그리면 실제 보이는 대로가 아닌 비슷하게 보이는 인상에 따라 그림을 그립니다. 그러나 거꾸로 된 얼굴 모양을 그릴 때는 우뇌가 익숙하지 않은 이미지를 이해하기 힘들기 때문에 보이는 모습 그대로 모양과 선을 정확하게 그립니다.

🌀 능숙한 손으로 했을 때
여러분은 더 멀리
줄을 따라 점을 찍었을 것입니다.
능숙하지 않은 손으로도 이 실험을
잘 해냈다면 놀랄 수도 있지요.
왼손과 오른손 어느 쪽로도 잘하면
여러분은 아마 양손잡이일 것입니다.

신경과 뉴런

뇌는 우리 몸의 모든 곳으로 뻗어 나가는 신경망에 연결되어 있습니다. 이 신경망은 많은 가지를 가지고 있는 나무와 같아요. 척수로부터 뻗어 나온 가지들은 뇌로 연결이 됩니다. 신경은 뉴런(신경세포)이라고 부르는 세포 뭉치로 구성되어 있고, 뇌 조직을 형성하고 있습니다.

"어떤 뉴런의 축삭돌기는
길이가 1미터가 넘어요.
우리 몸속에서 가장 큰 세포지요."

축삭돌기
신경 흥분이
긴 축삭돌기를 따라
내려가서 다른 뉴런을
흥분시킵니다.

신경계
우리 몸 곳곳에 뻗어 있는 작은 신경들을 말초신경계라고 합니다. 말초신경계는 우리의 감각으로부터 정보를 모아 척수와 뇌로 구성되어 있는 중추신경계로 보냅니다. 중추신경계는 그 정보를 분석합니다. 뇌로부터 받은 지시는 다시 말초신경계를 통해 우리 몸의 장기와 근육으로 내려갑니다.

가지를 만드는 세포들
액체 주머니 같은 각각의 세포는 기본적으로 무슨 일을 할 것인가를 결정하는 핵을 포함하고 있습니다. 뉴런은 이상한 모양을 지녔는데 가지를 지닌 수상돌기 때문이에요. 수상 돌기는 다른 뉴런에게서 정보를 받아들입니다. 가장 긴 가지인 축삭돌기는 가장 중요한 신경 섬유예요.

세포체
신경 세포에 필요한
모든 물질이
만들어집니다.

"뇌는 우리 몸무게의
3퍼센트밖에 되지 않지만
우리 몸이 필요로 하는 전체 에너지의
17퍼센트를 사용해요."

찌릿찌릿한 신경
뉴런의 긴 축삭돌기는 전기적 신호를 전도하는 전깃줄 같습니다. 신경의 한쪽 끝은 다른 신경 세포로부터 신호를 받아 세포체로 전달하는 수상돌기입니다. 전기적 신호는 수상돌기에서 화학 물질로 만들어진 신경전달물질을 통해 다른 쪽 끝에 있는 축삭돌기로 이동하여 전기적 신경 흥분을 전달합니다.

핵
핵속에는 유전자가
있으며
신경 세포의 모든
기능을 조절합니다.

"시침 핀 머리에 3만 개의 뉴런을 올려 놓을 수 있어요."

신호 주고받기

각각의 뉴런들은 각자 자신들이 맡은 일을 합니다. 감각 뉴런은 감각으로부터 신호를 받고, 운동 뉴런은 근육으로 신호를 보냅니다. 어떤 신경 활성은 의식적인 사고를 동반하는데 특히 숙련된 솜씨가 필요한 일을 할 때 그렇습니다. 대부분의 많은 활성은 심장 박동이나 호흡과 같은 생명 유지 기능을 조절하기 위해 자동적으로 일어나지요.

미엘린 수초
긴 축삭돌기를 보호하고
신경 흥분의 전달 속도를
빠르게 해줍니다.

신경망

신경 세포는 신경 신호를 서로서로 연결합니다. 컴퓨터의 전자 회로처럼 복잡한 회로를 만드는 뇌에서는 수천 억 개의 신경 세포들의 연결이 복잡하게 이루어집니다. 신경망은 우리의 감각에 의해 수집된 정보를 분석하고 기억 속에 저장하며 사고할 수 있는 능력을 줍니다.

시냅스 단추
다른 신경 세포로부터 나온 축삭돌기의
팽창된 끝에서 화학 물질로 만들어진
신경전달물질이 나와 신경 신호가
전달됩니다.

"전기적 신경 흥분은 긴 축삭돌기를 따라 시간당 400킬로미터의 속도로 전달돼요."

반사 작용

날카로운 선인장 가시에 찔리면 통증 신호가 팔에 있는 신경을 따라 척수로 올라가서 우리는 손을 재빠르게 선인장으로부터 치우게 됩니다. 어떤 정보는 뇌까지 올라가지 않고 척수로 바로 가서 자동 반사 반응이 일어나게 되어 우리의 뇌가 통증을 알기 전에 손을 떼게 만든답니다.

수상돌기
다른 신경 세포로부터
신호를 받는 일을
합니다.

미토콘드리아
세포의 활동에 필요한
에너지를 만드는 공장입니다.

17

뇌파

우리의 뇌는 일종의 전기 감지기입니다. 전달하는 전기 신호를 전달면서, 흥분이 된 신경 세포의 전기적 변화를 측정할 수 있기 때문이지요. 이것은 컴퓨터에 붙은 모양으로 나타냅니다. 뇌파라고 부르는 이 물결 모양은 마음 상태에 따라 다른 모습으로 나타나지요. 과학자들은 이 그림을 이미지를 더터 가지 스케치를 이용해 측정합니다. 그러면 어느 뇌 부위가 어떤 일을 할 때 활발해지는지 알 수 있거든요.

한스 버거
1924년 한스 버거는 은으로 만든 전깃줄을 머리와 전기기구에 연결하여 처음으로 뇌파를 기록했습니다. 그는 처음 기록한 뇌파를 그리스의 알파벳 순서에 따라 알파파와 베타파를 이름 붙였습니다. 이후에 과학자들은 델타파, 감마파, 세타파를 발견했어요.

중간 정도로 활성된 뇌
앗자 뇌가 노란색으로 활성된 부위는 중간 정도로 활성된 뇌 상태를 나타냅니다.

베타파
깨어서 활동할 때 나타납니다.

이럴 때는 이런 뇌파가

다른 정신 상태에는 다른 뇌파를 발생시킵니다. 깨어서 생각할 때 베타파가 나타나요. 졸릴 때는 알파파가 나옵니다. 꿈을 꾸는 깊은 잠 사이에는 더 느린 세타파가 나옵니다. 깊은 잠에 가장 느리고 길게 나오는 것은 델타파입니다. 우리가 꿈을 꾸지 않는 때 나타납니다.

알파파
긴장이 풀린 상태일 때 나타납니다.

세타파
졸릴 때 나타납니다.

매우 적게 활성된 뇌

초록색이나 보라색으로 나타나는 부위는 적게 활성된 뇌 상태를 나타냅니다.

델타파
잠잘 때 나타납니다.

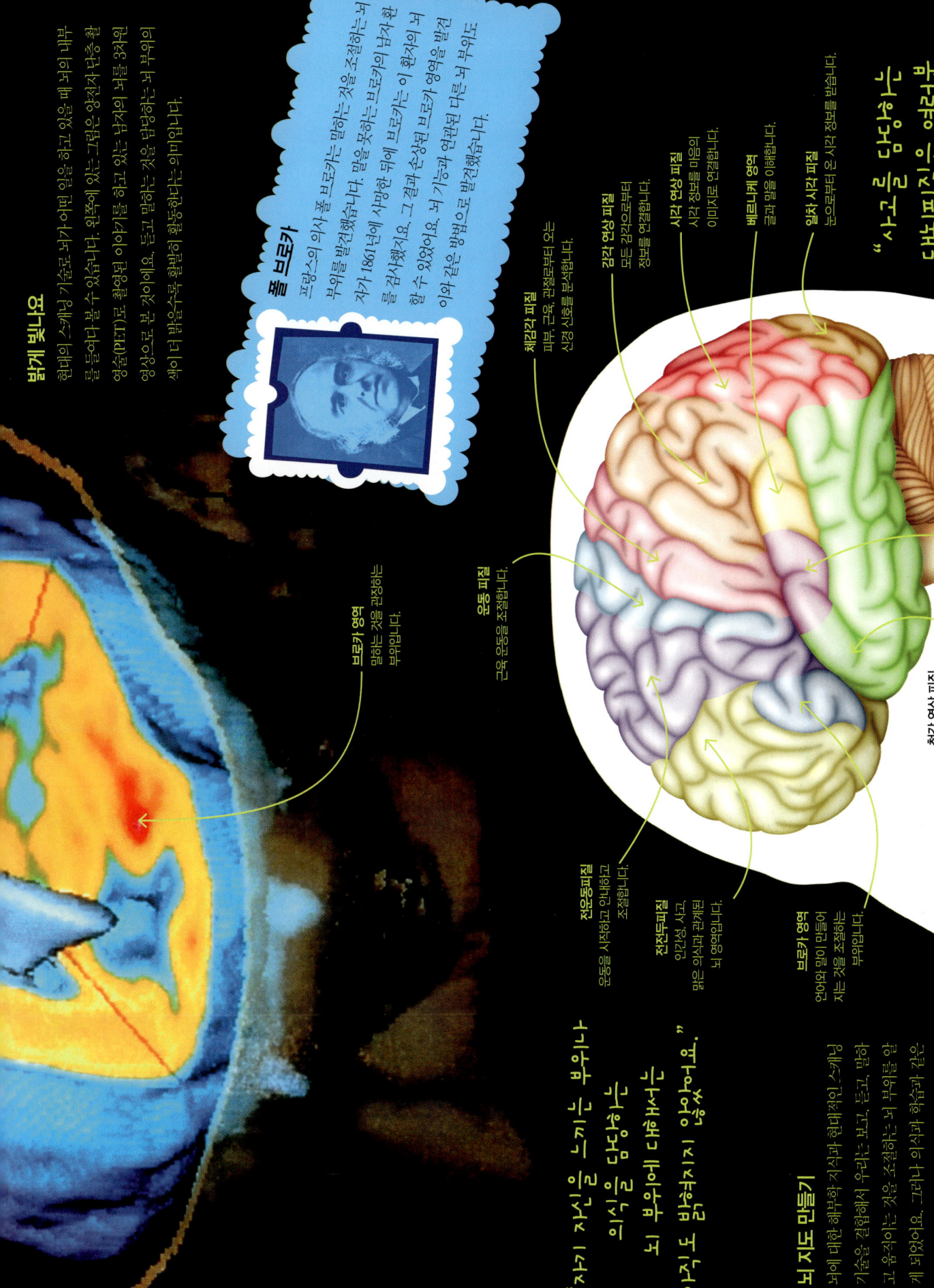

밝게 빛나요

현대의 스캐닝 기술로 뇌가 어떤 일을 하고 있을 때 뇌의 내부를 들여다 볼 수 있습니다. 왼쪽에 있는 그림은 양전자 단층 촬영술(PET)로 촬영된 이야기를 듣고 있는 남자의 뇌를 3차원 영상으로 본 것이에요. 듣고 말하는 것을 담당하는 뇌 부위의 색이 더 밝을수록 활발히 활동하고 있다는 의미입니다.

폴 브로카

프랑스의 의사 폴 브로카는 말하는 것을 조정하는 뇌 부위를 발견했습니다. 말을 못하는 브로카의 남자한 환자가 1861년에 사망한 뒤에 브로카는 이 환자의 뇌를 검사했지요. 그 결과 손상된 브로카 영역을 발견할 수 있었어요. 뇌 기능과 뇌 각 부분의 연관성 있는 이와 같은 방법으로 발견된 다른 뇌 부위도 있습니다.

체감각 피질 피부, 근육, 관절로부터 오는 신경 신호를 분석합니다.

감각 연상 피질 모든 감각으로부터 정보를 연결합니다.

시각 연상 피질 시각 정보를 이미지로 연결합니다.

베르니케 영역 글과 말을 이해합니다.

일차 시각 피질 눈으로부터 온 시각 정보를 받습니다.

"사고를 담당하는 대뇌피질은 여러분 뇌의 80퍼센트를 차지해요."

브로카 영역 말하는 것을 편성하는 부위입니다.

운동 피질 근육 운동을 조절합니다.

전운동피질 운동을 시작하고 안내하고 조절합니다.

전전두피질 인격성, 사고, 모든 의식과 관계된 뇌 영역입니다.

브로카 영역 언어와 말이 만들어지는 것을 조절하는 부위입니다.

청각 연상 피질 소리 신호를 기억, 감정이나 다른 감각과 연결합니다.

일차 청각 피질 귀로부터 오는 신경 신호를 분석합니다.

"자기 자신을 느끼는 부위나 의식을 담당하는 뇌 부위에 대해서는 아직도 밝혀지지 않았어요."

뇌 지도 만들기

뇌에 대한 해부학 지식과 현대적인 스캐닝 기술을 결합해서 우리는 보고, 듣고, 말하고, 움직이는 것을 조절하는 뇌 부위를 알게 되었어요. 그러나 의식과 학습에 같은 복잡한 기능은 특정 뇌 부위와 관계가 있기보다는 여러 부위와 뇌 부위가 동시에 관계하고 있는 것 같다고 생각됩니다.

19

우리는 천재를 뛰어난 지식을 가진 사람, 놀라운 기술을 가진 사람으로 생각합니다. 과연 천재는 타고나는 것일까요, 아니면 노력에 의해 만들어지는 것일까요? 천재적 기질은 태어날 때 물려받지만, 사실 상당 부분은 본인의 노력과 주변의 도움에 영향을 크게 받습니다.

천재란 과연 무엇일까?

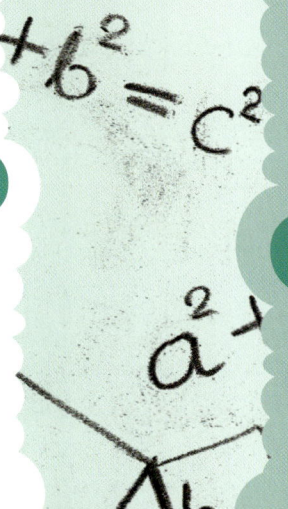

창의적 사고
이탈리아의 천문학자인 갈릴레오 갈릴레이(1564년~1642년)는 우주가 어떻게 움직이는지에 대해 지금과는 다른 생각을 했던 시대에 살았어요. 그의 천재성은 항상 신선한 눈으로 모든 사물을 연구하고, 관찰과 실험에 바탕을 둔 학설을 제시한 것에서 발견할 수 있지요. 갈릴레오는 그런 과정 속에서 현대 과학을 창조했어요.

한 분야에 대한 집중
고대 그리스의 철학자 피타고라스는 수학적 논리로 유명합니다. 피타고라스는 하나만 파고드는 외골수였어요. 제자들에게 콩을 못 먹게 했던 괴짜였다고 해요. 많은 천재들은 좋아하는 일에 몰두하는 바람에 다른 것들을 무시하는 이상한 습관을 가지고 있기도 합니다. 그래서 그들은 종종 미치광이라는 소리를 들어요.

"천재적인 생각이 항상 지지를 받는 것은 아니에요. 갈릴레이는 지구가 우주의 중심이 아니라고 주장하는 바람에 감옥에 갇히는 수난을 당했답니다."

"어떤 분야의 전문가가 되기 위해서는 10,000시간 (약 10년) 동안의 연습이 필요하다는 학설이 있어요."

과감한 선택
마리 퀴리는 1867년 폴란드에서 태어났습니다. 그녀는 19세기의 여자에게는 어울리지 않는 과학자의 길을 선택했지요. 마리 퀴리는 가난과 편견을 극복하고 방사선에 관한 연구로 노벨상을 2번이나 받았어요.

소년 천재
어떤 사람들은 천재로 태어나는 것 같습니다. 가리 카스파로프는 13살 때인 1976년, 러시아 소년 체스 챔피언이 되었어요. 1985년에는 역사상 가장 어린 나이로 세계 챔피언이 되었지요. 카스파로프는 타고난 천재적인 기질을 열심히 갈고 닦았습니다.

넓은 식견
어떤 천재는 한 가지만 잘하지만, 어떤 천재는 여러 가지에 능수능란합니다. 1776년 발표된 미국 독립선언문의 주요 저자인 토머스 제퍼슨은 미국의 대통령이 된 정치가였어요. 그뿐만이 아니라 철학자이자 고고학자였고, 건축가이자 발명가이기도 했습니다.

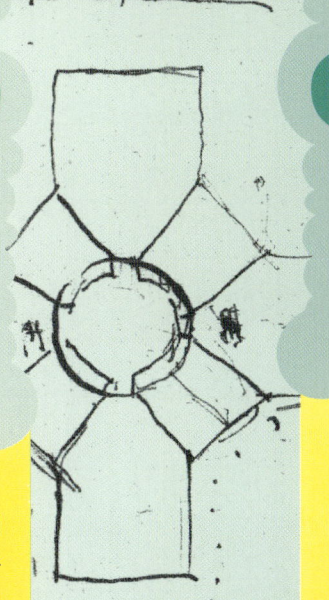

주위의 격려
비너스 윌리엄스와 세레나 윌리엄스는 뛰어난 테니스 선수들입니다. 윌리엄스 자매는 어린 시절부터 뛰어난 재능을 발휘했어요. 윌리엄스 자매는 그들을 가르치고 끊임없이 격려해 준 부모에게 많은 공을 돌렸지요.

뇌와 눈의 관계

우리는 시각적인 동물입니다. 우리는 대부분 눈으로 보고서 판단하고 생각합니다. 그러므로 모든 감각 중 시각은 매우 중요하지요. 우리 기억 속에 들어오는 많은 정보가 시각 이미지로 저장됩니다. 그렇다면 뇌와 눈은 어떻게 함께 협조하여 이러한 이미지를 만들어 낼까요? 지금부터 알아보도록 합시다.

눈 근육
눈을 돌려 주는 6개의 근육입니다.

맥락막
눈의 중간층을 통과해 나가는 혈관망입니다.

망막
햇빛에 예민한 세포들로 내부를 감싸고 있는 판 모양의 구조를 가진 막입니다.

동공
홍채에 있는 구멍입니다. 눈으로 빛이 들어오게 합니다.

렌즈
외부의 모양을 초점이 맞춰진 이미지로 바꾸어 줍니다.

홍채
홍채 근육은 동공의 크기를 조절합니다.

각막
눈의 앞쪽에 있는 창문입니다. 부분적으로 이미지 초점을 조절합니다.

공막
눈의 흰 부분으로 거친바깥막을 이룹니다.

이미지 전환기
눈은 햇빛에 예민한 세포들이 안쪽 표면을 감싸고 있는 투명한 젤리 공처럼 생겼습니다. 광선이 렌즈를 통해 눈에 들어오면 세포에 위아래가 거꾸로 되어 있는 영상이 전달됩니다. 이 세포들이 신경 섬유를 통해 작은 전기적 신호를 뇌로 보냅니다. 밝은 빛에 노출되어 있는 세포들은 디지털 카메라 감지기에 있는 작은 점처럼 어두운 부분에 노출되어 있는 세포보다 더 큰 신호를 만들어 내지요. 이 세포들이 뇌가 분석할 수 있는 전자 신호로 이미지를 바꾸어 줍니다.

반사된 빛
물체가 빛을 눈으로 반사시킵니다.

밝은 빛
우리가 보는 물체로부터 반사된 빛이 원추세포와 렌즈에 의해 감지되면 초점이 조절된 후 선명한 광학 이미지가 형성됩니다. 이것이 눈의 뒤쪽으로 가서 위아래가 뒤바뀐 영상을 만들지요.

자동 조절
각각의 눈에는 두 개의 렌즈가 있습니다. 앞에 있는 각막에 렌즈 하나가 있고, 뒤쪽에는 투명한 젤리로 만들어진 다른 렌즈가 있지요. 렌즈들은 근육에 의해 자동으로 멀고 가까움에 따라 크기가 조절됩니다. 색깔이 있는 홍채는 자동으로 근육을 조절하여 동공을 확장하거나 수축시킬 수 있고 빛의 양을 조절합니다.

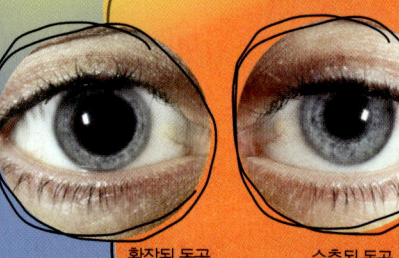

확장된 동공   수축된 동공

마음의 이미지
망막 세포들은 빛을 전기적 신호로 바꿉니다. 이것이 뇌로 가서 마음의 시각 피질로 가서 마음의 이미지로 바뀌게 됩니다.

색깔을 보아요
망막에 있는 원추세포는 붉은색, 초록색, 푸른색과 같은 기본 색깔의 서로 다른 강도에 반응합니다. 뇌로 가는 신호는 수백만 개의 색깔점으로 되어 있어요. 뇌는 옆의 그림에서 보는 것처럼 점들을 조합하여 서로 다른 색깔을 만들어 냅니다.

시각 피질
시각 정보를 분석하는 뇌 부위입니다.

어둠에 적응하기
밤에 방의 불을 끄면 잘 볼 수가 없습니다. 그러나 몇 분이 지나면 잘 보이게 되지요. 이것은 감각 세포가 어두운 불빛에 적응하기 때문입니다. 그러나 역시 몇 분의 시간이 필요하지요. 만일 다시 불을 켜면 눈이 어둠에 적응했기 때문에 눈이 부시게 됩니다. 그러나 불빛에 적응하면 다시 볼 수 있어요.

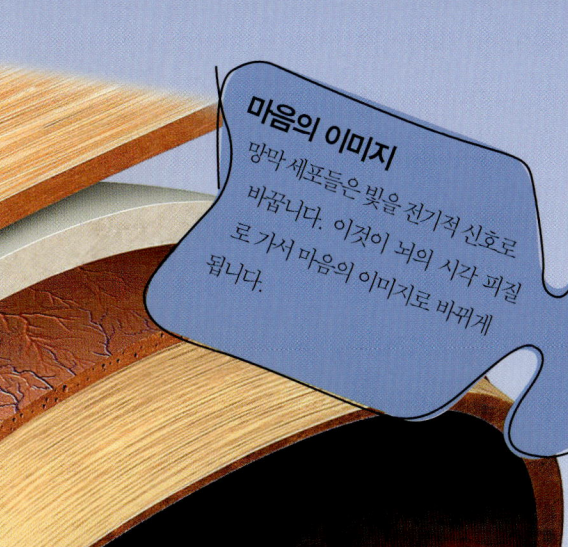

시신경
신경의 섬유다발은 감각 세포에 연결됩니다.

감각 세포들
이미지는 망막이라고 부르는 빛에 예민한 세포들로 이루어진 핵에 초점을 맞춥니다. 막대세포는 어두운 빛에 반응을 잘하고 원추세포는 색깔에 반응을 잘하지요.

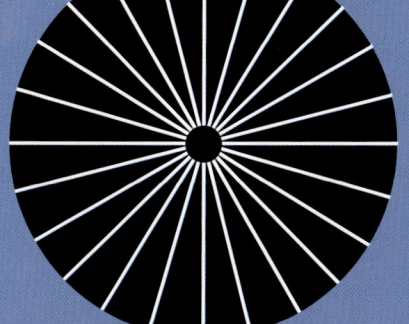

"한쪽 눈에는 1억 2천만 개의 막대세포와 6백만 개의 원추세포가 있어요. 이 둘을 합하면 모두 1억 2천 6백만 개의 감각 세포가 있는 셈이지요."

이상한 효과
밝은 빛과 극명하게 대조되는 패턴을 비교하는 것은 이상한 광학 효과를 불러일으킵니다. 예를 들어 어떤 물체를 1분 동안 쳐다본 뒤에 눈을 감으면 음성의 잔상을 보게 됩니다. 각각의 색깔은 반대의 색으로 대체되어, 왼쪽에 보이는 노랗고 붉은 꽃은 푸른색과 하늘색으로 보이게 됩니다. 이것은 우리의 뇌에서 색깔을 분석하는 방법이 부작용을 일으켜서 생기는 효과입니다.

 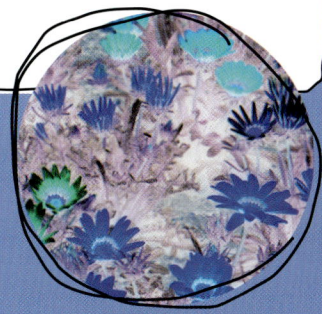

맹점
시신경이 눈에 붙어 있으면 빛을 감지하지 못해 우리가 보지 못하는 부분이 생기는데 이를 맹점이라고 합니다. 팔을 길게 뻗어 그림을 눈에서 멀게 만든 뒤, 오른쪽 눈은 감고 왼쪽 눈으로 초점을 맞추어보세요. 그러고는 서서히 그림에 가깝게 다가가세요. 가운데 부분이 맹점에 오게 되면 아마도 가운데의 점은 사라질 것입니다.

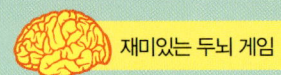

재미있는 두뇌 게임

우리 눈을 속이는 그림들

착시 효과는 우리의 눈과 뇌가 생각하고 있는 것을 보고 있다고 여기기 때문에 일어납니다. 이미지가 움직이고 색깔이 변하고 있는 것처럼 눈을 자극하는 것이지요. 사실은 그렇지 않은데 말이에요.

구불거리는 줄
이 착시 그림에서는 평행선이 일직선이 아닌 것처럼 보이지만 실제로는 완전히 똑바르지요. 믿기 어렵다면 자로 한번 재 보세요. 위에서 아래로 지나는 검은 선과 흰색의 선이 이어져 있지 않기 때문에 우리의 뇌는 평행선을 물결 같은 곡선으로 해석합니다.

움직이는 그림
한 점을 수 초간 뚫어지게 보지 않는다면 이 그림에 있는 무늬가 움직이는 것처럼 보여요. 이런 현상을 말초시각 변화라고 부르지요. 우리의 뇌는 한 점을 자세히 보지 않을 때, 색깔과 명암을 움직이는 것으로 인식해요. 그러나 한 점을 뚫어지게 자세히 바라보면 이런 효과는 사라집니다.

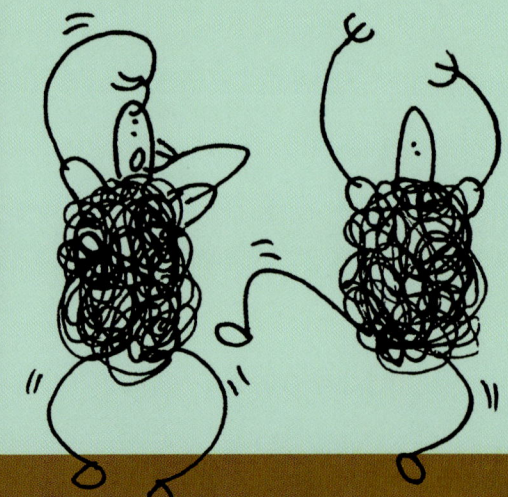

가운데가 볼록!
이 그림의 가장자리로 시선을 옮기면 가운데 지점에 있는 원이 움직이거나 배경에 있는 네모와 분리되며 심지어 앞에 있는 것처럼 보일 거예요. 이러한 착각은 아직까지 왜 그런지 밝혀지지 않았어요. 아마도 원을 직접 보지 않을 때, 원이 어디에서 끝나는지 뇌가 잘 모르기 때문에 이런 일이 일어나는 것 같다고 추측하고 있어요.

 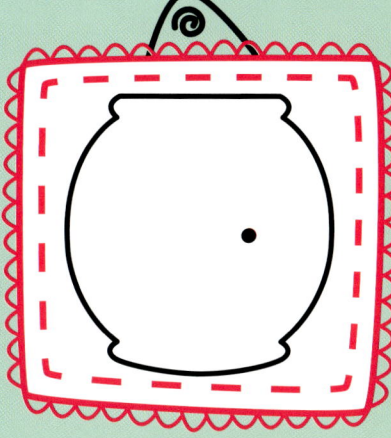

점프하는 금붕어
금붕어 머리 가운데에 있는 붉은 점을 15초 동안 자세히 보고 난 후, 빈 어항에 있는 검은 점을 보세요. 그러면 새 어항에서 금붕어를 볼 수 있어요. 이런 현상은 금붕어의 인상(잔상)이 여러분의 눈 뒤쪽에 남아 있기 때문에 일어나는 거예요.

점이 보이나요?
우리가 이 그림을 볼 때 네모 사이의 교차로에서 검은 점들이 반짝이는 것처럼 보이기 때문에 이 그림을 '반짝이는 판'이라 불러요. 그러나 고개를 어느 한쪽으로든 기울이게 되면 이 효과는 줄어들지요.

색깔을 비교해 봐요
어느 쪽 초록색이 더 밝게 보이나요? 대다수의 사람들은 오른쪽이라고 말할 것입니다. 그러나 실제로 색깔의 차이는 없어요. 이러한 착각을 '동시비교'라고 합니다. 우리가 색깔을 받아들이는 정도는 주위 환경에 따라 좌우되지요.

어떻게 볼 수 있을까?

우리의 눈은 시각 이미지를 뇌가 처리하고 저장할 수 있는 전기적 신호로 바꾸어 줘요. 이것은 우리가 세상을 어떻게 볼지 결정하는 마음의 과정이지요. 그런 과정이 없으면 우리는 형태와 색깔에 의미를 부여할 수 없습니다. 우리의 뇌는 또한 시각 이미지를 다른 형태의 정보로 바꾸게 해서 반응하기도 합니다. 이런 과정을 통해 우리는 깊이, 형태, 거리와 같은 것들을 판단합니다.

두 개의 눈, 두 개의 시야

각각의 눈은 약간씩 다른 이미지를 봐요. 한쪽 눈을 감고 멀리 있는 물체를 손으로 집어 보세요. 그리고 다시 감은 눈을 뜨고 다른 쪽 눈을 감아 보세요. 아마 손이 다르게 보이는 것을 알 수 있을 거예요. 아래에 있는 그림은 각각의 눈이 본 같은 그림의 다른 모습을 보여 주고 있어요. 왼쪽 눈으로는 보트 뒤에 있는 야자나무를 볼 수 있어요. 하지만 오른쪽 눈으로는 꽃이 피는 나무를 보지요. 뇌는 혼란스러울 수도 있지만 이러한 이미지들이 합쳐져서 3차원 입체 영상을 만듭니다.

시차

한쪽 눈을 감고 고개를 움직이지 않은 채 어떤 경치를 보면 그림처럼 평평하게 보일 거예요. 그러나 머리를 옆으로 움직인다면 높낮이를 느낄 수 있지요. 입체적인 감각을 느낄 수 있는 것은 눈에 가까이 있는 물체가 멀리 있는 물체보다 더 많이 움직이고 우리의 뇌가 이런 차이를 깊이의 느낌으로 바꾸기 때문이에요. 이런 시차 효과는 달리는 차에서 창문 바깥을 바라볼 때 더 분명하게 나타나요. 예를 들자면 기둥처럼 가까이에 있는 물체는 빨리 지나갑니다. 그러나 나무처럼 멀리 있는 물체는 거의 움직이지 않아요.

원근(멀고 가까움)

뇌가 거리를 판단하는 또 다른 방법은 원근을 해석하는 것입니다. 이런 현상은 우리가 고층 빌딩을 아래에서 위를 바라볼 때, 벽들은 수직으로 서 있지만 서로서로 가깝게 보이는 현상으로 나타나요. 우리의 뇌는 이런 원근 지식을 바탕으로 자동으로 계산해서 높이의 느낌으로 바꾸지요.

공기에 따라 달라지는 원근감

먼 경치를 나타내는 풍경화에서 거리를 판단하기 위해 우리는 다른 방법을 사용하지요. '공기에 따라 달라지는 원근감'으로 알려진 이 방법은 멀리 있는 물체의 색깔이 공기 속의 습도나 먼지에 의해 영향을 받는다는 원리를 이용한 것입니다. 이 사진에서 보는 것처럼 가까이 있는 언덕은 분명하게 보이지만, 멀리 있는 언덕은 흐릿하게 카메라에 잡힙니다. 우주인이 달을 방문했을 때 공기가 없었기 때문에 멀리 있는 언덕도 실제보다 더 가까이 있다고 생각했다고 해요.

"우리는 거리와 깊이를 판단할 때 10가지의 방법을 사용해요. 거리와 깊이를 판단하는 일이 매우 중요하기 때문이지요."

빛과 그림자

물체는 위에서 빛이 비추어지는 모양에 따라 다양한 그림자를 만듭니다. 우리의 뇌는 이런 그림자를 사용해서 형태를 파악하여 동그란 공과 납작한 콤팩트 디스크를 구분해요. 이런 반응은 아주 본능적으로 일어나서 심지어는 2차원 영상만으로도 나타납니다. 아래의 그림에서 동그란 부분들은 안으로 파인 것처럼 보입니다. 그러나 그림을 뒤집으면, 동그란 부분이 봉긋 솟은 것처럼 보이지요.

착시 효과

기억에 저장된 정보는 우리가 무엇을 보고 있는지 알게 해줍니다. 그러나 이런 정보들이 때로는 뇌에 잘못된 법칙을 제공해 혼동을 일으키지요. 여기 보이는 사막의 신기루 그림에서 푸른색은 실제로 하늘의 한 부분이에요. 사람들은 하늘이 땅 위에 있을 수가 없다고 생각하기 때문에 하늘빛이 물에 반사된 것이라고 생각하지요.

"사람들은 보통 200가지 색깔을 구별할 수 있어요. 붉은색부터 보라색까지 눈으로 볼 수 있는 색들을 가시광선이라 하지요."

재미있는 두뇌 게임

작은 것과 큰 것
심리학자인 에드워드 티치너는 어떤 물체의 크기에 대한 느낌은 주위에 있는 물체의 크기에 의해 영향을 받는다는 사실을 발견했어요. 아래의 붉은색 원은 그 밑에 있는 붉은색 원의 크기와 똑같은데도 작은 원으로 둘러 싸여 있기 때문에 더 크게 보이지요. 영화를 만드는 제작자들은 이런 효과를 활용해서 괴물을 실제보다 더 크게 보이도록 만들어요.

잘못된 방향
왼쪽에 있는 줄이 오른쪽에 있는 것보다 길다고 느끼는 착시는 밀러-라이어 착시라고 합니다. 이런 착시는 우리가 바깥으로 벌려져 있는 화살이 줄을 넘어 더 멀리 뻗어 있다고 느끼기 때문에 나타납니다.

착시는 단순한 줄이나 모양만으로도 생길 수 있습니다. 착시는 각도, 크기, 모양에 대한 우리의 느낌과 무의식적인 가정 때문에 생깁니다. 착시 효과가 어떻게 나타나는지를 안다하더라도 우리가 착시를 피하는 것은 어려운 일입니다.

신기한

압력파(진동)

소리는 압력파의 형태로 공기를 통해 전달됩니다. 길다란 용수철의 한쪽 끝을 미는 것을 상상해 보세요. 압축된 용수철은 멀리 튕기면서 나머지 용수철을 밀게 되지요. 이런 과정에서 용수철을 통해 지나가는 압력파가 생겨납니다. 즉, 빠른 진동이 공기 분자를 함께 밀어서 파장이 발생하는 것처럼 소리도 같은 원리로 공기를 통해 전파되지요.

어떻게 들을 수 있을까?

높낮이

많은 소리들은 분명한 높낮이를 가지고 있습니다. 악기의 높은 소리는 아주 빠른 진동에 의해서 만들어지지요. 반면에 낮은 소리는 느린 진동에 의해서 만들어져요. 하프의 짧은 줄은 긴 줄보다 빠르게 진동하기 때문에 높은 소리를 낼 수 있습니다.

높낮이의 변화

모든 소리는 높낮이의 혼합으로 만들어집니다. 심지어 악기도 높은 톤과 낮은 톤을 가지는데 이것이 곧 악기들의 특징이 되지요. 소프라노 색소폰 같은 금관악기(금속으로 만들어진 악기)로 연주한 톤은 목관악기(나무로 만든 악기)인 클라리넷으로 연주한 톤과 다르답니다.

잔디 위를 기어다니는 고양이는 가느다란 소리를 듣기 위해 끊임없이 귀를 움직입니다. 우리는 고양이처럼 귀를 움직일 수는 없지만 주위의 소리를 추적해서 위험으로부터 대피할 수 있어요. 또한 우리는 이야기를 나누고 음악을 즐기기 위해 청각을 사용합니다. 다른 감각들처럼 청각도 정보를 모으고 그 정보를 뇌로 보내어 분석하지요. 뇌에서 이루어지는 과정 없이는 그런 정보들이 아무런 의미가 없기 때문입니다.

귓바퀴
귀 바깥쪽의 귓불이에요.

방향 측정하기

귀는 소리가 어느 쪽에서 들려 오는지 잘 구분합니다. 왼쪽 귀에 소리가 더 크게 들린다면 그 소리는 왼쪽에서 오는 것이지요. 그러나 소리가 들려오는 높이를 판정하는 일은 어렵습니다. 예를 들어 숲에서 새 소리가 들릴 때 왼쪽 혹은 오른쪽에서 들려오는지를 아는 것보다, 어떤 높이에서 들려오는지 알아내는 것이 더 어려운 것처럼 말이지요.

"높은 소리를 듣는 능력은 나이가 들수록 줄어들어요. 그래서 아이들은 어른보다 높은 소리를 더 잘 듣지요."

뇌 속에서는 무슨 일이 벌어질까

여기에 있는 그림들과 물체들을 보세요. 여러분은 무엇을 볼 수 있나요? 한 개의 이미지인가요? 두 개의 이미지인가요? 물은 실제로 이로 흐를 수 있나요? 좌서는 처음 볼 때에만 일어나는 것이 아닙니다. 저는 두 가지 가능성 중에서 불가능하게 보이는 것에도 의미를 주기 위해 노력하면서 두 가지 사이를 왔다 갔다 합니다.

얼굴 마주보기

눈과 뇌는 한 물체를 바라볼 때 주위 배경 물체를 바로바로 떨어뜨려 냅니다. 이때 좌우를 일으키는 물체는 분명치 않습니다. 어떤 사람은 검은 배경에 흰 꽃병을 보고, 어떤 사람들은 흰 배경에서 로 마주보고 있는 두 사람을 봅니다.

육각형이 이상해요!

우리는 두 가지 방향에서 이 모습을 볼 수 있어요. 큰 육각형 속에 작은 육각형이 들어가거나 혹은 하나의 큰 육각형이 바닥 부분에 작은 육각형이 떨어져 나간 모습으로 볼 수 있지요. 이런 모양은 이탈리아에 있는 고대 로마의 유적지인 폼페이에서 처음으로 발견되었어요.

2개 혹은 3개?

페로즈의 삼각형처럼 이 물체도 3차원에서 만들 수 없어요. 우리는 둥지는 두 가지 다른 원들을 보는데 이틀 서로 맞추기가 불가능해요. 한쪽에 3개의 둥근 기둥이 있고 다른 쪽은 각진 모양이 되지요. 누가 이런 장치를 만들었는지는 아무도 몰라요. 그저 처음부터 끝까지 수 개가 일 뿐이지요.

페로즈의 삼각형

수학자인 로저 페로즈가 만든 착시입니다. 삼각형을 이룬 세 개의 각진 기둥이 몰두로 이어져 있는 것처럼 보이지요. 이들은 서로 접착으로 만나고 있답니다. 그러나 이런 모습은 3차원에서 손재할 수 없어요.

재미있는 두뇌 게임

물의 순환

네덜란드의 예술가인 에스헤르는 착시 효과에 흥미를 느껴 연구를 시작했답니다. 오른쪽의 그림은 물줄기가 밑으로 떨어져 순환하기 전에 위로 흐르는 것처럼 보입니다. 현실에서는 불가능한 그림이지요. 이 그림을 자세히 보면 아래에 있는 '페로즈의 삼각형'에서 사용되어진 착시를 알 수 있습니다.

죽음의 아름다움

미국의 삽화가 찰스 앨런 길베르트도 유명한 착시 그림을 만들었습니다. 여러분은 이 그림에서 무엇이 보이나요? 아름다운 여자가 거울을 보는 모습 혹은 오싹한 두개골이 보이지 않나요?

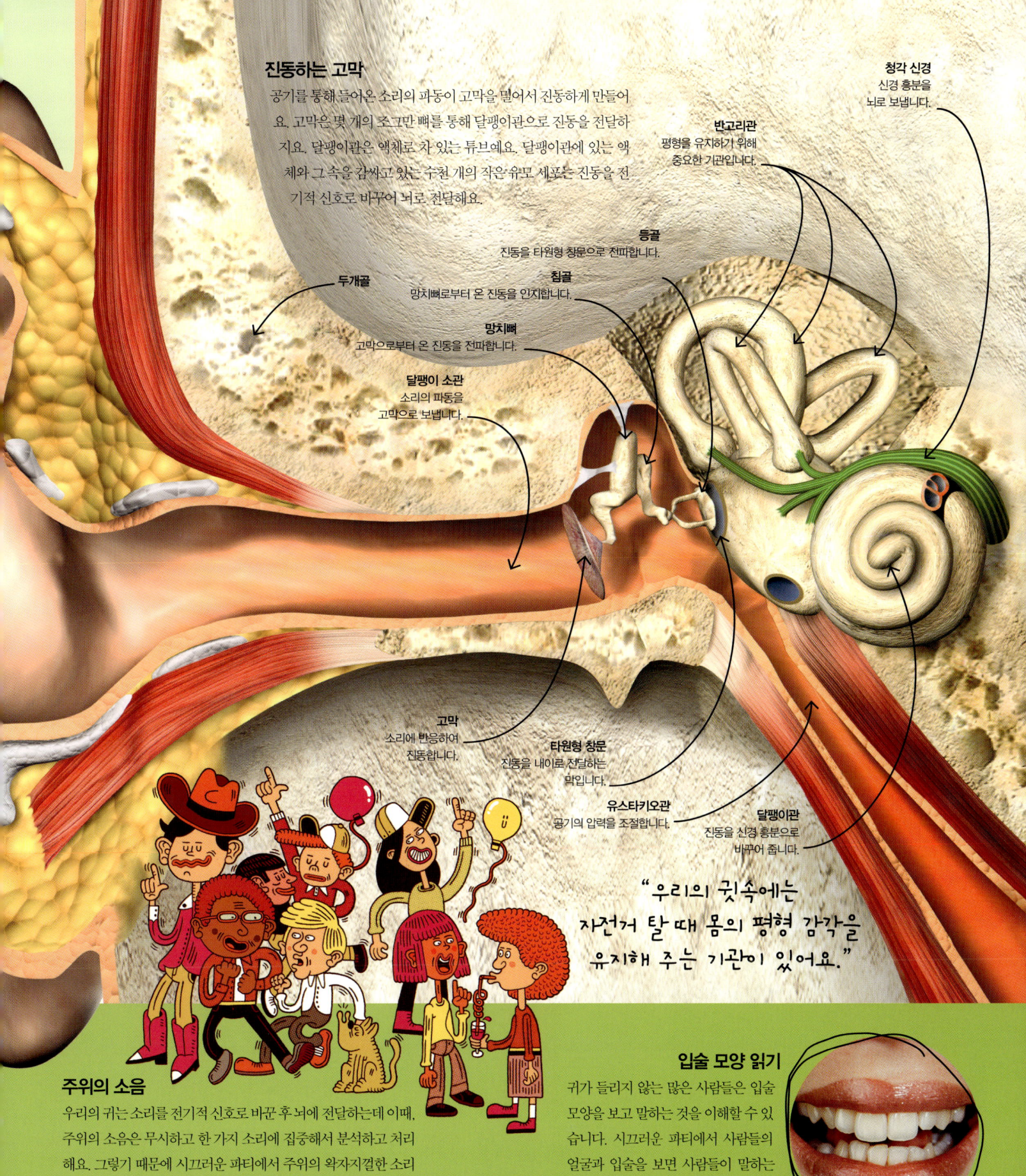

재미있는 두뇌 게임

무슨 소리일까?

귀가 따가운 소리!
우리는 매일매일 끊임없이 소리에 둘러싸여 있어요. 그러면 얼마나 많은 소리를 구별해 낼 수 있는지 알아보도록 합시다.

이런 것들이 필요해요
- 펜과 노트
- 소음이 잘 들리는 곳이면 좋아요. (슈퍼마켓이나 놀이공원)
- 시간을 잴 수 있는 시계

■ 1단계
부모님에게 여러분이 고른 장소로 데려다 달라고 이야기하세요. 장소에 도착했으면 1분 동안 귀에 들리는 모든 소리를 적어 보세요. 여러분이 얼마나 많은 소리를 구별해 낼 수 있는지에 대해 알게 되면 정말 놀랄 거예요.

■ 2단계
부모님에게도 귀에 들리는 소리를 적어 달라고 부탁해 보세요. 부모님들도 여러분과 같은 소리를 들으셨나요?

나이가 들수록 들을 수 있는 소리가 줄어들기 때문에 부모님들은 아마 여러분들보다 더 적은 소리를 적으셨을 거예요.

두 개의 귀? 하나의 귀?
여러분은 한쪽 귀만으로도 잘 들을 수 있나요? 아니면 소리의 위치를 알아내는 데 양쪽 귀가 다 필요한가요? 아래의 실험을 통해 확인해 보세요.

이런 것들이 필요해요
눈가리개, 숟가락, 자명종, 악기와 같이 뚜렷한 소리를 내는 물체, 면으로 만들어진 솜, 친구 2명

■ 1단계
한 친구에게 눈가리개를 하고 귀가 가려져 있지 않다는 것은 확인시키세요. 다른 친구에게는 눈가리개를 한 친구 옆에 서 있으라고 하세요.

■ 2단계
눈가리개를 한 친구를 뺀 나머지 친구에게 물체를 주세요. 그리고 한 번에 한 가지씩 소리를 내게 하세요. 그리고 눈가리개를 한 친구에게 이 소리가 무슨 소리이고 어느 쪽에서 들리는지 물어보세요. 그리고 그 친구가 제대로 맞추었는지를 기록해 두세요.

■ 3단계
이제 친구의 귀를 솜으로 막은 다음에 다른 물체를 사용해서 다시 똑같이 실험을 해보세요. 그리고 그 결과를 비교해 보세요. 두 번째 했던 실험이 첫 번째 실험보다 성공률이 낮은가요?

소리는 양쪽 귀에 조금씩 다른 시간에 도착해서 약간 다른 신호를 뇌로 보내요. 이 정보를 이용해서 뇌는 소리가 나는 위치와 거리를 판단하지요.

"우리의 몸에서 가장 작은 3개의 뼈는 귓속에 있어요. 가장 작은 뼈의 이름은 등자뼈인데 그 크기가 쌀 한 톨만 합니다."

여러분은 어떤 소리를 들을 수 있나요? 속삭이는 소리에서부터 전화벨 울리는 소리까지 우리의 귀는 모든 종류의 소리를 들을 수 있어요. 다음의 실험들을 해보고 우리가 귀를 통해 얼마나 많은 정보를 알 수 있는지를 확인해 봅시다.

"우리는 우주에선 어떤 소리도 들을 수 없어요. 소리를 듣기 위해서는 전달을 해주는 공기나 물과 같은 것이 필요하기 때문이지요."

그것은 무엇일까요?
소리를 구별할 줄 아는 여러분의 청각을 실험해 봅시다.

이런 것이 필요해요
종이, 잘 붙는 테이프, 가위, 빈 병 3개, 조리하지 않은 쌀, 마른 콩, 조리하지 않은 파스타 면, 비어 있는 가방, 친구들

시끄러운 병들
이 실험은 높은 음과 낮은 음을 알아맞히는 실험이랍니다.

이런 것이 필요해요
- 빈 유리병 3개
- 병 속에 담을 물

■ 1단계
3개의 빈 병을 각각 다른 물체들로 채우세요. 조리하지 않은 쌀, 마른 콩, 조리하지 않은 파스타를 넣으면 되겠지요? 그다음, 친구에게 병을 흔들게 하고 종이로 둘러싼 다음 가방에 넣으세요.

■ 1단계
2개의 병에 서로 다른 양의 물을 채워요. 그리고 한 개의 병은 빈 병으로 남겨 두세요. 빈 병의 꼭지를 불면 아마 낮은 음이 날 거예요. 물을 조금 넣고 불면 높은 음이 납니다. 물을 더 많이 채울수록 더욱 높은 소리가 나지요.

■ 2단계
친구들의 눈을 가리고 병을 차례대로 집어 흔들어 보게 하세요. 그리고 병 속에 들어 있는 물건을 무엇인지 맞춰 보게 하세요.

■ 2단계
같은 병이지만 옆을 두드릴 때는 1단계와는 정반대의 소리가 나요. 빈 병은 가장 높은 소리가 나고요, 물이 많은 병은 가장 낮은 소리가 나지요.

여러분의 청각 능력은 얼마나 좋은가요?
여러분의 뇌는 평생 동안 접하게 되는 많은 정보들을 저장해서 우연히 듣는 소리도 무엇인지 알아낼 수 있어요.

병을 불 때마다 공기가 얼마나 빨리 진동하느냐에 따라 다른 소리가 나요. 병에 물이 반쯤 차 있을 때는 공기가 적어서 공기가 더욱 빠르게 진동하기 때문에 높은 음이 나지만 빈 병일 때는 공기의 진동이 더욱 느려져서 낮은 음이 나지요.

볼프강 아마데우스 모차르트

1762년 모차르트가 6살 때의 모습입니다. 아버지 레오폴드와 누나 난네리와 함께 프랑스 파리를 여행할 때의 사진으로 피아노 연주를 하고 있습니다.

어떤 사람들은 음악에 천재적인 재능을 가지고 있어서 아주 어린 시절에 천재성을 발휘합니다. 그래서 몇몇 사람들은 어린 시절에 대다수의 사람들은 불가능한 복잡한 오케스트라 곡을 작곡하기도 해요. 볼프강 아마데우스 모차르트는 역사상 가장 천재적인 음악가로 불려요. 그는 지금까지 살았던 가장 위대한 천재 중의 한 사람이지요.

꼬마 천재

모차르트는 1756년 오스트리아에서 음악가의 아들로 태어나 음악을 배우기에 좋은 환경 속에서 자랐습니다. 그는 책을 읽기도 전에 음악 악보를 읽을 수 있었고, 5살 때에는 음악을 작곡하고 연주까지 했어요. 그의 누이도 음악가였습니다. 모차르트의 아버지는 모차르트가 6살 때 자식들을 데리고 유럽을 여행하면서 아이들의 음악적인 천재성을 널리 보여주었습니다.

즉흥적 연주 재능

모차르트는 음악을 연주할 때 음악적 주제를 표현하기 위해 다양한 기교를 사용하는 데에 뛰어난 재능을 발휘했습니다. 10대의 모차르트가 연주하는 모습을 본 증인에 의하면 그는 성공한 음악가도 놀랄 만한 뛰어난 기교로 1시간 이상 연주에 몰두했다고 해요. 그러나 모차르트에게는 음악적 아이디어를 만들어 내는 이러한 재능이 파티의 속임수와도 같은 것이었어요. 실제로 그는 조금은 긴 듯하지만 재미있는 곡들을 종종 작곡했어요.

두꺼운 쿠션 위에 앉아서 모차르트가 교양을 뽐내는 청중들에게 오르간 연주를 보여주고 있습니다.

26살의 모차르트를 그린 초상화를 보면 그가 화려한 복장을 좋아했다는 것을 알 수 있습니다.

재미와 게임

모차르트는 천재 음악가였지만 음악 한 가지만 파고들지 않았어요. 그는 승마와 댄싱 그리고 당구를 즐겨했지요. 모차르트는 오스트리아의 빈에서 돈을 벌기 시작하자 새로운 피아노는 물론이고 당구대도 샀답니다. 모차르트는 유머 감각도 풍부했어요. 또한 화려한 의상을 좋아해서 짙은 주홍색의 긴 외투와 금실로 만든 레이스가 달린 모자를 쓰고 무대에 서곤 했지요.

> "1787년 오스트리아의 황제 요제프 2세가 모차르트를 궁중 작곡가로 임명했어요."

음악적 기억력

모차르트는 뛰어난 음악적 기억력을 가지고 있었습니다. 단지 두 번만 듣고서도 다른 음악가가 작곡한 작품의 전체를 기억했어요. 그는 다른 사람의 생각을 흡수해 자신의 생각과 합하여 창조적이고, 복잡하지만 때로는 아주 강력한 곡을 작곡했어요. 많은 사람들은 그가 만든 곡을 지금까지 들었던 곡들 중 가장 아름다운 곡이라고 생각했습니다.

1700년대 후반기, 전형적인 소규모 오케스트라의 모습.

부지런한 음악가

모차르트는 천재이기도 했지만 굉장히 열심히 일을 했습니다. 작품을 완성할 때까지 수많은 수정을 했지요. 시간이 없는 상태로 피아노를 연주하러 갈 때는 때때로 다른 음악가의 곡 일부를 기억해 내어 자신의 음악으로 새롭게 창조해 냈어요.

자유로운 작곡가

1781년 모차르트는 프리랜서 작곡가 겸 음악가로 활동했습니다. 처음에는 모든 일들이 순조롭게 잘 되었지만, 1790년 병에 걸려 1791년에 35세의 나이로 죽고 말았어요. 모짜르트는 짧은 생애 동안 심포니, 오페라, 여러 가지 악기를 위한 콘체르트 등 600곡이 넘는 곡을 만들었지요.

"모차르트는 시대를 초월하는 가장 위대한 음악가였지만, 말년에는 거의 무일푼으로 생을 마감했다고 해요."

맛 감각과 냄새 감각

맛 감각과 냄새 감각은 서로 밀접하게 연결되어 있으며, 이 감각을 통해 우리는 음식을 즐기게 됩니다. 냄새 감각은 필수적인 감각으로서 위험을 알려주고 우리의 정신을 반짝 들게 하고 익숙한 장소와 물건들, 친한 사람들을 알아차리게 해줍니다. 우리의 뇌는 냄새 특히 오래전에 기억했던 냄새들에 놀라울 정도로 강하게 반응하지요.

대뇌피질
냄새와 맛 감각을 분석합니다.

후구
냄새를 전달하는 신경 세포가 모이는 곳으로 냄새 정보를 모아 뇌로 보냅니다.

냄새 수용체
공기 중에 있는 냄새 분자들을 감지합니다.

코방

혀

신경 섬유
맛봉오리로부터 정보를 모읍니다.

맛봉오리

맛을 감지하는 수용체 세포들은 주로 혀의 맛봉오리에 집중되어 있습니다. 약 10,000개의 맛봉오리가 있으며 한 개의 맛봉오리에 50~100개의 바나나 모양의 세포들이 있습니다. 맛봉오리의 맨 꼭대기에는 조그마한 맛 털이 있습니다. 음식을 먹을 때 침과 음식은 조그마한 구멍을 통해 맛봉오리로 스며들어 갑니다. 이 맛봉오리 세포는 음식물 속에 있는 화학 물질에 반응하여 신경 흥분을 뇌로 전달합니다.

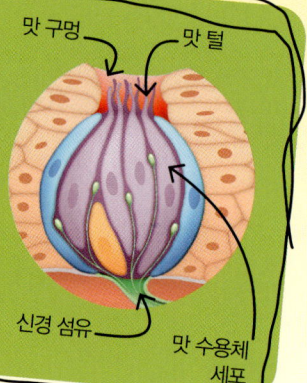

맛 구멍, 맛 털, 신경 섬유, 맛 수용체 세포

단순한 맛

맛봉오리는 5가지 맛 감각인, 짠맛, 신맛, 단맛, 쓴맛, 감칠맛을 구분할 수 있습니다. 이 5가지 맛 감각의 조합으로 우리가 경험하는 모든 맛 감각을 설명할 수는 없습니다. 냄새 감각도 음식 맛을 구분하는 데 중요한 역할을 하기 때문이지요. 감기에 걸렸을 때 우리는 일시적으로 냄새 감각이 없어질 수 있습니다. 이때 맛 감각도 둔해진답니다

짠맛

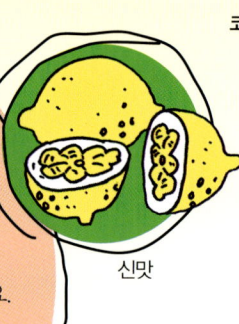 신맛

 쓴맛

 감칠맛

 단맛

냄새 정보의 이동

인간의 냄새 감각은 다른 동물에 비해 덜 발달되어 있지만, 맛 감각보다는 더 예민하기 때문에 수천 종류의 향기를 구분할 수 있습니다. 냄새 분자는 공기를 타고 호흡할 때 비강 속에 있는 두 종류의 수용체 세포에 의해 감지됩니다. 이 세포에서 신경 섬유가 두개골을 통해 후구로 이어져 더 많은 신경 세포들이 냄새 정보를 뇌로 보냅니다.

"우리들은 우리들만의 독특한 냄새를 가지고 있어요. 이것은 유전자와 음식, 피부 형태에 따라 결정이 돼요"

본능적인 반응

후구는 뇌기저의 가장 위에 있는 변연계의 일부입니다. 변연계는 기억과 감정에 중요한 역할을 하는 뇌 부위예요. 냄새가 강한 감정 반응을 일으키고, 잠자는 기억을 깨울 수 있는 것은 변연계의 작용 때문입니다. 냄새 정보가 대뇌피질에서 분석이 되는 것은 본능적인 반응보다 시간이 더 오래 걸립니다.

시상
연수로부터 맛 정보를 받아서 대뇌로 보냅니다.

연수
맛 감각을 받아서 시상으로 보냅니다.

뇌기저

냄새 감각이 뛰어난 전문가들

어떤 사람들은 냄새 감각으로 먹고삽니다. 향수 제조업자, 포도주 맛 감별사와 차 혼합사들이 바로 그들이에요. 차 혼합사들이 맛봉오리만으로 맛을 구별하기는 어렵습니다. 그들은 어떤 차의 혼합이 가장 좋은 향기가 내는가를 결정하는 데 냄새 감각을 이용해요.

41

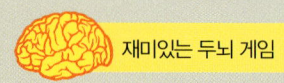

재미있는 두뇌 게임

예민한 감각들

다른 감각과 달리 냄새 감각과 맛 감각은 화학 물질에 의해 일어납니다. 우리의 냄새 감각은 10,000가지의 다른 냄새를 구별할 수 있지요. 냄새 감각과 맛 감각이 아주 예민한 사람들이 있습니다. 그러면 우리들도 예민한 감각을 가지고 있는지 알아보도록 합시다.

"무중력 상태의 우주에서는 음식 냄새가 쉽게 코에 도달하지 못하기 때문에 우주인들은 음식 냄새를 맡을 수 없어요."

코를 막고 냄새를 맡아요

코를 막으면 맛 감각이 어떻게 될까요. 다음 실험을 통해 알아보기로 합시다.

이런 것들이 필요해요
- 여러 가지 맛과 냄새가 나는 음식물
- 물 한 잔
- 친구 2명

■ 1단계
첫 번째 친구에게 음식을 골라 먹게 하고 입속을 물로 헹군 다음에 다시 맛을 보게 합니다. 그리고 맛본 것을 기록하도록 하세요.

■ 2단계
두 번째 친구에게 손으로 코를 막고 음식을 먹게 하고 물로 입속을 헹군 다음 다시 음식을 맛보게 합니다. 누가 맛을 더 잘 느낄까요?

음식을 먹을 때 냄새를 맡을 수 없다면 음식의 맛을 잘 느낄 수 없게 됩니다. 그래서 감기에 걸려서 코가 막히면 음식 맛을 느낄 수 없게 됩니다.

음식을 보면 맛을 더 잘 느낀다?

우리는 무슨 음식을 먹고 있는지 어떻게 잘 알 수 있을까요?

이런 것들이 필요해요
- 맛있는 젤리, 여러 개의 접시와 숟가락, 눈가리개, 친구 2명, 펜과 종이

■ 1단계
젤리를 만드는 것은 어른에게 도와달라고 합니다. 다 만들면 접시에 놓아두도록 하세요.

■ 2단계
첫 번째 친구의 눈을 가립니다. 앞에 놓인 젤리가 보이지 않는 것을 확인하세요. 친구에게 물어봐서 맛이 어떤지를 기록하세요.

맛보다 냄새

우리가 맛보다 냄새를 얼마나 잘 느낄 수 있는지 실험해 봅시다.

이런 것들이 필요해요
- 눈가리개
- 국그릇 6개, 바나나, 커피, 꽃, 비누와 같이 강한 냄새가 나는 음식 3가지
- 친구 1명

■ 1단계
하나의 음식을 두 개의 국그릇에 담으세요. 6개의 국그릇을 섞어 배열하세요.

🌀 냄새 감각은 맛 감각보다 약 10,000배 더 예민합니다. 우리는 독한 냄새를 맡음으로서 위험으로부터 우리를 보호하지요.

■ 2단계
눈을 가리고 같은 냄새가 나는 국그릇을 고르게 하세요.

■ 3단계
두번째 친구는 눈을 가리지 않고 맛을 보게 한 다음, 친구에게 물어봐서 맛 본 것을 기록하세요.

■ 4단계
두 친구가 느낀 맛 감각의 차이를 비교해 봅시다. 맛을 알아보는 데 실수를 하거나 더 오랜 시간이 걸린 사람은 누구인가요?

🌀 우리는 음식의 색깔을 보면 맛을 더 잘 느끼게 됩니다.

화학 물질

맛을 보는 데 침이 중요하다는 사실을 실험해 봅시다.

이런 것들이 필요해요
- 종이 수건
- 케이크나 크래커 같은 물기가 없는 음식
- 친구 2명

■ 1단계
첫 번째 친구의 혀에 있는 침을 수건을 이용해 없앤 다음 음식 맛을 보게 합니다. 두 번째 친구는 정상적으로 음식 맛을 보게 합니다.

■ 2단계
두 친구에게 물기가 없는 음식의 맛을 보게 합니다. 그리고 얼마나 많은 맛을 볼 수 있는지 기록하세요.

🌀 음식에 있는 화학 물질은 침에 녹았을 때에 비로소 혀의 맛봉오리에 닿을 수 있습니다.

"아이들은 약 10,000개의 맛봉오리를 가지고 있어요. 그런데 나이가 들면 5,000개까지 줄어들게 되지요."

어떻게 감촉을 느낄까?

피부는 우리의 몸에서 가장 큰 기관입니다. 피부는 감염을 막아 주는 보호 장벽일 뿐만 아니라 주위 환경에 대한 중요한 정보를 제공해 주는 등 아주 많은 기능을 가지고 있어요. 피부에는 예민한 접촉에서부터 예리한 통증까지 느낄 수 있는 수백만 개의 감각수용체 세포들이 있습니다.

자유 신경 섬유 말단
접촉, 압력, 통증과 온도를 느낍니다.

맛 구멍

예민한 피부
사람의 피부는 적어도 6가지의 감각수용체를 가지고 있습니다. 어떤 것은 가지를 가진 신경말단이고 어떤 것은 압력, 진동, 스트레칭, 온도 변화와 물리적 손상을 느낄 수 있는 조그마한 원판이나 캡슐 형태의 신경 섬유입니다. 어떤 신경의 끝 부분은 모근 주위를 감싸고 있으며 접촉이나 공기 흐름에 예민하게 반응합니다.

메르켈의 원판
가벼운 접촉이나 압력에 반응합니다.

"약 1,800만 개의 피부 감지기가 일정하게 정보를 뇌로 보내지요."

모근 감지기
머리카락의 움직임을 감지합니다.

신호망
피부로부터 온 감각 정보가 말초신경계의 가지를 통해 척수로 전해지고 시상으로 전달됩니다. 그리고 다시 뇌의 감각 피질로 올라가죠. 시상은 냄새 감각을 제외한 모든 감각 정보가 모이는 중간 지점입니다.

예민한 손끝
피부의 어떤 부분은 다른 부위보다 훨씬 예민합니다. 만일 어떤 물체가 다리에 접촉되면 우리는 그 물체를 느낄 수 있지만 매우 정확하게 느끼지는 못하지요. 이와 비교할 때 손가락 끝은 매우 예민합니다. 그래서 눈이 보이지 않는 시각장애인의 경우에는 손가락 끝으로 점자책을 읽을 수 있어요.

재미있는 두뇌 게임

무슨 촉감일까?

행운의 손 담그기 게임

어떤 물체인지 알기 위해서 접촉 감각이 얼마나 중요한지 알아보도록 합시다.

이런 것들이 필요해요
- 두 개의 구멍이 나 있는 상자나 베개 커버
- 여러 크기의 물체들 (컵, 숟가락, 볼, 사과, 스펀지, 바위, 솔방울, 깃털)
- 양말이나 고무장갑
- 친구 1명

■ 1단계
상자나 베개 커버에 몇 개의 물체를 넣습니다. 그리고 친구에게 그 속에 손을 넣어 만져 보게 하고 무슨 물체인지 알아맞히게 해 보세요.

■ 2단계
이번에는 친구의 손에 양말이나 고무 장갑을 끼게 한 뒤 같은 방법으로 물체를 만져 보게 하세요. 얼마나 잘 알아맞히나요?

손을 감싸게 되면 만진 물건이 무엇인지 알아보는 데 어려움을 겪게 됩니다. 뇌로 보내지는 접촉 정보의 양이 줄어들기 때문입니다.

촉감만으로 그림 그리기

접촉만으로 물체의 크기, 질감과 모양을 알아볼 수 있을까요? 실험을 통해 알아봅시다.

이런 것들이 필요해요
- 한 개의 구멍이 있는 상자
- 깃털, 사과, 책, 지갑과 같은 물체
- 연필과 종이
- 친구 1명

■ 3단계
친구가 그 물체를 그리는 것을 끝냈을 때 진짜와 그 모양을 비교해 보고 얼마나 정확한지 확인해 보세요.

피부에는 각각 다른 형태의 수용체가 있습니다. 이 수용체를 통해서 접촉만으로도 물체에 관한 많은 정보들 즉, 질감, 모양과 크기 등을 알 수 있습니다.

■ 1단계
친구에게 상자 속에 한 손을 넣어 한 개의 물체를 집도록 하세요.

■ 2단계
친구의 눈을 감게 하고 물체를 만지게 한 뒤, 모양과 크기를 그려 보게 하세요. 그리고 친구에게 그 물체의 질감을 이야기해 보라고 하세요.

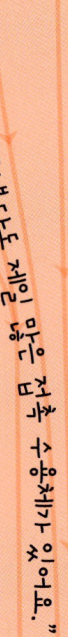

"손가락에는 신체의 다른 부위보다도 제일 많은 접촉 수용체가 있어요."

우리의 몸은 여러 종류의 감각들, 압력, 통증, 온도를 감지하는 접촉 수용체로 덮혀 있습니다. 아래의 순서대로 접촉 감각을 실험해 봅시다.

예민한 접촉 감각

신체의 어떤 부분은 다른 부위보다 한층 더 예민하지요. 아래의 실험을 통해 확인해 봅시다.

이런 것들이 필요해요
- 종이 클립

■ 1단계
종이 클립을 펴 보세요. 그리고 끝이 약 1센티미터 정도 벌어지도록 구부리세요.

■ 2단계
두 눈을 감으세요. 그리고 종이클립을 검지에서부터 손바닥을 따라 팔까지 접촉시키면서 움직이세요. 여러분의 팔은 종이클립의 양쪽 끝 점을 느낄 수 있나요?

팔은 손가락보다 덜 예민하기 때문에 종이클립의 끝이 함께 모아져 하나의 점만을 느끼게 될 거예요.

뜨거운가요, 차가운가요?

아래의 실험을 해보고 온도 수용체가 어떻게 온도 변화를 감지하는지 확인해 보세요.

이런 것들이 필요해요
- 플라스틱 컵 3개
- 차가운 얼음물, 미지근한 물, 40~50도씨의 뜨거운 물
- 온도계로 온도를 재는 것은 어른에게 부탁하세요.

찬물에 담갔던 손가락은 따뜻함을 느끼지만 뜨거운 물에 담갔던 손가락은 차가움을 느낄 것입니다. 이때 수용체는 물의 온도를 감지하는 것이 아니라 물 온도의 변화를 감지합니다.

■ 1단계
각각의 컵에 찬물, 미지근한 물, 뜨거운 물을 채우세요. 1분 동안 왼손의 한 손가락을 찬물에 오른손의 한 손가락을 뜨거운 물에 넣어 보세요.

■ 2단계
양쪽 손가락을 모두 뺀 다음, 미지근한 물에 담가 보세요. 어떤가요? 온도의 변화가 느껴지나요?

마음을 속이는 속임수

진실 혹은 거짓

마술은 물건을 만들기도 하고, 사라지게 하기도 하며, 사람의 마음을 읽는 등 자연법칙을 깨뜨리는 속임수입니다. 어떤 사람들은 귀신이 있다고 믿는 것처럼 마술을 믿기도 하지요. 부두교 같은 종교에서 행하는 제사 의식도 마술에 기반을 두고 있습니다. 대부분의 사람들은 마술이 일종의 속임수라는 사실을 알고 있습니다. 어떻게 이루어지는지는 모르지만 일종의 재미있는 장난이라고 생각하지요.

착각을 이용하는 마술사

마술사는 우리가 그의 눈을 따라 보고 있을 때 공중에 두 번 공을 튕겨 올립니다. 그러나 그는 공을 보고 있는 것처럼 눈을 움직이면서 몰래 세 번째 공을 공중에 튕겨 올리는 것처럼 꾸밉니다. 우리에게는 공이 사라진 것처럼 보이지요. 이 착각은 우리 뇌에 도달해야 하는 시각 정보가 약간 늦게 도착하기 때문에 일어납니다.

범죄를 부르는 속임수

우리는 행위예술가들의 행동도 마술적인 속임수와 관계 있다고 생각합니다. 협잡꾼이나 소매치기도 비슷한 기술을 사용하지요. 만일 마술사를 보고 있을 때 속임수가 어떻게 이루어지는지 볼 수 없다면 여러분은 누군가가 길거리에서 여러분의 주의를 분산시킬 때에도 그러한 사실을 알지 못할 가능성이 큽니다. 그 사이 소매치기는 여러분의 돈을 훔쳐가겠지요. 꼭 주의하세요!

마술사는 마술을 일으키는 착각을 만들어 내기 때문에 때로로 '환상가'라고도 부릅니다. 마술사는 특별한 장비를 사용하여 사람들의 주의를 분산시키고 잘못된 생각을 사람들의 머릿속에 집어넣지요. 이것은 마음이 어떻게 작동이 되는지를 잘 이해하고 있어야 가능한 일입니다.

"마술사들은 글자가 발명되기 전부터 수세기 동안 심리학을 연습해왔어요."

시선의 분산

대다수의 속임수는 청중의 시선을 다른 데로 돌리면서 한 손으로는 무엇인가 또 다른 일을 합니다. 우리는 한 가지 일에 집중하면 다른 일은 보통 무시하기 때문에 이런 속임수가 가능한 것이지요. 마술사는 모든 사람의 시선을 카드 한 장에 집중하게 만듭니다. 그러는 동안 다른 카드를 주머니에 집어넣고 결국 사라질 수 있게 합니다.

생각의 조정

마술사들이 사람들을 조정하는 또 다른 방법은 사람들의 머릿속에 새로운 생각을 집어넣는 것입니다. 카드 뽑기 속임수가 대표적인 예입니다. 마술사는 10장의 같은 카드가 있는 책상에 다른 한 장의 카드를 재빠르게 던지고 사람들에게 한 장의 카드 이름을 부르라고 합니다. 그러면 그 사람은 여러 개의 같은 카드 중 하나를 고르게 되지요.

마술과 심리학

과학자들은 어떻게 마술이 일어나는지에 관심을 가지고 있습니다. 마술사들이 과학자들보다 인간의 뇌를 더 오랫동안 연구를 해왔다는 것을 부분적으로 과학자들이 인정했기 때문이지요. 마술사들의 속임수를 분석함으로써 과학자들은 인간의 인지와 정신과정을 이해하는 새로운 방법을 개발하기를 희망하고 있습니다.

 재미있는 두뇌 게임

속임수 마술

우리는 주변에 관해 이야기할 때 우리의 감각에 의존합니다. 그러나 우리의 감각은 주변 환경을 잘못 인식할 수 있습니다. 뇌가 무엇인가에 집중하고 있을 때 우리는 쉽게 속임수에 넘어가지요. 마술사들은 실제 일어나고 있는 사실로부터 청중들의 주의를 다른 곳으로 돌립니다. 감각을 잘못 인식할 수 있음을 확인하기 위해 눈속임 마술을 한번 배워 봅시다.

다이아몬드 여왕을 찾아라
친구에게 아무 카드나 뽑는 것처럼 하면서 특정한 카드를 뽑도록 할 수 있나요?

이런 것들이 필요해요
카드, 펜과 종이, 봉투, 친구

■ 1단계
위에서부터 3번째 위치에 여왕이 그려진 다이아몬드 카드를 놓고 종이에 카드 이름을 쓴 다음 봉투에 넣으세요.

■ 2단계
카드를 섞는 것처럼 행동하세요. 그리고 친구에게 위에서부터 6장의 카드를 3개씩 두 줄로 놓게 하세요. 여왕이 그려진 다이아몬드 카드가 어디에 있는지 잘 봐 두세요. 친구에게 한 줄을 지적하게 하고 그 카드가 포함되어 있지 않은 줄을 확실히 제거하세요.

■ 3단계
이번에는 친구에게 두 장의 카드를 지적하게 하세요. 첫 번째, 두 번째 카드를 고르면 그 카드를 빼내고 4단계로 가세요. 첫 번째와 세 번째 카드를 고르면 가운데 카드를 빼내고 만일 두 번째와 세 번째 카드를 고르면 첫 번째 카드를 빼내세요. 그런 다음 친구에게 다른 카드를 고르라고 하세요. 어떤 카드를 지적하던 여왕이 그려진 다이아몬드 카드는 없애야 합니다.

■ 4단계
친구에게 남아 있는 카드를 뒤집게 하고 봉투를 열어서 여러분의 놀라운 예상이 맞았다는 것을 보여주세요.

여러분이 확신에 찬 태도로 행동한다면 친구들은 자신들이 우리에게 요청하는 대로 우리가 하고 있다고 확신할 것입니다. 사실 우리는 특정 위치에 있는 다이아몬드 여왕을 뽑기 위해 계획된 일을 정확히 하고 있는 것이지요.

동전을 찾아라

이번 마술은 빠르게 손을 움직여서 속임수가 잘 통하도록 많은 연습을 해야 합니다.

🪙 **이런 것들이 필요해요**
동전, 친구

■ **1단계**
친구 앞에서 여러분의 왼손 엄지 옆 손바닥에 동전을 놓도록 하세요.

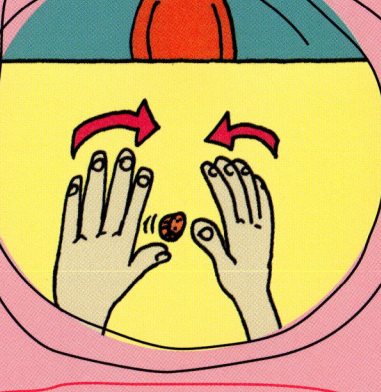

■ **2단계**
재빠르게 손바닥을 덮고 동전을 오른손 밑으로 보내세요.

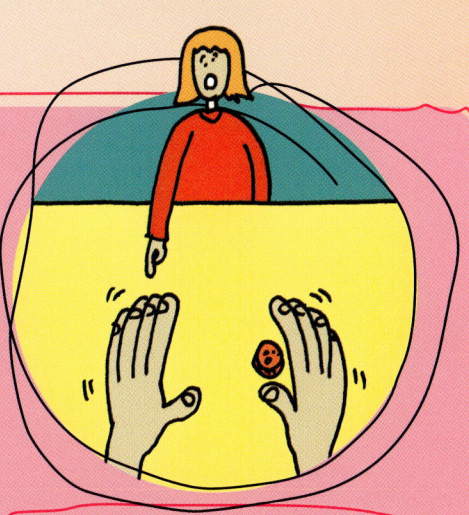

■ **3단계**
친구에게 동전이 어느 손에 있는지 물어보고 손을 들어 보이세요.

🌀 친구는 동전이 움직이는 것을 못 보았기 때문에 아직 왼손에 동전이 있다고 생각할 것입니다.

컵은 어디에 있나?

무언가를 사라지게 하기 위해서는 익숙해질 때까지 여러 번 연습해야만 합니다.

🪙 **이런 것들이 필요해요**
동전, 탁자, 의자, 종이, 플라스틱 컵, 친구

■ **1단계**
동전을 탁자 위에 놓고 동전 위에 컵을 놓으세요. 그리고 친구에게 동전을 사라지게 만들겠다고 이야기하세요.

■ **2단계**
컵 모양이 나타날 수 있도록 종이로 컵을 꽉 감싸도록 하세요.

■ **4단계**
여전히 컵 모양을 유지하고 있는 종이를 동전 위에 놓고 종이를 손으로 눌러 컵이 사라졌음을 보여주세요. "내가 컵을 사라지게 했어" 라고 말하세요.

■ **3단계**
컵과 종이를 들어 올려 동전이 아직 있다는 것을 보여주세요. 친구가 동전을 보고 있는 동안 종이와 컵을 재빠르게 탁자 끝으로 옮겨 컵을 무릎 위에 떨어뜨리세요.

🌀 주의를 컵이 아닌 동전에 기울이게 했기 때문에 친구의 뇌는 실제로 일어난 일에 집중하지 못했습니다.

51

우리 몸의 또다른 감각들

우리는 보통 오감, 즉 시각(보는 것), 청각(듣는 것), 미각(맛보는 것), 후각(냄새 맡는 것), 그리고 촉각만을 가지고 있다고 생각합니다. 그러나 우리는 다섯 개의 감각과 관계가 없는 것도 느낄 수 있습니다. 이러한 감각의 대부분은 우리의 무의식적인 마음에 영향을 미칩니다. 그렇다고 이러한 것들이 중요하지 않다는 것은 아닙니다. 예를 들어 평형 감각 없이 우리는 똑바로 서 있을 수 없거든요.

평형 감각

내이는 반고리관으로 불리는 세 개의 뼈로 이루어진 튜브를 가지고 있습니다. 각각의 튜브는 끝이 팽창되어 있으며 속에는 신체의 움직임에 따라 움직이는 액체와 액체의 움직임을 감지하는 센서가 있습니다. '평형반'이라고 불리는 수용체는 우리가 똑바로 서 있는 것을 감지하지요. 뇌가 이 정보를 받아서 우리 몸의 평형을 유지합니다.

멀미
빠르게 회전하는 놀이 기구를 탈 때 우리의 평형 감지기가 과도하게 자극을 받아 멀미가 생깁니다. 눈과 귀가 뇌에 복잡한 정보를 보낼 때 멀미는 더욱 심해집니다. 수평선을 바라보면 뇌가 움직임을 잘 파악해서 멀미를 멈추는 데에 도움을 줄 수 있어요.

전정신경
평형 감각 정보를 뇌로 보냅니다.

반고리관
신체가 움직일 때 따라 움직이는 액체로 가득 차 있습니다.

팽대부
신체운동을 감지하는 감지기를 가지고 있습니다.

평형반
똑바로 서 있는지를 감지하는 감지기가 있습니다.

내부 장기의 움직임을 느껴요
우리는 보통 내부 장기들을 잘 느끼지 못합니다. 그러나 위(밥통)로부터 오는 감각은 느끼지요. 음식이 지나갈 때 둔한 감각을 느끼거나 배고플 때 통증을 느끼는 것처럼 말이에요. 소화 문제로 통증이 생길 수 있고 손상이나 병에 걸리면 내부 장기들은 우리에게 고통을 줄 수 있습니다. 질병에 걸리면 화학 물질이 나와 신경말단을 자극하게 되고 이 정보가 통증처럼 뇌로 전달되기 때문입니다.

부분을 보고 전체를 알아내기

우리들은 문제에 일부만을 보고 우리의 기억에 저장된 정보를 사용하여 나머지 부분을 그려 냅니다. 그래서 우리의 안전에 중요하다고 여겨지는 정보를 통해서 일부의 정보만 있어도 이마를 알아내지요. 옆의 그림에서 우리는 뱀의 머리만 보고도 위험한 뱀의 몸통이지 친구들 머리에 그리게 되지요.

"의식적인 사고는 우리 되에서
일어나고 있는 사고의 극히 일부예요.
무의식적인 사고는 우리 주위에서
끊임없이 일어나고 있으며 우리의
행동들에 영향을 미치지요."

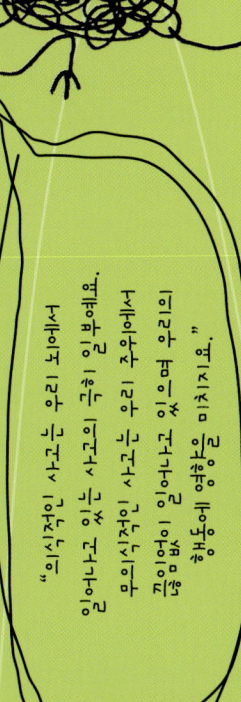

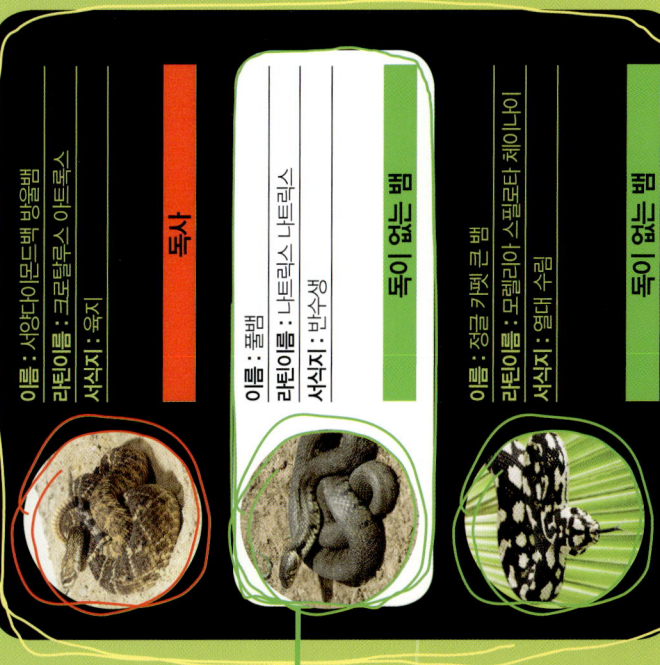

독사

이름 : 사우다이몬드백 방울뱀
라틴이름 : 크로탈루스 아트록스
서식지 : 육지

독이 없는 뱀

이름 : 풀뱀
라틴이름 : 나트릭스 나트릭스
서식지 : 반수생

독이 없는 뱀

이름 : 정글 카펫 큰 뱀
라틴이름 : 모랄리아 스필로타 체이나이
서식지 : 열대 수림

고정관념

동물에서부터 사람, 인종에 이르기까지
라벨링은 우리 뇌에 특정한 생각을 일반화시켜 두는데
이것을 고정관념이라고 부릅니다.
사진 위 사진의 뱀은 독이 없는 풀 속에 살고 있는 뱀인데
뱀이 독이 있다고 고정관념을 가지는 것은 잘못입니다.
고정관념은 인종적 편견과 같은 사회 문제를
불러일으키기도 합니다.

라벨링(이름 붙이기)

우리의 뇌가 감각 정보를 중요하다고 드문할 때 특별한 형태로 이름을 붙입니다. 이후에는 자세하게 분석하지 않고 즉각적인 반사 반응으로 나타납니다. 예를 들어 우리는 뱀을 인식하자마자 자기 뇌 속에 저장되어 있는 많은 짓들과 자세하게 비교하지 않고 즉각적으로 뒤로 물러납니다. 어떤 뱀들은 독이 있지 있으니까요.

기억이란 무엇일까?

우리의 뇌는 경험과 감각에 의해 수집된 모든 정보를 처리합니다. 그중 대다수의 정보들은 사라지지만 중요한 정보와 기술은 기억에 저장되지요. 이러한 과정에 의해 우리는 생각하고 배우고 창조할 수 있습니다.

무시
우리가 무시하는 감각 기억은 곧 사라집니다.

감각 기억
이런 종류의 기억은 수초 동안 많은 정보를 유지합니다.

입력
감각으로부터 들어온 모든 정보가 감각 기억 창고로 들어옵니다.

기억 창고
기억은 감각 기억, 단기 기억, 장기 기억 3종류로 나뉘어집니다. 가장 중요한 기억만이 장기 기억으로 저장되고, 나머지는 사라지지요.

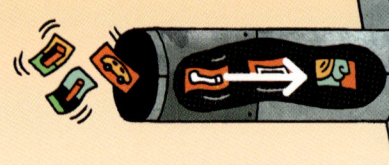

주의 집중
어떤 정보에 집중할 때는 단기 기억으로 저장됩니다.

자극
신경 세포
전기적 신호

연결망 형성
신경 세포가 강한 자극을 받으면 주위의 신경 세포로 전기적 신호를 전달합니다.

기억 만들기
신경 세포 사이에 만들어진 회로에 전기적 신호를 보내면서 기억이 만들어집니다. 회로가 자주 활성화될수록 장기 기억으로 쉽게 저장되지요.

생생한 기억
굉장히 감정적일 때 뇌 속에서 일어나는 화학적 변화가 신경 활성을 폭발적으로 증가시킵니다. 이것이 기억이 만들어지는 것을 강화시켜 생생한 장기 기억을 만듭니다.

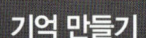

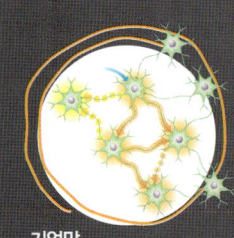

지속적인 연결

회로의 형성
연결된 세포가 더 많이 자극될수록 연결은 더 강해집니다.

기억망
신경 세포의 연결망이 형성될 때까지 전기적 신호도 계속 전달됩니다.

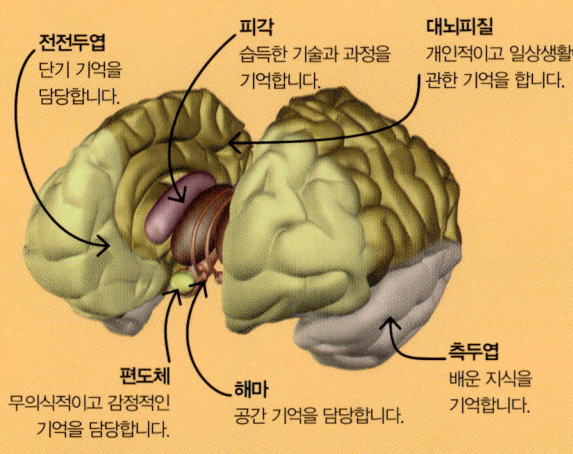

전전두엽 단기 기억을 담당합니다.

피각 습득한 기술과 과정을 기억합니다.

대뇌피질 개인적이고 일상생활에 관한 기억을 합니다.

편도체 무의식적이고 감정적인 기억을 담당합니다.

해마 공간 기억을 담당합니다.

측두엽 배운 지식을 기억합니다.

인식과 회상

전체를 떠올리는 것보다 찾고자 하는 기억을 골라 인식하는 것이 더 쉽습니다. 아래에 있는 여자 사진을 5초간 보세요. 그런 다음 사진을 덮고 오른쪽 사진에서 그 여자를 찾아보세요. 아주 짧은 시간 봤지만 그녀를 찾을 수 있을 것입니다. 그러나 여자를 자세히 묘사해 보라고 한다면 아마도 상당히 어려울 것입니다.

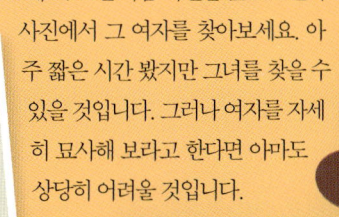

어디에서 기억하나?

대뇌피질과 해마는 기억에 관련된 중요 부위이며 서로 다른 뇌 부위에는 서로 다른 종류의 기억이 저장됩니다.

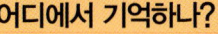

사용하지 않으면 잃어버려 단기 기억에 저장된 정보를 생각하지 않는다면 약 20초 후에 사라집니다.

단기 기억 공간이 제한되어 있기 때문에 생각하지 않는다면 장기 기억으로 가지 않습니다.

정보 정리하기 장기 기억에 들어온 정보는 쉽게 회상할 수 있도록 주의 깊게 정리되어 있습니다.

> "아주 극소수의 사람만이 3살 이전을 기억할 수 있어요."

무의식적인 회상

여러분은 어떤 냄새나 시간 혹은 장소가 갑자기 매우 강렬하게 기억난 적이 있나요? 이런 현상은 무의식으로 기억이 떠오르기 때문에 '무의식적인 회상'이라 부릅니다. 소리나 모습의 회상도 가능하나 냄새와 관련된 회상이 특히 강한데 이것은 냄새를 처리하는 뇌 부위가 기억과 밀접하게 연결되어 있기 때문이지요.

기억력을 높이는 방법

"우리는 정보를 반복함으로써 장기 기억으로 저장할 수 있지요. 이런 과정을 예행연습이라고 해요."

잊어버리는 것은 쉽습니다. 단기 기억은 여러 번 반복하거나 이미 알고 있는 것들과 연결시키지 않으면 수초 내에 잊어버립니다. 하지만 우리는 기억하기 매우 어려운 것들을 기억하게 하는 특별한 방법들을 사용할 수도 있습니다.

주의를 집중해!

우리가 정보를 받아들일 때는 최대한 주의를 기울여 뇌를 혼란하게 만들지 않는 것이 중요합니다. 만일 주의를 기울이지 않는다면, 정보는 결코 기억의 첫 단계인 단기 기억으로 가지 않습니다. 주의를 집중하면 우리는 우리가 알지 못했던 것들을 기억할 수 있습니다.

회로 만들기

새로운 정보를 우리가 이미 알고 있었던 것들과 연결시킴으로서 기억을 잘 할 수 있습니다. 이런 과정은 정보를 장기 기억으로 전환시킬 수 있으며 그 의미에 대해서 더욱 깊이 생각하게 만듭니다. 이는 학습에 매우 중요하며 '연합'이라고 부릅니다.

"기억술(Mnemonics)이라는 이름은 그리스 기억의 여신인 므네모시네(Mnemosyne)로부터 유래되었어요."

나누어 기억하기

기억하려고 하는 어떤 것들은 사실 아무런 뜻도 없는 경우가 있습니다. 연결될 수 없는 사실들이거나 숫자의 나열이지요. 단기 기억은 최대 다섯 개의 항목 이내로 기억하기 때문에 긴 정보를 짧게 나누어 3~4개 항목으로 잘라 기억하면 기억이 잘 됩니다. 대다수의 사람들은 이런 방법으로 전화번호를 기억해요.

기억술

섞여 있는 단어를 기억하기 위한 비결 중 하나는 첫 번째 알파벳을 사용해 문장을 만드는 것입니다. 예를 들어 '수많은 금이 묻혀 있는 지하 탄광에 들어간 광부는, 화가 나고 목이 말라서 토를 하며 천장을 뚫고 나와 해가 비치는 밖으로 겨우 빠져 나왔습니다.' 라는 문장을 만들어 기억하면 태양계를 돌고 있는 행성 이름을 수성에서부터 해왕성까지 쉽게 기억할 수 있게 됩니다.

수성
금성
지구
화성
목성
토성
천왕성
해왕성

 수많은
 금(황금)
지하 탄광
 화가 나다
 목마르다
 토하다
 천장
 해(태양)

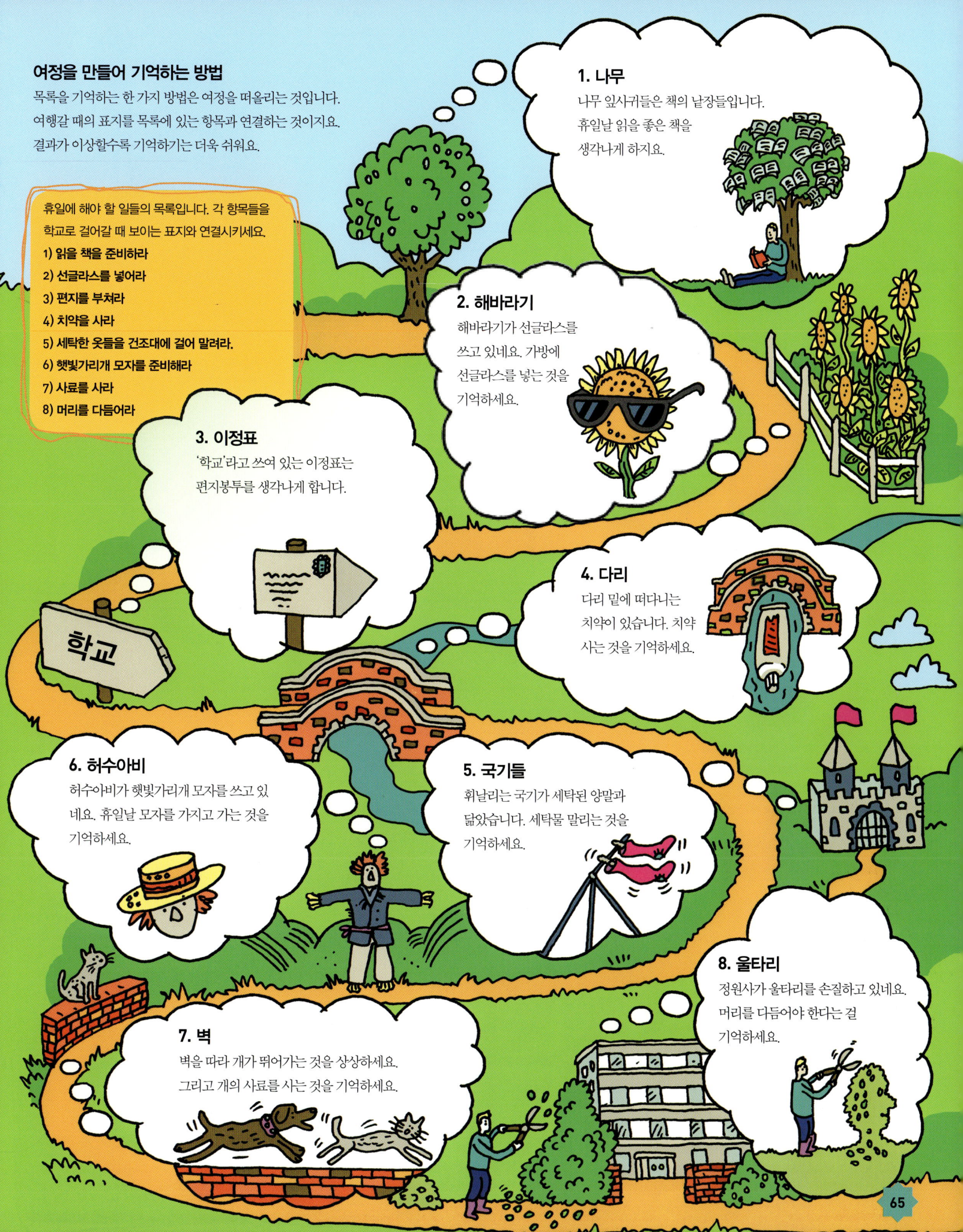

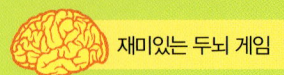

재미있는 두뇌 게임

기억의 범위

단기 기억의 일부는 일정 기간 동안 저장될 수 있습니다. 이 게임은 여러분의 뇌가 숫자와 단어를 얼마나 기억할 수 있는지를 알아보는 게임입니다. 아마 여러분은 자신의 능력에 대해서 놀랄 수도 있어요.

■ **1단계**

위에서 아래로 한 번에 한 줄의 숫자를 읽으세요. 그 다음 줄을 가리고 숫자를 반복해 보세요. 기억하지 못할 때까지 계속합니다.

🌀 **대다수의 사람들은 7개 정도의 숫자만을 기억할 수 있으며 그것보다 더 많이 기억한다면 기억을 아주 잘 하는 것입니다.**

```
        438
       7209
      18546
     907513
    2146307
   50918243
  480759162
 1728406395
```

아래의 게임들은 기억 속에 숫자와 단어, 시각 정보를 저장할 수 있는 능력을 검사하는 게임입니다. 우리는 회상과 인식이라는 두 가지 방법으로 기억할 수 있습니다. 회상은 우리가 필요할 때 기억 속에 있는 정보를 발견해 내는 것이며, 인식은 보고 있을 때 무언가를 아는 것입니다.

기억할 수 있나요?

시각 기억

여러분의 기억은 시각 이미지에 얼마나 강한가요? 여기에 있는 16개 그림을 45초 동안 보세요. 그다음 책을 덮고 가능한 한 기억나는 사물들의 이름을 많이 적어 보세요. 얼마나 잘 해냈나요?

🌀 **절반 이상을 기억했다면 잘 한 것입니다. 12개 이상을 기억했다면 아주 잘 한 것입니다.**

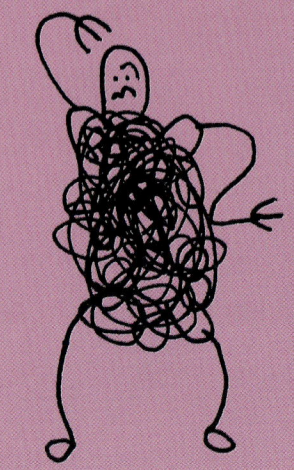

■ 2단계

한 번에 한 줄에 있는 단어들을 모두 읽으세요. 그리고 줄을 덮고 단어를 반복해 보세요. 그다음 기억을 못할 때까지 읽어 내려가세요.

🌀 대다수의 사람들은 숫자보다 단어를 잘 기억합니다. 8개의 단어가 있는 줄까지 기억했다면 잘한 것입니다.

침대, 램프, 카펫,
포크, 접시, 유리잔, 탁자,
거미, 나무, 새, 꽃, 개,
연필, 가위, 의자, 책, 생선, 시계,
연못, 달, 별, 풀, 지렁이, 자전거, 돌,
드럼, 종, 공, 라켓, 끈, 상자, 그물, 막대,
눈, 다리, 팔, 발, 머리, 귀, 발가락, 머리카락, 코,
빵, 우유, 쿠키, 접시, 사발, 자두, 수저,
사과, 바나나, 오렌지

인식하기와 회상하기

이 게임은 인식과 회상의 차이를 보여줍니다.

■ 1단계

우선 인식 능력을 검사해 봅시다. 아래에 있는 10개의 나라와 10개의 수도를 30초 동안 보고, 서로 바르게 연결해 보세요. 그리고 186쪽에 있는 정답과 비교해 보세요.

나라	수도
이스라엘	뉴델리
프랑스	오타와
인도	베를린
러시아	프라하
체코	코펜하겐
독일	예루살렘
아프가니스탄	부에노스아이레스
캐나다	카불
덴마크	파리
아르헨티나	모스크바

■ 2단계

여기에 서로 다른 10개의 국가가 있습니다. 30초 내에 수도를 회상해 보세요. 정답을 알아보고 1단계 점수와 비교해 보세요.

에스파냐
아일랜드
중국
스웨덴
이라크
네덜란드
일본
이탈리아
이집트
그리스

🌀 대부분의 사람들은 회상하기보다 인식하기 점수가 더 좋습니다. 우리는 기억 속에 저장되어 있는 정보를 쉽게 찾아 낼 수 있는 목록들 중에서 하나의 정답을 찾아 내는 것을 더 잘합니다.

예술가의 눈

여러분은 시각 정보를 잘 기억해냅니까? 아래의 실험을 통해 알아보세요.

■ 1단계

오른쪽 그림을 보세요. 그리고 2분 동안 자세히 연구하세요. 그다음 책을 덮고 기억을 떠올리며 그림을 그려 보세요. 이후에 오른쪽 그림과 비교해 보세요. 그리고 올바로 그린 줄마다 점수를 주세요.

■ 2단계

왼쪽 그림도 위와 같은 방법으로 그려 보세요. 이번에는 비슷한 모양이나 패턴을 찾아보세요. 예를 들어 연처럼 보이는 모양을 찾아보는 것이지요. 다시 2분 후에 책을 덮고 그려 보세요. 그리고 다시 점수를 매긴 뒤 1단계 점수와 비교해 보세요.

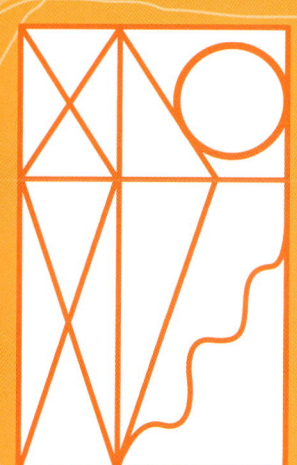

🌀 아마도 1단계보다 2단계 실험 결과가 더 좋을 것입니다. 이것은 비슷한 모양을 가진 줄들이 쉽게 기억되었기 때문입니다.

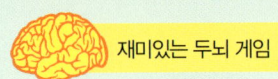
재미있는 두뇌 게임

주의를 집중해요!

차이를 구별하기
여러분의 눈은 자세한 것을 잘 구별할 수 있나요? 아래의 두 그림을 보고 10가지의 차이를 알아내 보세요. 정답은 186쪽에 있습니다.

여러분은 세밀한 것을 잘 기억합니까? 아래에 나오는 게임들은 여러분이 이야기의 내용을 얼마나 잘 기억하는지 그리고 여러분의 눈과 뇌가 보이는 것들 사이의 차이를 얼마나 잘 찾아내는지 알아내는 게임들입니다. 이 게임들을 잘하기 위해서는 단기 기억력이 좋아야 합니다. 만약에 우리가 주의를 집중하지 않는다면 어떤 것도 기억할 수 없습니다.

집중력 검사
여러분은 책을 읽을 때 얼마나 내용에 잘 집중합니까? 이를 알아보기 위해 주의해서 아래의 이야기를 읽고 질문에 딱 한 번만 답을 하세요.

"마침내 정원은 완벽해졌다. 영미는 오렌지색 초롱불이 나무에 매달려 은은한 빛을 내는 것을 보고 만족했다. 촛대와 분홍색의 장미꽃으로 장식된 예쁜 테이블이 정원 곳곳에 놓여 있었다. 샴페인과 흰색의 초콜릿 케이크, 큰 연어와 딸기가 가득 놓인 테이블도 있었다. 영미는 설레기 시작했다. 그녀의 부모는 파티가 열리는지 모르고 계셨다. 부모님은 영미가 영화 보러 가는 것이라고 생각했다. 그런데 갑자기 그녀는 개가 헐떡이는 소리를 듣고 놀랐다. 멍구! 개를 부엌에 가두었는데 어떻게 나올 수 있었지?
진흙투성이의 물에 젖어 매우 냄새나는 큼지막한 개가 달려와서 발아래에 죽은 물고기를 자랑스럽게 떨어뜨렸다. 영미는 이웃에 있는 영호의 연못에서 가져왔다는 것을 알아 차렸다. 영미는 낑낑대며 체스터의 목덜미를 잡으려고 했으나 멍구는 도망갔다. 멍구가 두 개의 테이블 사이에서 긴 털을 흔들어 진흙과 잡초를 주위로 튀겼다. 음식테이블은 더러워졌고 심지어 음식 냄새를 맡고 테이블에 달려들어 연어를 한줌 물고 수백 개의 딸기를 땅에 흘리기까지 했다."

무엇이 없어졌나?

이 실험은 정보가 얼마나 빨리 단기 기억에서 사라지는지를 보여줍니다.

■ **1단계**
30초 동안 쟁반에 있는 14개의 물체를 잘 보세요. 그리고 그림이 보이지 않도록 책을 덮으세요.

■ **2단계**
아래에 있는 쟁반을 보세요. 5개의 물체가 없어졌습니다. 어떤 것이 없어졌나요? 위의 그림을 다시 보며 확인해 보세요. 다 맞추었나요?

질문

1. 하루의 언제인가요?
2. 테이블은 어떻게 장식되어 있나요?
3. 케이크는 무슨 맛인가요?
4. 누구를 위한 파티인가요?
5. 영미는 멍구가 어디 있다고 생각했나요?
6. 영미의 이웃에 사는 사람의 성은 무엇인가요?

🌀 정답을 알아보기 위해 다시 이야기를 읽어 보세요. 5개를 맞췄다면 잘한 것입니다. 상세한 것을 기억하는 좋은 방법은 이야기의 내용을 여러분의 머릿속에 그려 보는 것입니다.

누가 누구인가요?

여러분은 그림의 미세한 차이를 얼마나 잘 구별할 수 있나요? 다음 문제를 풀어 보세요.

사랑스러운 애완 거북이 푸름이가 사라졌습니다. 푸름이를 찾아준다면 푸름이의 주인은 선물을 줄 것이라고 말했습니다. 사람들이 데리고 온 4마리의 거북이 중 어떤 거북이가 푸름이인가요? 186쪽에서 정답을 확인해 보세요.

재미있는 두뇌 게임

연상 기술

문제 사이에 어떤 연결을 만드는 것을 '연관'이라고 합니다. 연관은 잊기 쉬운 것을 기억하게 하는 유용한 방법이지요. 숫자를 그림과 연관시키는 것, 단어들을 그룹으로 만드는 것, 이름을 잊어버리지 않도록 사람들을 어떤 이미지와 연결시키는 것 등이 그 예입니다. 연관을 만드는 방법에 대해 아래의 실험을 통해 알아봅시다.

숫자를 그림과 연결짓기

숫자를 비슷한 모양의 그림과 연관시키면 전화번호나 중요한 날짜 속은 숫자들의 비밀번호를 쉽게 기억할 수 있습니다.

0 = 알
1 = 악어
2 = 백조
3 = 지렁이
4 = 팔
5 = 얼굴
6 = 토끼
7 = 기린
8 = 도넛
9 = 달팽이

■ 1단계
아래에 만들어진 숫자 그림을 보고 기억해 보세요. 그리고 여러분만의 그림을 만들어 보고 외워 봅시다.

■ 2단계
아래의 숫자를 40초 동안 보고 위의 숫자 그림을 보세요. 그리고 숫자를 보고 그림을 연상하거나, 숫자와 그림을 연결지어 기억하기가 더욱 쉬운가요?

8371

■ 3단계
숫자 그림은 목록을 기억하는 데도 사용할 수 있습니다. 예를 들어, 달걀 6개, 우유 3팩, 바나나 2개, 주료 8장을 사는 것을 생각하고 숫자들을 목록으로 나타내 보세요. 달걀을 먹고 있는 토끼(숫자6), 우유를 먹고 있는 기린(숫자3), 바나나를 먹고 있는 백조(숫자2), 도넛(숫자8) 그림이 있는 주표처럼 그림이 과장될수록 머리에 더 잘 들어가기 때문에 우습게 기억됩니다.

"영국의 기억 전문가 도미닉 오브라이언은 단지 한 번만 보고 8048장의 트럼프 카드 순서를 기억해 냈어요."

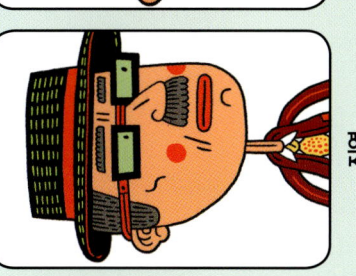

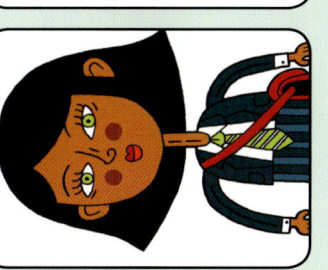

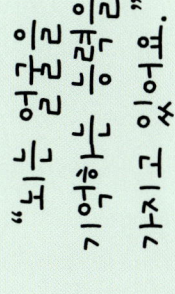

경태 / 철수 / 진영 / 소영 / 영수 / 소라

이름 기억하기

사람의 이름을 기억하기가 어렵다면, 이름을 그림과 연관시켜 보세요. 만일 데이지라는 소녀를 만나면 꽃을 들고 있는 소녀를 생각해 보세요. 혹은 사람의 이름을 그들이 가지고 있는 어떤 문제와 연관시키세요. (소라 점을 듣고 있는 소라, 혹은 이름과 비슷한 소리와 연관시키세요. (수영을 좋아하는 소영이).

"나는 얼굴은 기억하는데 이름을 가지고 있어요."

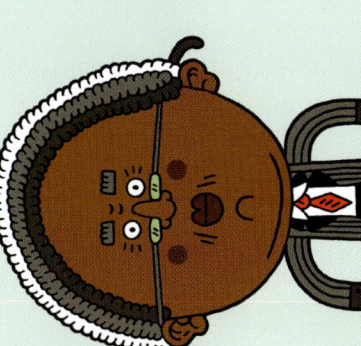

위에 있는 사람들을 보고 여러분만의 연상을 만들어 보세요.

■ 1단계

■ 2단계

아래의 얼굴을 보세요. 여러분이 만든 연상을 가지고 누가 누군지 기억할 수 있나요?

그룹 만들기

기억해야 할 긴 단어 목록이 있을 때, 긴 목록을 작은 그룹으로 나누도록 하세요.

■ 1단계

아래에 있는 10개의 단어를 30초 동안 보고 체크 없이 적으세요. 기억할 수 있는 한 많이 써보세요. 그다음 점수를 기록하세요.

피라미드
나뭇가지
온실
곤충
금붕어
트랙터
못
단추
코끼리
카펫

■ 2단계

새로운 목록이 있습니다. 이번에는 이 목록을 작은 그룹으로 절반 2개로 나눕니다. 그러나 작은 목록으로 나누면 됩니다. 30초 후 목록을 보고 기억해 써 보세요. 기억하기가 더 쉬운가요?

산
나무
눈썹
바나나
배
성
생쥐
책
비행기

만일 특정한 그룹으로 나누기가 어렵다면 각각의 항목들을 짧을 지어 떠올릴 수 있습니다. 예를 들어서 숙소셈이 달린 생쥐, 바나나를 운반하는 배와 같이 말이에요.

"아인슈타인은 5살 때 나침반 바늘이 움직이는 것을 보고, 우주는 미지의 힘으로 가득 차 있다는 것을 깨닫고 물리학에 푹 빠지게 됐어요."

알베르트 아인슈타인

아인슈타인은 1879년 기술자의 아들로 독일에서 태어났습니다.

천재를 생각할 때 우리는 아인슈타인을 제일 먼저 떠올립니다. 이것은 그의 생각이 많은 사람들의 이해를 뛰어넘었기 때문이지요. 빛이 구부러지는 현상과 우주의 변형, 우주가 어떻게 작동하는지를 설명하는 상대성 이론과 창조적인 수학적 사고의 표상인 된 $E=mc^2$ 방정식은 매우 유명하지요. 신비한 아이디어를 명확한 수학으로 나타낼 수 있었던 것은 그의 천재성 때문입니다.

1893년 14살 때의 아인슈타인은 수학에 푹 빠져 있었습니다.

똑똑한 아이디어
아인슈타인은 겨우 16살 때 빛의 속도인 초속 30만 킬로미터로 여행한다면 어떤 일이 벌어질지에 대해 의문을 가졌습니다. 그는 이 속도로 여행한다면 손목시계는 움직이지 않고 시간은 정지된 것처럼 보일 것이라고 생각했지요.

물리학을 공부하는 특허청 직원
아인슈타인은 물리학과 수학을 공부하였으며 그후 스위스 베른에 있는 특허국에서 일하면서 다른 사람들의 발명을 심사하였습니다. 그러면서 여가 시간에 물리학과 우주의 신비에 대해서 직업 보다는 취미로 골똘히 생각했어요. 그는 대학에서 대학교수들의 생각을 공부하지 않았기 때문에 자신만의 이론을 발전시킬 수 있었습니다.

상대성 이론
아인슈타인은 빛과 우주 그리고 시간의 성질에 매료되었습니다. 시간을 천천히 가게 할 수 있으며 우주는 구부려져 있고, 중력은 우주와 시간의 변형이며 빛의 속도 이외에는 어떤 것도 고정되어 있지 않다는 생각이 상대성 이론의 핵심입니다.

아인슈타인(왼쪽)이 1931년 캘리포니아에 있는 윌슨 산 천문대에서 천문학자들과 함께 찍은 사진입니다.

중력과 빛

아인슈타인의 이론은 빛이 중력에 의해 구부러질 수 있다고 이야기합니다. 1919년에 일어난 태양의 개기일식 때 천문학자들은 태양 가까이 지나가는 빛의 굴절을 관찰했습니다. 이 관찰은 별들이 잘못된 위치에 있는 것처럼 보인다는 아인슈타인의 이론이 맞는다는 것을 보여주었습니다.

아인슈타인은 어릴 때부터 바이올린을 연주했으며 평생 연주를 즐겼습니다.

$E = mc^2$

아인슈타인은 어떤 물질의 질량은 에너지로 전환 될 수 있음을 알았습니다. 이를 $E=mc^2$이라는 방정식으로 표시했습니다. 이 방정식에서 에너지(E)는 질량 × 900조(빛의 제곱)입니다. 이 방식은 우라늄 같은 작은 질량을 가진 물질이 어마어마한 에너지를 낼 수 있다는 것을 설명합니다(핵원자로 혹은 핵폭탄 같이).

과학 역사의 위대한 인물

아인슈타인은 1932년 나치를 피해 미국으로 이주하였습니다. 그는 300편이 넘는 논문을 발표하였으며 흩날리는 머리와 이상한 옷차림을 한 유명인사였습니다. 그가 말년에 한 연구는 젊은 시절의 연구와 맞지 않았지만 그는 이미 우주에 관한 우리의 지식에 일대 혁명을 일으켰습니다. 1955년 76세의 나이로 사망했습니다.

"아인슈타인은 이론물리학에 대한 공헌으로 1921년 노벨상을 받았어요."

공부를 하는 뇌

어떻게 배울 수 있을까?

학습은 생존을 위해 필수적입니다. 우리는 학습을 읽고 쓰는 기술이라고만 생각합니다. 그러나 학습에는 안전하게 길을 건너거나, 다른 사람을 잘 대하는 방법, 돈을 다루는 방법 등 인생을 윤택하게 만들어 주는 다양한 기술들도 포함됩니다. 우리는 의식적인 노력과 무의식적인 반응을 통하여 이런 것들을 배우지요. 우리가 배우는 모든 것들은 장기 기억의 일부분이 됩니다.

지갑을 확인하자

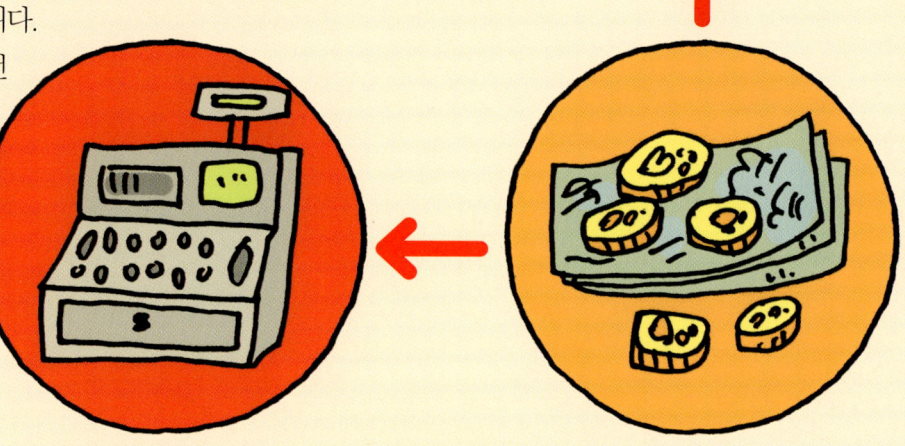
잡지는 얼마일까?
돈도 필요해

학습 곡선
우리는 어린 시절 짧은 시간 동안 세상에 관한 방대한 정보를 배워야 합니다. 우리는 걷고, 먹고, 위험을 피하는 기본적 기술을 배우지요. 우리는 우리가 하는 모든 것이 다른 일을 일어나게 한다는 것을 발견하고 결과를 예측하는 방법과 좋지 않은 결과를 피하는 것을 배웁니다. 우리는 생후 몇 년 동안 인생의 나머지 기간보다 더 많이 배웁니다.

조건 붙이기
경험이 항상 특정 사건을 따라 일어나거나 그저 한 번만 일어난다면 우리는 쉽게 위험에 처할 수 있습니다. 어떤 일이 다시 일어날 때 우리 뇌에는 자동적으로 반응하게 하는 강한 연결이 만들어집니다. 예를 들어, 장수말벌에 쏘인다면 다른 말벌을 보거나 노랗고 검은 선을 가진 곤충을 볼 때도 신경을 곤두세우게 됩니다. 이런 학습 현상을 '조건붙이기'라고 합니다.

기억 회로

뇌의 회로는 기본적으로 태어날 때부터 가지고 있지만 무언가를 배울 때마다 새롭게 변합니다. 신경 세포들은 함께 연결되어 회로를 형성하며, 우리가 원할 때마다 그 행동을 반복하게 합니다. 그러나 그 신경 회로를 다시 사용하지 않는다면 그 회로는 결국 작용을 중단하게 되지요.

연상
여러 가지 경험과 기술들 사이에 연결이 만들어짐으로서 우리는 학습을 합니다. 이중 한 부분이 활성화되면 나머지도 흥분하게 됩니다. 예를 들어 잡지를 산다고 결정한다면 이 생각이 서점, 서점까지 가는 데 사용할 자전거, 가는 길, 사용할 돈 등이 연상되어 함께 떠오릅니다. 연상은 또한 학교에서 수업시간에 배운 지식을 압축시켜 연결해 줍니다.

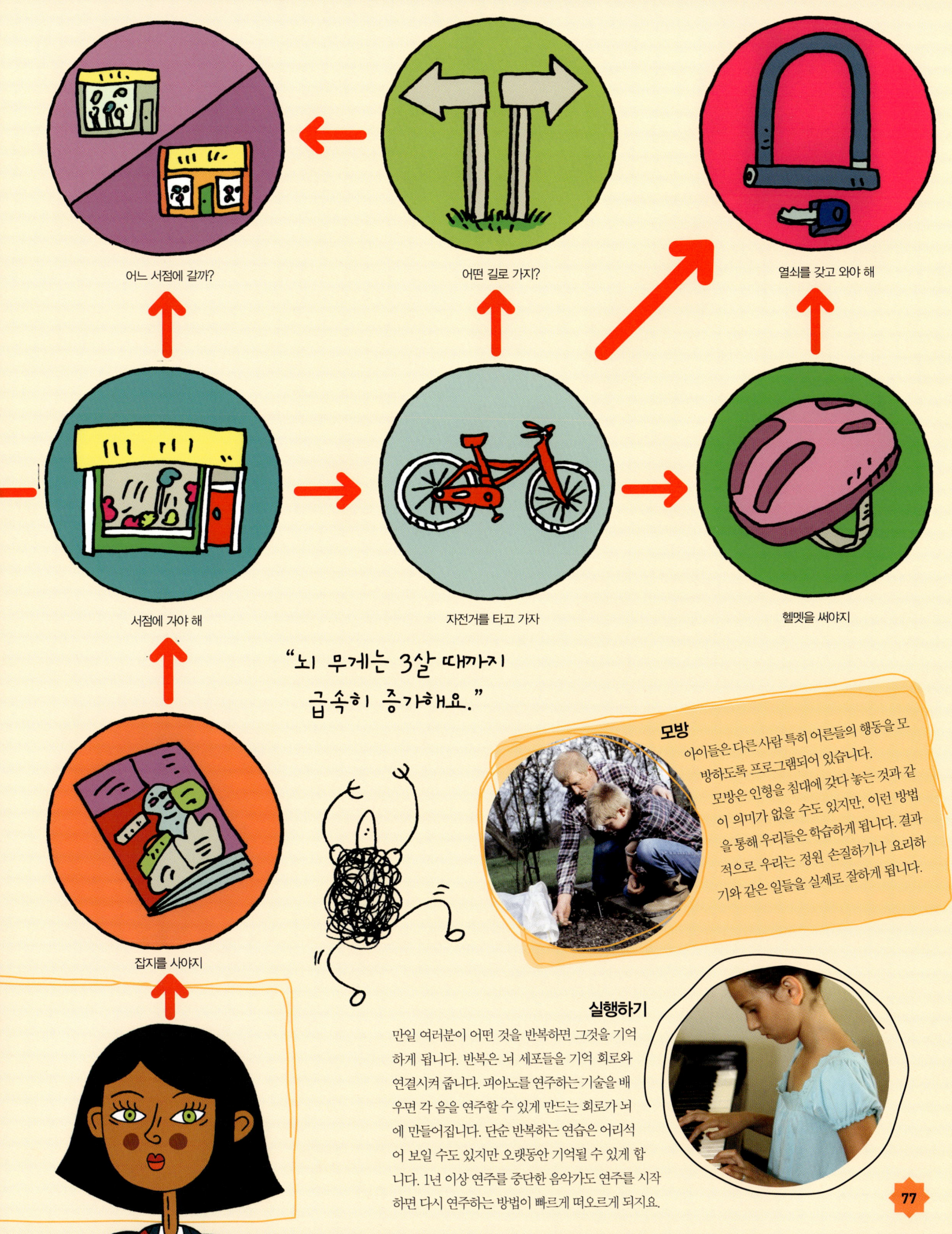

어느 서점에 갈까?　　어떤 길로 가지?　　열쇠를 갖고 와야 해

서점에 가야 해　　자전거를 타고 가자　　헬멧을 써야지

잡지를 사야지

"뇌 무게는 3살 때까지 급속히 증가해요."

모방

아이들은 다른 사람 특히 어른들의 행동을 모방하도록 프로그램되어 있습니다. 모방은 인형을 침대에 갖다 놓는 것과 같이 의미가 없을 수도 있지만, 이런 방법을 통해 우리들은 학습하게 됩니다. 결과적으로 우리는 정원 손질하기나 요리하기와 같은 일들을 실제로 잘하게 됩니다.

실행하기

만일 여러분이 어떤 것을 반복하면 그것을 기억하게 됩니다. 반복은 뇌 세포들을 기억 회로와 연결시켜 줍니다. 피아노를 연주하는 기술을 배우면 각 음을 연주할 수 있게 만드는 회로가 뇌에 만들어집니다. 단순 반복하는 연습은 어리석어 보일 수도 있지만 오랫동안 기억될 수 있게 합니다. 1년 이상 연주를 중단한 음악가도 연주를 시작하면 다시 연주하는 방법이 빠르게 떠오르게 되지요.

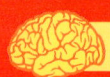 재미있는 두뇌 게임

한손 법칙
모든 벽들이 바깥쪽 경계로 연결되어 있는 미로에서 빠져나오기 위해서는 한손 법칙을 사용할 수 있습니다. 여러분은 항상 한 손을 진행 방향의 벽에 대고 있어야 합니다. 어떤 손이건 관계없습니다. 그러나 길을 따라갈 때 손을 바꾸면 안 됩니다. 미로의 중앙까지 길을 따라 이 방법을 사용해보고 다시 뒤돌아 나오세요.

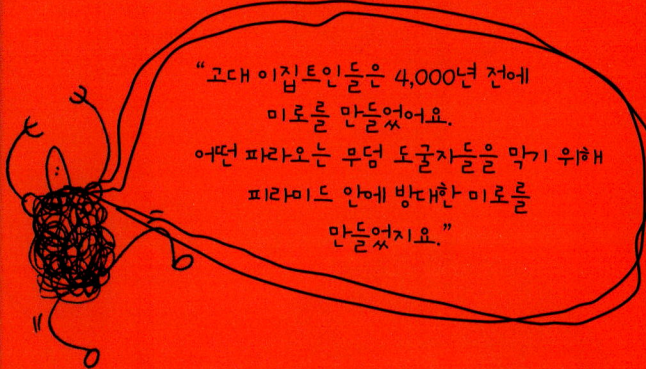
"고대 이집트인들은 4,000년 전에 미로를 만들었어요. 어떤 파라오는 무덤 도굴자들을 막기 위해 피라미드 안에 방대한 미로를 만들었지요."

미로를 탐험해 보자

뇌의 학습 능력은 미로를 빠져나올 수 있는 길을 발견하는 방법을 포함한 모든 종류의 문제들을 풀 수 있게 도와줍니다. 사람들은 미로에서 길을 찾을 수 있는 한 잠깐 동안 길을 잃어버리는 것을 재미있어 합니다. 그럼 아래의 미로들의 길을 찾을 수 있는지 한번 탐험을 시작해 보세요. 만일 찾지 못한다면 186쪽에 있는 답을 참조하세요.

오른쪽으로 갈까? 왼쪽으로 갈까?
이렇게 복잡한 미로도 역시 한손 법칙을 사용해서 빠져나올 수 있습니다. 빠져나올 땐 반대쪽 손을 사용해 보세요. 어느 길이 더 빠른가요?

실패했을 경우에
어떤 벽들이 다른 벽들과 연결되어 있지 않을 경우에는 한손 법칙으로 길을 찾을 수 없습니다. 대신 여러분은 실수를 통해 빠져나올 수 있습니다. 미로의 중앙부까지 가 보고 다른 방향으로 빠져나오세요.

놀라운 미로
미로가 크고 복잡할수록 잘못 들어선 길을 기억하는 일이 더 어려워집니다. 이 미로의 도전 과제는 중앙에 찍힌 점까지 가는 길을 찾는 것입니다.

"세계에서 가장 큰 미로는 하와이에 있는 미국 식품회사 돌이 가지고 있는 파인애플 농장 정원의 미로입니다. 이 미로는 12,746제곱미터의 땅 위에 있고 4킬로미터에 달하는 길을 갖고 있어요."

어디가 위고 어디가 아래야?
3차원 육각형 미로는 실제로 존재할 수 없습니다. 위아래의 구분이 어려우니 주의를 집중해야 할 것입니다. 한손 법칙을 사용해서 들어가는 길을 알 수 있습니다.

79

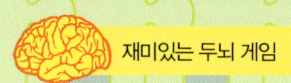

수수께끼 같은 모양들

짝이 없는 동물을 찾아라
그림 속에 두 번 나타나지 않는 동물이 무엇인지 찾아보세요. 이것을 찾기 위해서는 우리는 짝을 이루지 못한 동물이 무엇인지 기억해야 합니다.

똑같은 얼굴을 찾아라
학습을 거듭할수록 우리의 뇌는 물체들 사이의 아주 작은 차이도 구별하게 됩니다. 아래의 가수들 중 왼쪽 사진 속의 두 사람을 찾아 낼 수 있나요?

규칙을 찾아 결과 예측하기
다양한 색깔을 가진 컵케이크들이 일정한 규칙으로 배열되어 있습니다. 배열 규칙을 알 수 있나요? 만일 배열 순서가 그 규칙대로 계속된다면 49번째와 100번째 컵케이크는 어떤 색깔일까요?

"세계에서 가장 큰 조각 맞추기 기록은 24,000조각입니다. 이를 완성하는 데는 수개월이 걸리지요."

모양이나 무늬를 인지하고 다른 물체들과 연결을 만드는 것은 학습 과정에서 중요한 부분을 차지합니다. 우리는 과거의 경험과 과거의 문제에 대한 해결책을 뇌에 저장하고 이를 바탕으로 새로운 것에 의미를 부여합니다. 복잡한 수수께끼를 풀기 위해서는 새로운 규칙을 발견할 수 있어야 합니다. 아래의 문제를 풀어 보고 답을 맞춰 보세요. 정답은 187쪽에 있습니다.

사라진 조각을 찾아라

여러분의 뇌는 조그만 조각들을 맞추어 큰 그림을 완성하는 일을 위해 작동합니다. 이런 일을 하기 위해서 여러분은 조각의 내용과 모습을 잘 알아야 합니다. 위의 조각 그림 맞추기에 걸맞은 4개의 조각은 다른 조각 그림 맞추기의 조각들과 섞여 있습니다. 여러분은 조각을 완전히 맞출 수 있나요?

"경찰은 범죄 패턴을 연구하여 범인을 잡기 위한 컴퓨터 프로그램에 사용하지요."

순서의 규칙을 찾아라

왼쪽 그림의 꽃들은 무작위로 배열되어 있는 것처럼 보이지만 사실은 특별한 순서로 나열되어 있습니다. 여러분은 삼색 꽃이 어떻게 마지막 순서를 장식할 것이라고 생각하나요?

짝이 없는 무늬를 찾아라

아래의 무늬들을 처음에 보면 매우 비슷하게 보입니다. 하지만 시간을 두고 천천히 살펴보면 여러분들은 각각의 무늬들을 구분할 수 있게 됩니다. 사실 각각의 무늬들은 한 개를 제외하고 모두 한 쌍을 이루고 있습니다. 여러분은 쌍을 이루지 못하고 있는 하나를 찾아낼 수 있나요?

수학 지능

논리적으로 문제를 분석하고, 규칙을 인지하여 계산을 하게 하는 지능. 과학적이고 수학적인 사고를 하게 합니다. 수학을 사용하는 사람들에게도 작용 가능한 지능입니다.

공간 지능

방향이나 위치를 정확히 감각으로 3차원으로 물체를 보는 지능입니다. 비행사와 같은 스포츠, 건축이나 조각과 같은 예술 활동에 필요한 기술이 포함됩니다.

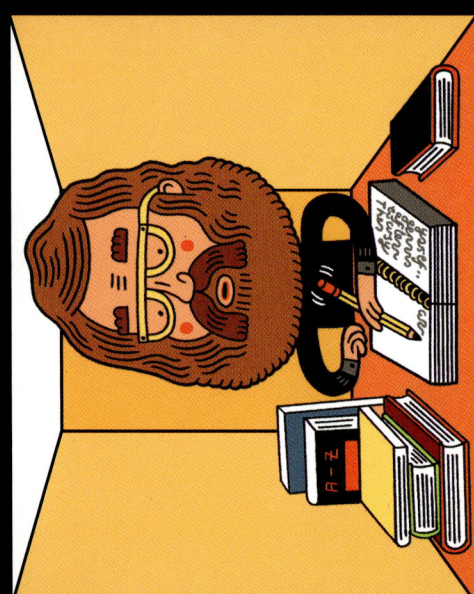

언어 지능

글과 말을 잘 사용하는 지능으로 언어를 쉽게 배우고, 자신을 잘 표현합니다. 복잡한 정보일지라도 쉽게 소통할 수 있습니다.

신체 지능

신체를 효과적으로 사용하는 능력은 보통 신체 지능과 관계가 없습니다. 그러나 두뇌를 사용하는 기능은 이 지능에 포함되지요. 운동이나 무대적 활동에 필수적인 움직임을 잘 조절하는 능력입니다.

음악 지능

음악을 감상하고 악기를 연주하며 작곡을 할 줄 아는 지능. 이 지능은 음의 높낮이, 톤, 리듬을 잘 인지하여 언어 지능과 비슷합니다.

대인관계 지능

다른 사람들의 마음, 욕구들을 성공적으로 잘 이해하는 지능. 친구들이 문제를 겪을 때 중고와 상담을 잘 해주고 다른 사람과 쉽게 어울립니다.

지능 가사 여러 가지 형태

여러분은 어떤 지능을 가졌나요?

우리 모두는 서로 다른 능력을 가지고 있으며 다중지능은 그런 것들 중 하나입니다. 대다수의 사람들은 많은 지능을 다양하게 조합하여 사용하지만 어떤 사람들은 몇 가지 지능만이 능숙합니다. 위에 나온 지능 항목을 참고하여 여러분은 어떤 지능을 가졌는지 알아봅시다.

우리는 보통 사람의 지능을 부류한 생각을 설명하거나 사용하는 능력에 따라 점수를 매깁니다. 지능은 경험하고, 배우고, 생각하고 세계에 적응하는 능력이라 정의되지요. 심리학자 하워드 가드너에 의하면 8가지 범주으로 지능을 나눌 수 있다고 합니다. 다중지능 이론은 지능에 관한 많은 학설들 중 하나입니다.

자연 관찰 지능

자연 환경을 관찰하고 이를 사용할 줄 아는 지능. 자연 환경이 이 떠올리고 환경에 대한 감수성이 큽니다.

자기 이해 지능

자신을 잘 이해하고, 자신의 감정, 두려움과 목적을 쉽게 파악하여 이 지능으로 자기 인생을 조절하는 데에 사용되는 정보를 다룰 줄 아는 지능입니다.

하워드 가드너

미국의 심리학자 하워드 가드너는 1970년대에 단일한 형태의 지능 검사 결과에 의해 의심했습니다. 그리고 그는 1983년 다중지능 이론을 발표했습니다. 다중지능 이론은 이전의 학계에서 많은 문의가 지능이 단지 지수(아이큐) 검사로 측정될 수 없다는 생각에 힘을 실어 주고 있는 이론입니다.

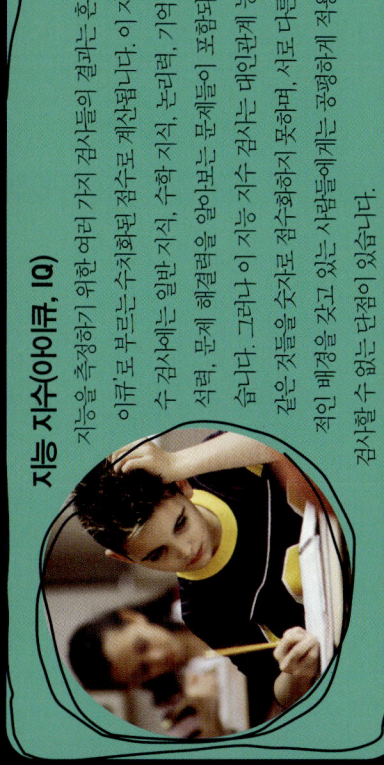

지능 지수(아이큐, IQ)

지능을 측정하기 위한 여러 가지 검사들을 켈퍼드는 '아이큐'로 부르는 수치화된 점수로 개산됩니다. 이 지능 지수 검사에는 일반 지식, 수학 지식, 논리력, 기억력, 해석력, 문제 해결력을 알아보는 문제들이 포함되어 있습니다. 그러나 이 지능 지수 검사는 대인관계 능력 같은 것들을 숫자로 점수화하지 못하며, 서로 다른 문화적인 배경을 갖고 있는 사람들에게는 공평하게 적용하여 검사할 수 없는 단점이 있습니다.

조지 워싱턴 카버

카버는 유년기에 이런 허름한 집에서 살았습니다. 그는 가난이 무엇인지 정확히 알았습니다.

"카버는 자신이 언제 태어났는지도 몰랐어요."

노예 제도가 여전히 존재하던 남부 아프리카 출신 미국인이었던 조지 워싱턴 카버는 존경받는 과학자이자 교육자, 발명가였습니다. 카버의 주요 관심사는 농업이었는데 특히 가난한 농부들이 먹고 살기 위한 식량을 많이 생산해 내는 것이었습니다. 카버는 너무나 가난하여 스스로 자립할 수 없는 사람들의 삶을 더욱 나아지도록 도와주었습니다. 카버는 또한 인종적인 편견을 줄이는 데에도 힘을 기울여 다른 아프리카 출신 미국인들의 선구자로 활약했습니다.

의지가 굳은 학생

카버는 노예였을 때 자신의 주인이었던 모지스 카버의 이름에 따라 이름이 정해졌습니다. 모지스 카버는 노예 제도가 폐지된 이후 카버를 자신의 아이로 키웠습니다. 덕분에 카버는 학교에 들어갈 수 있었고, 대학까지 갈 수 있었습니다. 예술과 음악을 공부한 그는 1891년에 아이오와 주립대학 농업대학의 첫 번째 흑인 학생이 되었습니다.

"당신이 인생의 평범한 일들을 평범하지 않은 방법으로 할 수 있을 때 당신은 세상의 주목을 받게 될 것입니다."

1790년대 초 터스키기에 있는 카버의 실험실은 흑인이 식물학을 배울 수 있는 몇 안 되는 곳 중 하나였습니다.

대학 교수가 되다

1896년 카버는 풀려난 노예들의 교육을 위해 설립된 대학인 앨라배미에 있는 터스키기 연구소의 농업과를 운영하도록 초청받았습니다. 그는 터스키기에서 학생들에게 농사짓는 기술과 자급자족할 수 있는 방법을 가르치면서 47년 동안 머물렀습니다. 터스키기 연구소의 소장은 카버를 "내가 알고 있는 가장 철저하게 과학적인 사람 중의 한 사람"이라고 평가했습니다.

땅콩과 감자

카버는 가난한 농부들의 삶을 향상시키기를 원했습니다. 농부들은 당시 돈이 되는 작물인 목화솜을 쉴 틈도 없이 경작했고 토지는 황폐화되어 갔습니다. 그는 목화솜과 땅콩, 고구마와 같은 여러 작물을 교대로 경작할 것을 그의 학생들에게 권장했습니다. 그는 또한 이 작물들로부터 염색제, 페인트, 플라스틱, 기름, 심지어 폭발물과 같은 것들을 개발하여 사용했습니다. 그는 학생들이 이러한 것들을 사지 않고 스스로 만들어 쓰기를 원했습니다.

카버의 지도에 따라 1929년 조지아에서 땅콩들이 경작되었습니다.

프랭클린 루스벨트 대통령이 1936년 카버를 환영하고 있는 모습.

생각의 전파

가난한 농부들은 카버가 쓴 농사에 관한 실용서 (곡물을 경작하는 방법에 대한 무료설명서)를 읽었습니다. 카버는 총 44권의 책을 썼는데 이중 가장 인기 있는 책은 『땅콩 재배법』『인간 소비를 위해 알아두어야 할 105가지 방법』 이었습니다. 카버는 이밖에도 고구마, 목화, 완두콩, 서양자두, 옥수수, 닭, 목장, 돼지고기 보존 방법 등에 대한 책들도 썼습니다.

카버의 명성

카버는 1921년에 인종차별에도 불구하고 미국하원위원회에서 땅콩 농장 농부들을 대신하여 연설한 것을 계기로 유명해졌습니다. 처음에는 사람들은 카버를 비웃었습니다. 그러나 연설이 끝날 때쯤에는 그의 지성과 우아함에 감명해 위원회는 갈채를 보냈습니다. 미국 흑인들에는 큰 감격의 순간이었습니다.

카버가 남긴 유산

1943년 1월 카버는 계단에서 굴러 떨어져 78세의 나이로 죽었습니다. 그가 죽은 뒤 6개월 후 프랭클린 루스벨트 대통령은 카버가 어린 시절을 보냈던 미주리 주의 다이아몬드 근처에 조지 워싱턴 카버 국립기념비를 세운다는 계획을 발표했습니다. 이것은 아프리카계 미국인을 기리는 첫 번째 국립기념비였으며 기념 흉상도 함께 세워졌습니다. 카버는 미국의 인종 편견을 없애는 데 중심 인물이 되었고 버락 오바마 대통령과 같은 인물의 탄생에 기여한 선구자였습니다.

논리력

모든 사람들은 생각을 합니다. 그러나 어떤 사람들은 다른 사람보다 덜 조직적으로 생각합니다. 그들은 사물을 이야기할 때 조리 있게 말하지 못합니다. 예를 들어 모든 동물을 싫어한다고 말하면서, 자기 이웃의 고양이는 좋아한다고 이야기하는 것처럼요. 이 두 가지 문장 사이에는 서로 상반된 내용이 있습니다. 그래서 여러분은 어떤 것이 더 맞는지 모르지요. 이같이 말하는 사람을 우리는 논리가 없다고 합니다. 논리가 없는 사람들은 그들이 말하고 보는 것에 잘못이 있음을 잘 알지 못합니다. 논리는 분명하게 사고하는 능력입니다.

잘못된 논거
만일 여러분이 모든 물고기는 물에 살며 상어는 물고기라고 말한다면 상어는 물에 산다고 결론 내릴 수 있습니다. 그러나 펭귄은 수영할 줄 알지만 펭귄이 새이기 때문에 모든 새는 수영할 수 있다고 말한다면 이것은 분명히 잘못된 것입니다. 처음부터 논리적 과정을 거쳐 나온 것이 아닌 논거는 잘못된 것입니다.

굉장한 치약

치아를 상하게 하는 박테리아를 파괴하지요!

머리를 사용하세요
알고 있는 사실로부터 올바른 결론을 내리기 위해서는 올바른 논거를 사용해야 합니다. 만일 논거에 잘못된 것이 없다면 결론은 올바를 것입니다. 논거를 대는 것은 논리적 사고의 중요한 부분입니다. 그러나 기본적인 사실이 잘못 되어 있다면 논거는 쓸모없게 되지요.

논점을 파악하기
논점을 파악하는 능력은 여러분이 결론을 파악할 수 없을 때 중요합니다. 박테리아는 치아를 파괴시키는 것으로 알려져 있기 때문에, 위의 광고에서 박테리아를 파괴시키는 치약이 치아 손상을 예방하는 데 도움이 된다고 주장하는 것은 논리적입니다. 우리는 치아에 영향을 미치는 치약의 효과를 바로 검사할 수 없으므로 논리를 믿어야 합니다.

설득력 있는 논리
많은 사람들은 다른 사람을 설득하기 위해 논리를 사용합니다. 만일 어떤 사람을 여러분이 믿지 않는다고 해도 강한 논리적 이론을 바탕으로 무언가를 말한다면 여러분은 그 사람을 믿기 시작할 것입니다. 그러나 논리적 설명으로 뒷받침되어 있지 않다면 설득 당하지 않을 것입니다. 힐러리 클린턴 같은 법률가나 정치가에게는 논리가 매우 중요합니다.

논리와 철학
논리학은 고대 그리스에서 처음으로 발달했습니다. 논리학은 진리, 아름다움, 정의와 같은 개념을 탐구하기 위해 이유 있는 논쟁을 하는 학문이지요. 많은 사람들은 논리 훈련이 지적인 게임이라고 생각하며, 우리는 상식을 통해 해답을 알고 있다고 믿습니다. 그러나 상식이 잘못된 생각에 기반을 두고 있다면 상식은 틀릴 수 있지요. 엄격하고 논리적인 논쟁은 현실적 가치를 가지고 있습니다.

컴퓨터의 논리
컴퓨터는 논리적입니다. 모든 컴퓨터는 프로그램이라고 불리는 전자 지시에 의해 조정되지요. 프로그램은 생각을 컴퓨터가 읽을 수 있는 코드로 전환시키는 프로그래머에 의해 만들어집니다. 만일 지시가 논리적이지 않다면 프로그램은 작동하지 않습니다.

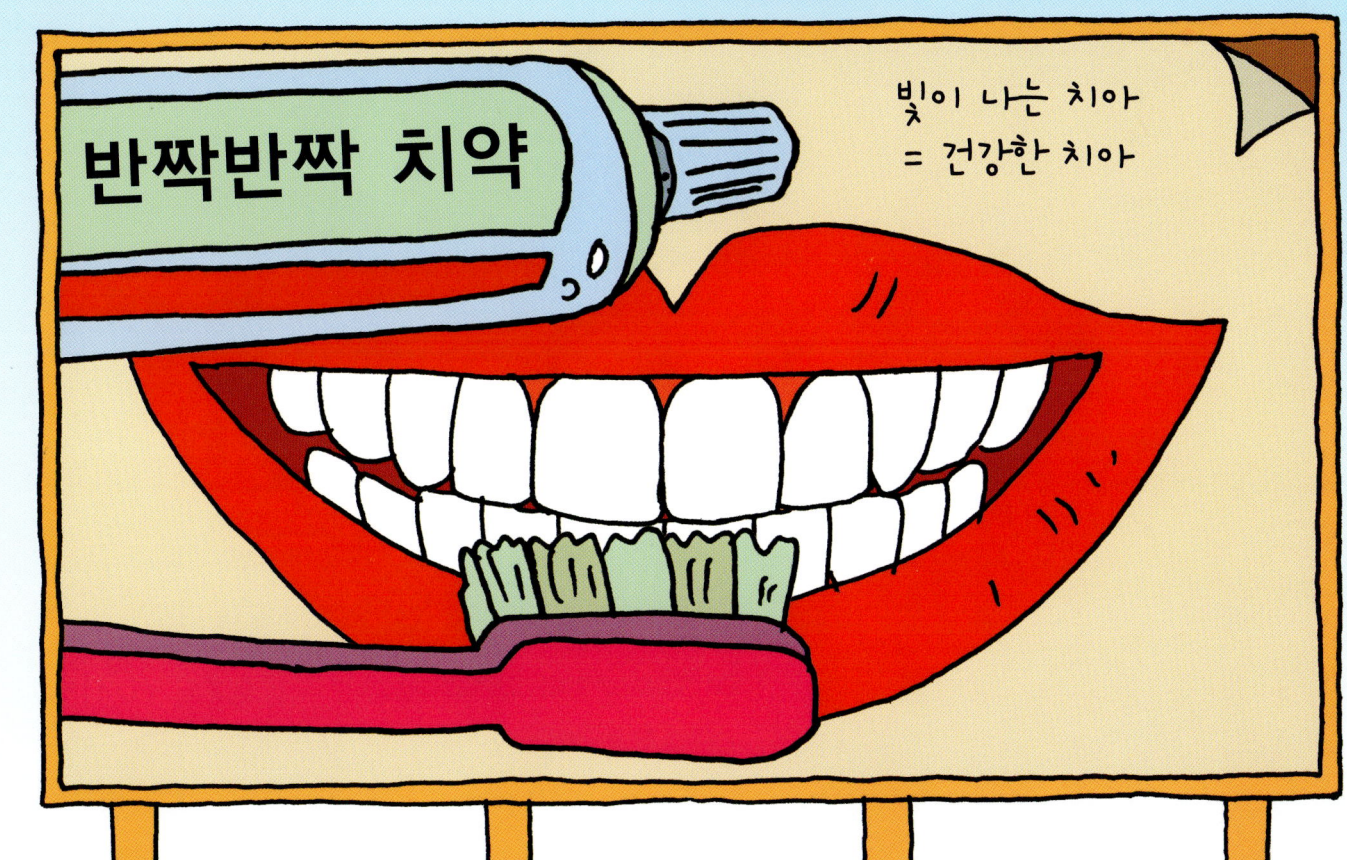

사실의 점검
사람들은 자주 잘못된 사실에 바탕을 둔 결론에 도달합니다. 만일 치아를 반짝반짝 빛나게 만드는 것이 치아를 건강하게 만드는 것이라면 이 광고에 있는 주장은 틀리지 않습니다. 그러나 단순히 치아를 빛나게 만든다고 치아 손상을 막을 수는 없습니다. 그래서 이 사실은 잘못된 것이지요. 논리는 물론 사실을 점검하는 것도 중요합니다.

비논리적인 사고

자유 연상
논리적으로 생각하고자 할 때 여러분은 기억으로부터 정보를 빼내어 문제 해결을 위해 사용합니다. 그러나 때로 여러분의 마음속에 이 생각 저 생각이 의식적인 지시 없이 일어날 때가 있습니다. 매우 이완되어 있을 때 이런 일이 잘 일어납니다.

공포증
많은 사람들은 거미를 두려워합니다. 이런 형태의 두려움을 공포증이라고 합니다. 공포증에는 여러가지 다양한 형태가 있습니다. 높은 곳에서 떨어져 죽을 수 있다는 고소공포증처럼 논리적으로 이해할 수 있는 것도 있고, 물고기 공포증과 같이 비논리적이고, 비합리적이고 설명하기 어려운 것도 있습니다

새 공포증(오르니소 포비아)
새를 무서워하며 새 깃털을 무서워하기도 함.

물고기 공포증(이치사이오 포비아)
물고기를 무서워 하는 것.

본능
우리는 음식, 공기와 같은 것들을 얻을 수 있다고 확신하는 자연적인 본능을 가지고 있습니다. 또한 본능에는 사나운 개에 대한 두려움 같은 감정도 포함되어 있습니다. 이러한 본능들은 동물도 가지고 있는데 논리에 의해 지배받지 않는 특징이 있습니다. 본능은 우리의 생존에 필수적입니다.

신념과 믿음
모든 종교는 증명될 수 없는 무언가를 믿는다는 신념에 기반을 두고 있습니다. 신을 믿는 데는 논리적 이유가 없습니다. 재미있는 것은 논리적 사고를 하는 많은 과학자들을 포함해서 많은 사람들이 종교적 의식을 하지 않는데도 불구하고 신을 믿습니다.

거미 공포증(아라크노 포비아)
거미 공포증은 가장 흔한 공포증 중 하나이다.

재미있는 두뇌 게임

뇌가 곤란해 하는 문제들

논리적 사고는 우리의 두뇌가 곤란해 하는 문제를 해결하는 열쇠입니다. 문제를 풀기 위해서 여러분은 주의를 집중해야 하고 정답에 이를 수 있도록 올바른 논거를 사용해야 합니다. 정답은 187쪽에 있습니다.

강 건너기는 어려워!
농부가 여우와 닭, 곡식 1자루를 보트를 이용해서 강 건너편으로 옮기려고 합니다. 그러나 한 번에 하나씩만 보트에 태울 수 있지요. 여우를 닭과 같이 남겨 놓으면 여우가 닭을 잡아먹을 것이고, 닭을 곡식과 남겨 놓으면 닭이 곡식을 먹을 것입니다. 농부는 어떻게 강을 건너서 이들을 옮길 수 있을까요?

🌀 답을 얻기 위해 여우, 닭, 곡식의 특징을 적은 종이 쪽지를 만들면 도움이 될 수 있습니다.

100원은 어디로 갔을까?
3명의 소년이 일요일 아침, 유원지에 놀러 왔습니다. 매표소 직원은 입장료가 1명당 1000원이라고 이야기했습니다. 소년들은 총 3000원을 내고 유원지에 들어갔습니다. 그런데 매표소 직원은 일요일에는 할인이 돼서 2500원이면 된다는 사실을 떠올리고, 소년들에게 500원을 돌려주라고 보조원에게 심부름을 시켰습니다. 보조원은 소년들에게 500원을 공평하게 나누어 줄 방법을 몰라 자신이 200원을 가지고 소년들에게 100원씩 나누어 주었습니다. 즉, 소년들은 각각 100원씩 할인을 받아 1명당 900원씩, 모두 2700원을 낸 셈이 되는 것이지요. 그런데 계산이 조금 이상합니다. 소년들이 낸 2700원과 보조원이 가진 200원을 합하면 2900원이 됩니다. 그렇다면 100원은 어디로 간 것일까요?

과자를 꼭 찾아야 해!
지숙이는 과자가 먹고 싶어 찬장을 열어 보았습니다. 그런데 병에는 속에 무엇이 들어 있는지 알려주는 표시는 없고 숫자만 적혀 있습니다. 지숙이는 몇 가지 힌트를 통해 과자가 든 병을 찾아야 합니다. 만일 힌트를 잘 활용하지 못하면 지숙이는 과자보다 맛이 없는 다른 무언가만 발견하게 되겠지요. 지숙이를 위한 힌트는 다음과 같습니다.

기차를 놓치기 전에 다리를 건너려면?

형과 동생, 아버지와 할아버지 4명이 어둠 속에서 기차 정거장으로 걸어가기 위해 낡고 좁은 다리까지 왔습니다.

그 다리는 동시에 2명까지 건널 수 있으며 전등은 하나밖에 없기 때문에 두 명이 건너간 다음 한 명이 다시 전등을 가지고 되돌아와야 합니다. 4명이 다리를 건너는 데 서로 다른 시간이 걸립니다.

- 형은 1분이 걸렸고,
- 동생은 2분이 걸렸고,
- 아버지는 5분, 할아버지는 10분이 걸립니다.

2명 중 느린 사람의 속도로 다리를 건널 수 있으며, 다음 기차는 17분 후에 도착합니다. 4명이 모두 제시간에 다리를 건너 역까지 갈 수 있을까요?

1. 완두콩은 아래 칸과 가운데에 있지 않다.
2. 콩은 위 칸과 꽃 바로 밑에 있는 쌀 옆에 있지 않다.
3. 후추는 오른쪽에 있지 않고 꽃이 들어 있는 병의 숫자보다 2가 많고 완두콩이 들어 있는 병보다 4가 더 많다.

자유를 얻을 수 있는 문은?

죄수에게 자유를 얻을 수 있는 기회가 주어졌습니다. 감옥에는 붉은 문과 푸른 문이 있는데 어떤 문 뒤에는 사람을 잡아먹는 사자가 있고, 다른 문 뒤에는 감옥을 나갈 수 있는 출구가 있습니다. 문 앞에는 각각 보초가 서 있으며 한 사람은 항상 진실을 말하지만 다른 사람은 거짓말을 말합니다. 죄수에게는 한 명의 보초에게 한 개의 질문만 할 수 있습니다. 죄수는 어떤 질문으로 자유를 얻을 수 있을까요?

게임을 시작한 사람은?

9명의 친구들이 둥글게 앉아 게임을 시작했습니다. 게임을 시작하는 사람은 왼쪽으로 소포를 전달합니다. 그 다음 친구들도 계속 왼쪽으로 소포를 전달합니다. 일곱 번째 친구까지 소포가 전달되면 그 친구는 포장을 하나 벗기고 게임에서 빠집니다. 남은 친구들은 같은 방법으로 계속 소포를 옆 친구에게 전달합니다. 게임이 끝나고 마지막으로 남은 사람은 수영이었습니다. 그렇다면 누가 제일 먼저 게임을 시작했을까요?

🙋 소포 전달하기 게임은 영국에서 생일 잔치 행사로 많이 하는 게임입니다. 초콜릿이나 선물을 여러 겹으로 포장해서 둥그렇게 둘러 앉은 뒤, 노래를 부르면서 돌리다가 노래를 멈추면 한 겹씩 벗겨내 마지막까지 남은 사람이 선물을 갖는 게임이지요.

재미있는 두뇌 게임

빈 칸을 채워요

숫자를 이용한 수수께끼들은 수학적 기교보다는 논리적 사고에 기반을 두고 있습니다. 예를 들어 스도쿠와 가쿠로는 어떤 논리적 법칙에 따라서 올바른 숫자로 빈 칸을 채우며 푸는 수수께끼입니다.

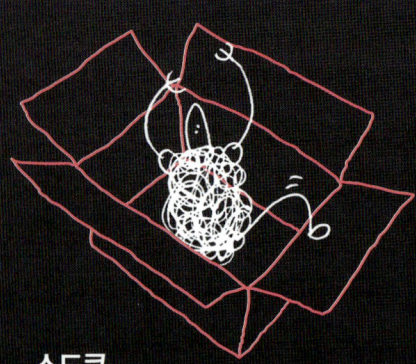

스도쿠

전통적인 스도쿠는 9×9의 바둑판 구조로 되어 있습니다. 그리고 다시 9개의 정방형은 9개의 칸으로 구성되어 있습니다. 각각의 칸은 1~9까지의 숫자를 포함하고 있지요. 어떤 칸에는 이미 숫자가 써 있습니다. 여러분은 빈 칸에 어떤 숫자가 들어가야 하는지를 알아내야 합니다. 그러면 문제를 풀어 봅시다.

스도쿠 초급

	6	8	1		2	4		5
2			3	5			6	
	4	5		6		3		2
		2	9		6			4
4	3	6		1		9	5	7
1			4		5	6		
6		9		8		7	4	
	5	3		4			8	1
8			7	2	3	5		

문제 풀기를 시작하기에 좋은 곳은 가장 많은 수들로 채워져 있는 열이나 행입니다. 화살표가 가리키는 가운데 열은 2와 8이 없습니다. 만일 여러분이 비어 있는 구간에 나머지 숫자를 넣어 보면 어떤 숫자가 들어가야 하는지 알 수 있습니다.

← 가운데 열

스도쿠를 푸는 다른 방법은 3개의 숫자로 된 묶음을 찾아 보는 것입니다. 회색 바탕이 있는 줄의 3칸을 볼까요? 위쪽 두 칸에는 이미 1이 포함되어 있습니다. 이것은 맨 아래 칸의 오른쪽 줄에 1이 들어가야 함을 의미합니다. 각각의 줄들을 살펴보면 1이 들어가야 할 곳이 한 군데 밖에 없다는 것을 알 수 있습니다.

스도쿠 중급

1		6			8	3		
	5		9	3			8	6
8		9		7		1		4
7		5			4	6		1
6			2	5	9		7	
4		8	1			2		5
5		1		9			6	3
	8			1	3		4	
3		2	8	4		9		7

스도쿠 고급

	5			1			2	
1		7	3				6	9
			5		7	3		
6	7			9			8	2
		5		4	2	7		
8	2			3	6		1	5
			4		1			
4		8				1		3
	9		6	8			5	

"어떤 숫자가 칸에 들어가야 하는지에 대해서는 절대로 추측하지 마세요. 정말 가능성이 있는 숫자가 있다면 칸 옆의 귀퉁이에 연필로 적어 놓고, 맞지 않으면 지우세요."

가쿠로

가쿠로는 글자 대신 숫자를 사용하는 것을 제외하면 십자말풀이와 비슷합니다. 스도쿠와 마찬가지로 가쿠로도 1~9까지의 숫자를 사용해서 빈 칸을 채우는 놀이입니다. 그러나 가쿠로에서는 칸의 위아래에 숫자의 합이 적혀 있기 때문에, 위와 아래, 왼쪽, 오른쪽으로 돌아가면서 답을 구할 수 있습니다. 아래의 가쿠로를 통해 여러분의 뇌를 훈련해 보고 조금 더 어려운 문제에도 도전을 해보세요.

"가쿠로를 풀기가 까다로울 때는 두 자리 숫자로 된 답을 해결하는 것이 가장 쉬운 방법입니다. 그리고 가능한 숫자 조합을 모두 적어 보는 것도 도움이 됩니다. 그 조합은 생각보다 적을 수도 있으니까요."

가쿠로 초급

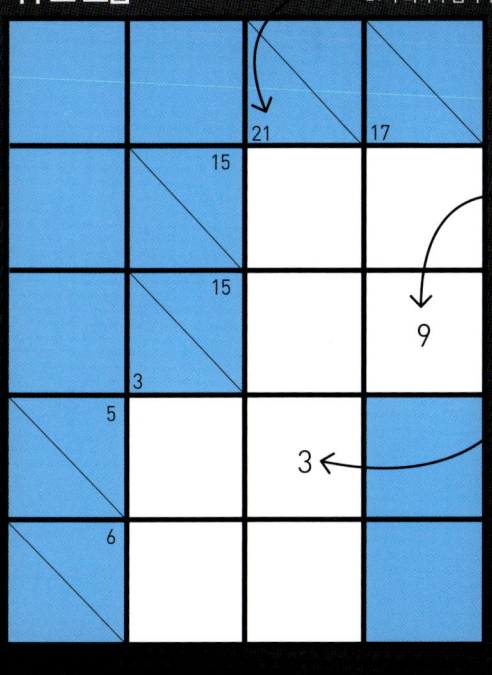

이 수직 구간의 합이 21이 되어야 합니다.

이 칸에 9가 있기 때문에 위와 옆 칸에 어떤 숫자가 들어가야 하는지 알 수 있습니다.

각각 숫자는 딱 한 번 밖에 못 들어가기 때문에 21에 되기 위해서 다른 칸에는 3이 들어갈 수 없습니다.

가쿠로 중급

가쿠로 고급

"답은 187쪽에 있습니다."

수학적인 사고

대부분의 논리적인 생각들은 숫자를 사용합니다. 여러분이 간단한 계산을 할 때에는 추측을 할 필요가 없습니다. 계산을 하기 위해 여러분은 논리적인 규칙을 적용하여 답을 구하면 됩니다. 전 세계 여러 나라의 사람들은 각자의 숫자를 세는 고유한 방식을 가지고 있으며, 숫자를 가지고 논리적으로 추론하는 방법을 발달시켜 왔습니다.

숫자 세기

여러분은 석기 시대의 양을 세는 농부입니다. 여러분은 열 손가락을 굽히면서 10까지 셀 수 있습니다. 10을 다 세면 무릎에 돌 하나를 올려놓습니다. 그리고 다시 손가락을 굽혀 8까지 셉니다. 돌 하나와 굽혀진 8개의 손가락이 있으니 여러분은 18마리의 양을 가지고 있겠네요. 이것은 10진법에 기초한 숫자 세기 방법입니다.

계산하기

만일 여러분이 벽돌로 벽을 쌓아야 할 때, 가로로 200줄의 벽돌이, 높이로 12줄의 벽돌이 필요하다면 총 몇 개의 벽돌을 사야 할까요? 아라비아의 기수법에 의해 계산을 하면 12에 2를 곱하여 24를 얻고 여기에 두 개의 0을 더하면 됩니다. 그러면 총 2,400개의 벽돌이 필요합니다. 이런 계산은 수학의 기초를 이루는 계산법입니다.

기하학

수학은 단지 숫자에 관한 것만 다루는 것이 아닙니다. 수학은 각과 크기의 개념을 이용하여 삼각형, 육각형, 피라미드와 같은 모양을 묘사할 수 있습니다. 이것은 산이나 고층 빌딩의 높이와 같이 어려운 측정을 하는 데도 사용됩니다(삼각법). 만일 여러분이 산꼭대기로부터 얼마나 멀리 떨어져 있는지와 (D) 정상을 바라보는 각도를 측정할 수 있다면 산의 높이(H)를 측정할 수 있습니다.

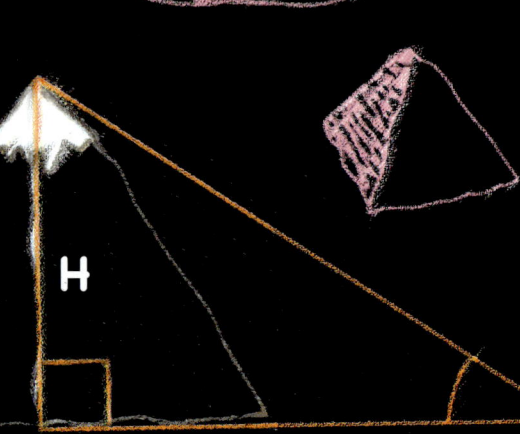

우주과학

오늘날의 모든 과학은 물체를 측정하고 숫자 형태로 나누는 것에 기반을 두고 있습니다. 숫자들은 우리가 과학을 이해하고 사용할 수 있도록 도와줍니다. 많은 과학자들은 별이나 은하계와 같이 아주 큰 차원 혹은 원자를 형성하는 아주 작은 차원에서 어떻게 우주가 작용하는지를 설명하는 수학적 수식을 고안하는 데 시간을 보내고 있습니다. 최종적으로 그들은 양쪽 끝을 결합하는 수학 방정식인 '만물의 학설(통일장 이론)'을 알아내기를 희망하고 있습니다.

음악과 자연

기원전 580년에 태어난 수학의 선구자 중 한 사람인 피타고라스는 화음이 잘 맞아 떨어지는 아름다운 하프의 음은 2분의 1, 3분의 1, 4분의 1, 5분의 1로 나누어질 때라는 사실을 발견했습니다. 피타고라스의 발견처럼 음악은 '소리의 수학'에 기반을 두고 있습니다. 피타고라스는 이런 사실에 매료되어서 모든 자연은 수학에 기초하고 있다는 결론을 내렸습니다.

"수학에 숫자가 사용되기 시작한 것은 기원전 750년 아라비아에서부터였어요. 그래서 지금도 숫자를 아라비아 숫자라고 부르지요."

대수학

어떤 형태의 계산은 특정한 문제를 해결하는 데 사용될 수 있습니다. 이때 계산식은 결코 변하지 않습니다. 단지 사용하는 숫자만 달라지지요. 그래서 공식을 나타낼 때는 숫자 대신 기호를 사용합니다. 예를 들어 직사각형의 면적(A)을 구하는 공식은 길이(L)에 폭(W)을 곱하는 것입니다. 즉 'L×W=A'이지요. 만일 여러분이 면적과 폭은 알고 있는데, 높이를 모른다면 위의 식에서 등호(=)를 기준으로 오른쪽과 왼쪽을 W로 나누면 됩니다. 그러면 왼쪽의 W가 없어지면서, 높이는 면적을 폭으로 나누면 된다는 식을 얻게 됩니다. 여러분은 이제 각각의 기호에 알맞은 숫자를 넣어서 계산을 하면 됩니다.

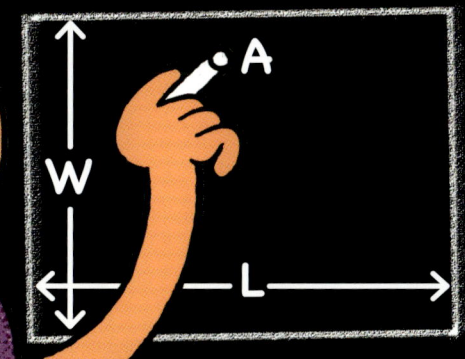

$$L \times W = A$$

$$\frac{L \times W}{W} = \frac{A}{W}$$

그래서 $L = A \div W$

재미있는 두뇌 게임

수수께끼 피라미드
아래의 두 칸에 있는 숫자의 합이 위의 칸에 들어갈 숫자입니다. 그러면 두 번째 줄부터 빈 칸을 채워 볼까요?

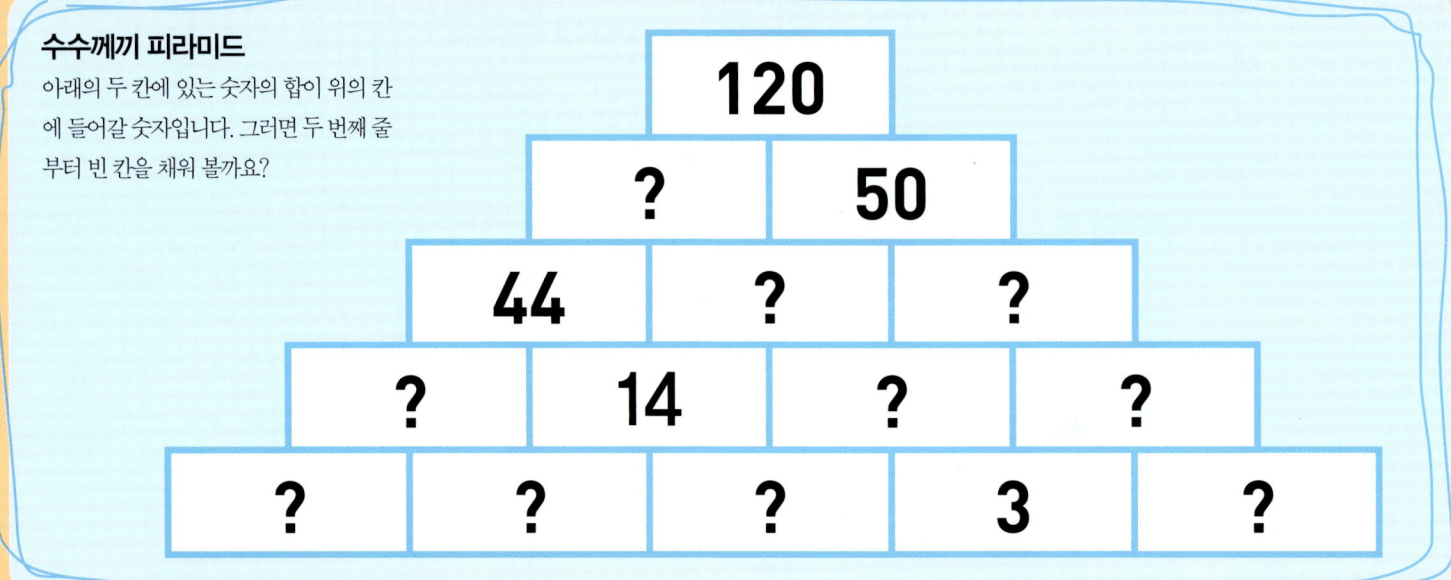

숫자로 생각하기

이번 장에 나오는 수수께끼들의 해답을 찾기 위해서는 수학(논리적 사고)을 사용할 필요가 있습니다. 어떤 수수께끼는 단순하지만, 어떤 것은 어려워서 좀 더 많은 생각이 필요할 수도 있습니다. 몇몇 문제들은 풀기가 까다로울 수도 있어요. 정답은 188쪽에 있습니다.

오직 한 번의 기회만 있어요!
물음표 부분에 1, 2, 3, 4, 5, 6을 한 번만 사용해서 올바른 식으로 만들어 보세요.

$$?? \times ? = ???$$

꽃의 수수께끼
각각의 꽃에 있는 4개의 검은 숫자 중 3개를 더하고, 나머지 한 숫자를 곱해서 가운데에 있는 흰색 숫자가 되도록 만들어 보세요. 세 번째 꽃의 가운데에는 어떤 숫자가 들어가나요?

숫자 8의 조각들

숫자 8을 '88888888'과 같이 적어 봅시다. 그리고 합이 1,000이 될 수 있도록 각각의 숫자 8 사이에 더하기 부호를 적절히 넣어 보세요.

88888888

통과하거나 혹은 실패하거나

아름이는 시험에 통과하려면 20개의 문제 중에서 15개를 맞춰야 합니다. 1개를 맞추면 10점을 얻고, 1개를 틀리면 5점을 잃게 됩니다. 20개의 문제를 다 푼 결과, 아름이는 총 125점을 받았습니다. 아름이는 과연 시험에 통과했을까요?

반짝반짝 빛나는 별들

여러 가지 색깔을 띤 별들이 있습니다. 각각의 색깔은 1부터 4까지 서로 다른 숫자를 나타냅니다. 아래에 보이는 식을 만족시킬 수 있도록 각각의 색이 어떤 숫자를 나타내는지 알아봅시다.

누가 누가 더 무거운가?

파인애플 하나의 무게는 오렌지 하나보다 무겁고, 오렌지 하나는 사과 하나보다 무겁고, 사과 하나는 바나나 하나보다 무겁고, 바나나 하나는 딸기 하나보다 무겁습니다. 그러면 위에 나온 무게 관계를 살펴보고 1개의 파인애플과 3개의 바나나와 같은 무게를 가지기 위해서는 얼마나 많은 딸기가 필요한지 알아봅시다. 1개의 파인애플과 1개의 오렌지, 1개의 사과, 1개의 바나나는 얼마나 많은 양의 딸기와 무게가 같을까요?

연속으로 나눗셈 하기

600의 5분의 1의, 4분의 1의, 3분의 1의, 2분의 1이 되는 숫자는 무엇입니까?

1/5   1/2   1/3   1/4

97

재미있는 두뇌 게임

수학의 마술

수학은 서로 다른 숫자들 사이의 관계를 푸는 일을 합니다. 이번에는 여러분의 친구와 가족들에게 수학을 이용한 속임수 마술을 선보여 봅시다. 수학은 여러분이 생각하는 것보다 훨씬 재미있는 과목이랍니다.

도미노의 예언

친구의 손에 감추어진 도미노의 합을 발견하기 위해 뺄셈을 사용합니다.

■ 1단계
친구에게 도미노 한 세트를 건네줍니다. 단, 그것이 무엇인지는 알려주지 말고 그냥 하나를 고르라고만 말하세요.

■ 2단계
도미노에 있는 숫자 하나를 골라 아래의 계산을 해보라고 말하세요. 이때 계산기를 사용해도 상관없습니다.
- 5를 곱하세요.
- 7을 더하세요.
- 2를 곱하세요.
- 도미노에 표시된 다른 수를 더하세요.

■ 3단계
친구에게 답을 말해보라고 합시다. 위에서 나온 숫자에서 14를 빼면 두 자릿수가 남게 되는데, 이 수는 친구의 도미노에 있는 숫자와 같은 숫자입니다.

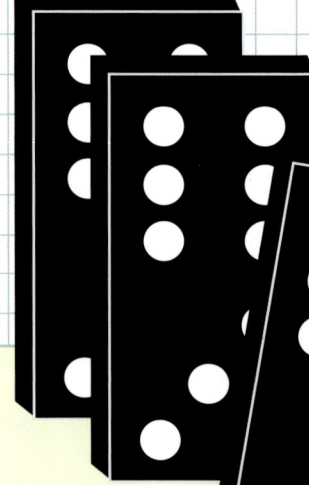

정답은 숫자 9!

이번 속임수는 매우 쉽습니다. 친구에게 아래에 적힌 각각의 단계들을 정확하게 따라하도록 요청하세요. 어떻게 하든지 항상 결과는 숫자 9만 나옵니다.

■ 1단계
시작하기 전에 종이 쪽지에 숫자 9를 적고 그 쪽지를 친구에게 주세요. 그러나 아직은 쪽지를 열어봐서는 안 된다고 이야기해야 합니다.

■ 2단계
이번에는 친구에게 계산기를 주고 다음의 내용들을 계산해 보라고 말합니다.
- 제일 먼저 친구의 나이를 적습니다.
- 친구의 전화번호 마지막 4자리 수를 더합니다.
- 친구가 가진 애완동물의 수를 더합니다.
- 친구의 형제자매 수를 더합니다.
- 18을 곱합니다.
- 최종적으로 나온 숫자 각각의 자릿수를 모두 더합니다.
- 만일 결과가 한 자릿수보다 많으면 다시 한 번 각각의 자릿수들을 더합니다.
- 딱 한 자릿수가 남을 때까지 계속 더합니다.

■ 3단계
마지막으로 친구에게 답이 적혀 있는 종이 쪽지를 보여줍니다.

줄을 서는 숫자들

이번에 나오는 속임수는 대단한 속임수가 아닙니다. 그러나 곱하기 연습을 하는 데에는 도움이 되지요. 그리고 다시 한 번 숫자 9가 이 속임수를 완성하는 데 도움을 줍니다.

■ 1단계

친구에게 계산기를 주고 여덟 자릿수 12345679를 적으라고 하세요.

■ 2단계

위에서 쓴 여덟 자릿수 중에서 하나를 고르게 하세요.

■ 3단계

친구가 고른 숫자에 9를 곱하세요. 예를 들어 1을 골랐다면 1×9=9, 2를 골랐다면 2×9=18, 3이면 3×9=27이 됩니다.

■ 4단계

3단계에서 나온 숫자를 1단계에서 적었던 여덟 자릿수에 곱합니다. 3단계에서 1을 골랐다면 111, 111, 111, 2를 골랐다면 222, 222, 222, 3을 골랐다면 333, 333, 333이 나옵니다.

"수학의 천재 카를 프리드리히 가우스는 매우 짧은 시간 안에 1에서부터 100까지 더하기를 할 수 있었어요. 그는 1과 100을 더하면 101이, 2와 99를 더해도 101이 된다는 것을 알았지요. 가우스의 계산 방법에 따르면 101 × 50을 하여 1부터 100까지의 합이 5,050이 된다는 것을 알 수 있답니다."

덧셈 잘하는 사람

이번 문제를 잘 풀면 여러분은 세상에서 가장 빠르게 덧셈을 하는 사람이 될 수 있습니다. (그런데 사실, 여기서 필요한 유일한 기술은 11 곱하기를 잘하는 것입니다.)

■ 1단계

친구에게 연필과 종이, 계산기를 주고 아래의 계산을 해보라고 하세요.
- 1부터 19 사이에 있는 숫자들 중 2개를 골라서, 하나의 숫자를 쓰고 그 밑에 두 번째로 고른 숫자를 적으라고 하세요.
- 두 숫자를 더하고 두 숫자 밑에 두 숫자의 합인 세 번째 숫자를 적으라고 하세요.
- 두 번째, 세 번째 숫자를 더하고 그 밑에 이 둘의 합인 네 번째 새로운 숫자를 적으라고 하세요.
- 세 번째, 네 번째 숫자를 더해서 다섯 번째 새로운 숫자를 만들고 그 아래에 적으라고 하세요.
- 총 10개의 숫자가 나올 때까지 같은 방식으로 진행하세요.

■ 2단계

이제 친구에게 숫자를 적은 종이를 보여달라고 하세요. 그러고는 여러분이 계산기를 사용하는 것보다 펜과 종이를 사용해서 더 빨리 종이에 적힌 숫자들을 더할 수 있다고 말하세요.

■ 3단계

친구가 도전을 받아들인다면 여러분이 말했던 것처럼 숫자를 함께 더하지 말고, 대신에 일곱 번째 수에 11을 곱하세요. 그러면 종이에 적힌 10개의 숫자들의 합이 만들어져 계산기보다 더욱 빨리 답을 구할 수 있을 거예요.
예를 들어, 친구가 10개의 숫자로 7, 12, 19, 31, 50, 81, 131, 212, 343, 555를 적었다면 7번째 숫자인 131에 11을 곱해 1,441을 얻을 수 있습니다. 1,441은 위에 제시한 10개의 숫자들의 합입니다.

이 속임수로 친구들에게 그럴듯하게 보이기 위해서는 꼭 펜과 종이를 사용한다는 것을 잊지 말구요! 계산기는 안 돼요.

그림을 보며 생각하기

만일 여러분이 많은 물건을 자동차 트렁크에 넣어야 한다면, 물건들이 잘 들어갈 수 있도록 공간 지각 능력을 사용해 머릿속으로 재배치를 할 수 있습니다. 여러분이 침실에 가구를 배치하고자 할 때도 그 가구가 어떻게 보일지를 상상하면서 배치할 수 있습니다.

공간 지각

3차원으로 생각하는 것을 공간 지각이라 부릅니다. 공간 지각은 사물을 다른 각도에서 보면 어떻게 보이는지 추측하게 해줍니다. 공간 지각은 방향 감각을 주어서 지도를 잘 읽을 수 있도록 도와주며, 우리가 몸을 움직이며 운동을 할 때에도 유용하게 사용됩니다.

지도 읽기

지도는 공중에서 바라보는 땅의 모습을 나타낸 것으로 모든 모양을 상징적인 기호로 나타냅니다. 지도 읽기는 공각 지각 능력을 알아보는 좋은 방법입니다. 여기 한 소년이 길이 막혀 있는 것을 발견하고 지도를 이용해 새로운 길을 찾으려고 하네요.

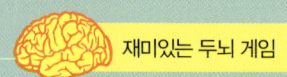 재미있는 두뇌 게임

2차원으로 보기

우리는 평소에 운동 경기를 할 때, 3차원으로 공간을 지각합니다. 그러나 공간 지각 능력은 책을 읽을 때와 같이 2차원을 인식하는 것에도 도움을 줍니다. 이번 장에 나오는 수수께끼를 통해서 2차원의 평면과 우리가 어떻게 상호작용하는지를 알아봅시다. 정답은 188쪽에 있습니다.

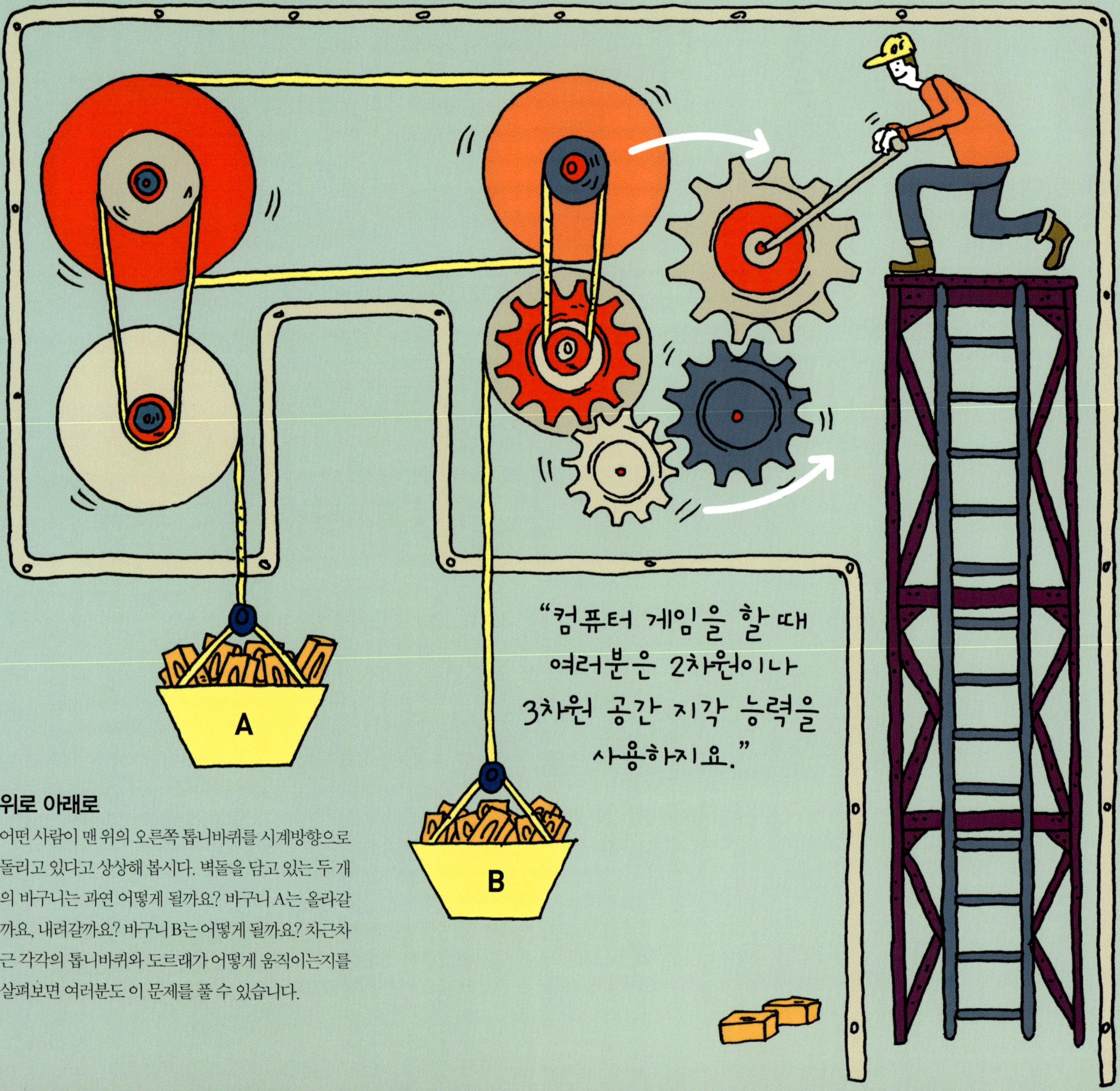

"컴퓨터 게임을 할 때 여러분은 2차원이나 3차원 공간 지각 능력을 사용하지요."

위로 아래로

어떤 사람이 맨 위의 오른쪽 톱니바퀴를 시계방향으로 돌리고 있다고 상상해 봅시다. 벽돌을 담고 있는 두 개의 바구니는 과연 어떻게 될까요? 바구니 A는 올라갈까요, 내려갈까요? 바구니 B는 어떻게 될까요? 차근차근 각각의 톱니바퀴와 도르래가 어떻게 움직이는지를 살펴보면 여러분도 이 문제를 풀 수 있습니다.

거꾸로 뒤집히는 삼각형
3개의 타이어만 움직여서 왼쪽의 삼각형 구조를 오른쪽의 삼각형 구조로 바꿀 수 있을까요?

2개만 움직여서 모양을 바꿔봐
여기에 16개의 삽으로 만들어진 5개의 사각형이 있습니다. 여러분은 2개의 삽만을 움직여서 5개의 사각형을 4개의 사각형으로 바꿀 수 있습니까?

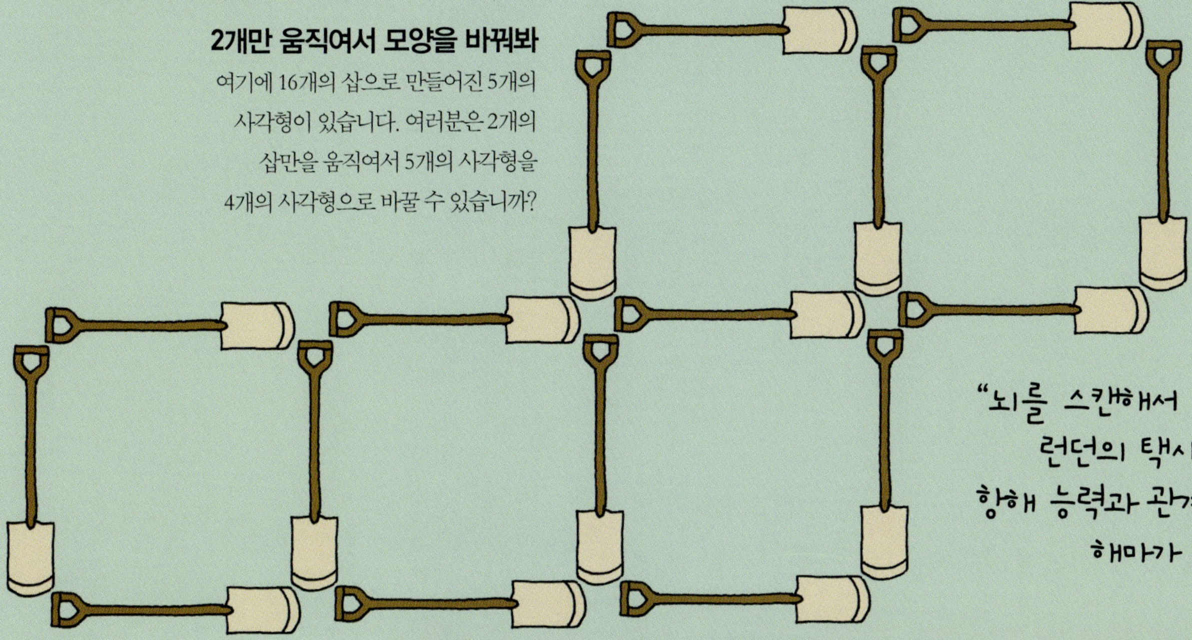

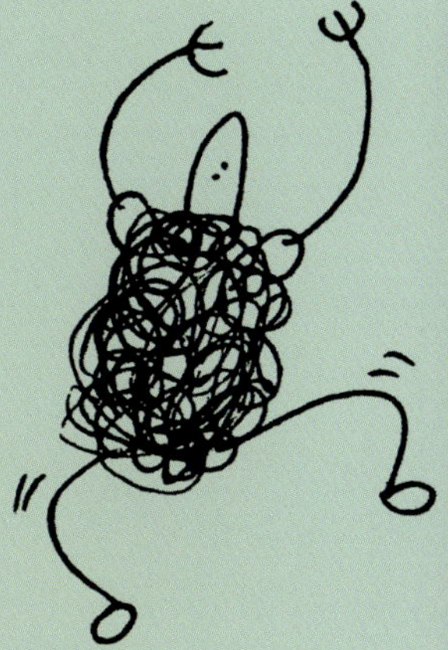

"뇌를 스캔해서 검사를 해본 결과 런던의 택시 운전사들은 항해 능력과 관계 있는 뇌 부위인 해마가 컸어요."

똑같이 나누기
건축가, 손수레, 벽돌더미가 옆의 건물 안에 아무렇게나 배열되어 있습니다. 4개의 직선을 사용하여 1명의 건축가, 1개의 손수레, 1개의 벽돌더미를 똑같이 포함하고 있는 5개의 방으로 나누어 보세요. 정답은 188쪽에 있습니다.

103

3차원으로 생각하기

4개의 삼각형
같은 길이를 가진 6개의 연필을 적절하게 배치하여 같은 크기를 가진 4개의 삼각형을 만들어 봅시다. 삼각형을 만들기가 어렵다면, 이 문제가 3차원 수수께끼라는 사실을 기억하세요.

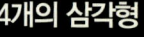

길거리 걷기, 전화 걸기와 같이 매일 우리가 하는 많은 일들은 입체적인 공간 지각 능력을 필요로 합니다. 우리들은 이런 일들을 너무나 자주 하기 때문에 별 생각 없이 자연스럽게 느낍니다. 그러나 3차원적인 문제를 해결하기 위해서 우리는 좀더 많은 주의를 기울여야 합니다. 이번 장에 나오는 문제들의 정답은 188쪽에 있습니다.

위에서 보기
위의 그림은 평면 위에 놓인 4개의 3차원 도형을 옆에서 본 모양입니다. (위에서 왼쪽부터 정육면체, 원주, 피라미드와 20면체). 이 모양을 위에서 본 그림을 다음의 6개 그림들 중에서 골라 보세요.

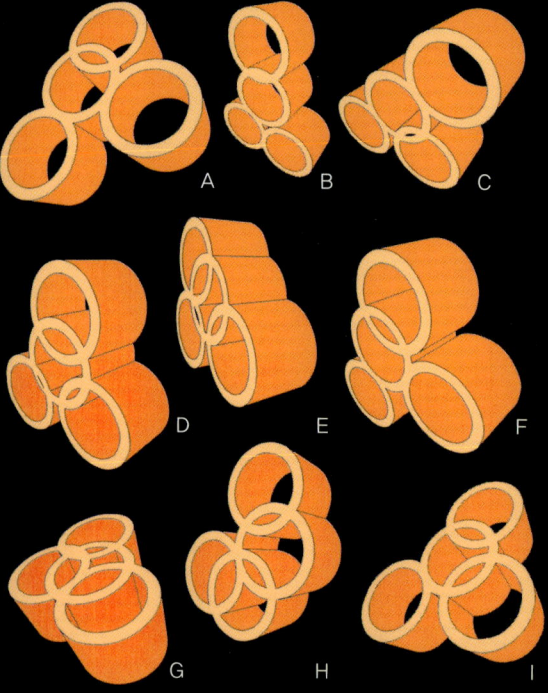

각도가 다르면 다르게 보여
여기 있는 9개의 도형은 모두 다르게 보입니다. 그러나 사실 2개는 같은 모양이지요. 같은 2개의 도형을 골라 보세요. (각각의 모양을 다른 각도에서 바라봐야 합니다.)

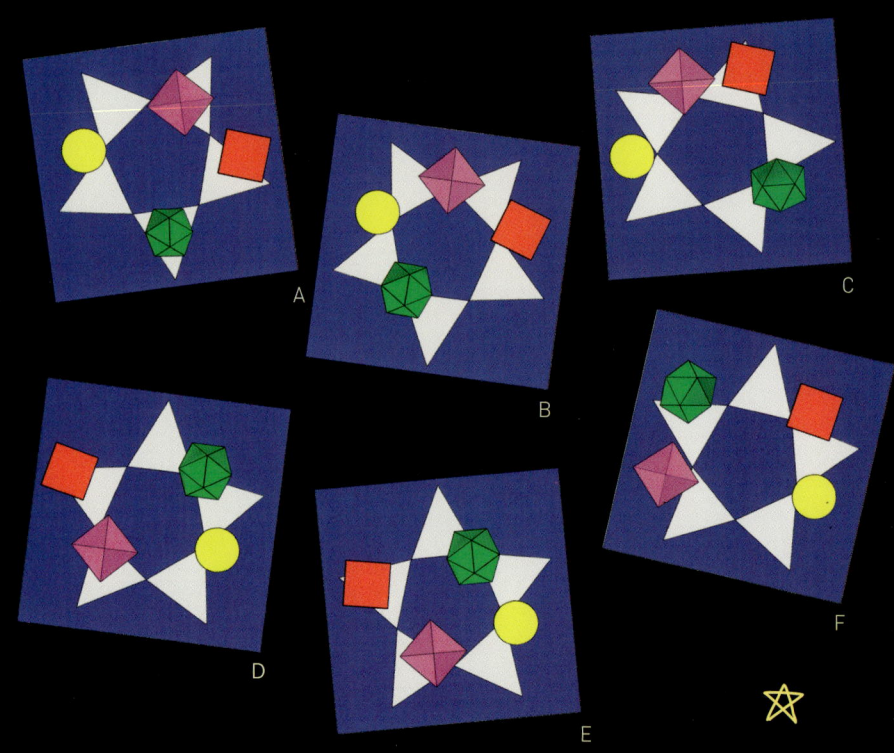

"루빅스큐브를 가장 빨리 맞춘 세계 신기록은 7.08초입니다."

거꾸로 뒤집어 봐
여기에 제시된 3개의 그림은 각각 다른 방향에서 바라본 정육면체의 모양입니다. 각각 면은 서로 다른 색깔을 가지고 있습니다. 세 번째 그림을 거꾸로 뒤집었을 때 엎어진 면의 색깔은 무엇일까요?

제대로 만들어진 상자는?
오른쪽에 있는 상자들 중 아래에 있는 과일 모양 판지를 사용해 만든 상자는 무엇일까요?

A B C

D E F

모양 발견하기
오른쪽의 정육면체는 27개의 작은 정육면체로 구성되어 있습니다. 정육면체는 3가지 색깔을 가진 조각으로 나누어집니다. 하늘색과 주황색 조각을 빼면 분홍색 조각이 남지요. 그러면 분홍색 조각은 어떤 모양일까요?

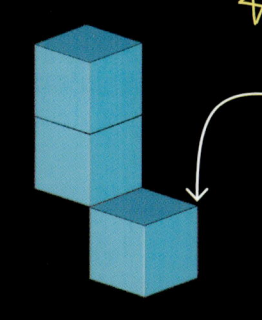
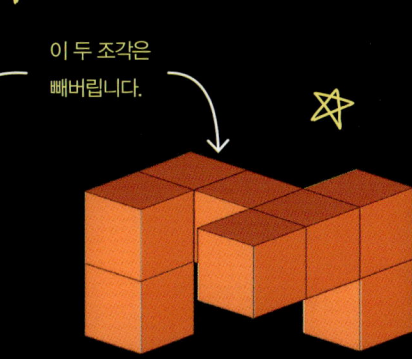

이 두 조각은 빼버립니다.

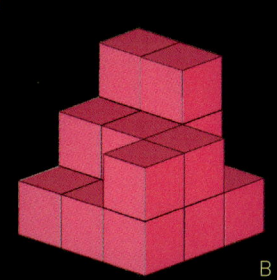
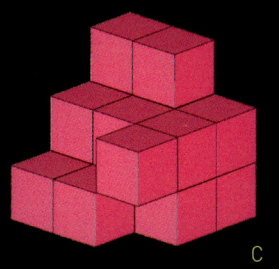
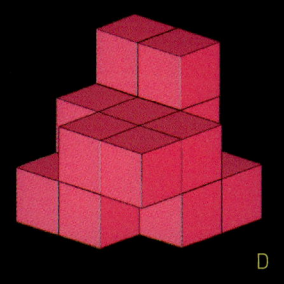
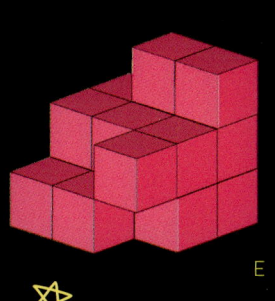

A B C D E

105

쓸모 있는 발명품

사람들은 생활을 더욱 편리하게 만들고 세계를 변화시키는 새로운 생각들을 만들어 냅니다.
이런 발명을 실제 기술로 전환시키기 위해서는 많은 노력을 해야 합니다.
이런 창의적 아이디어는 종종 창조적인 천재로부터 나옵니다.

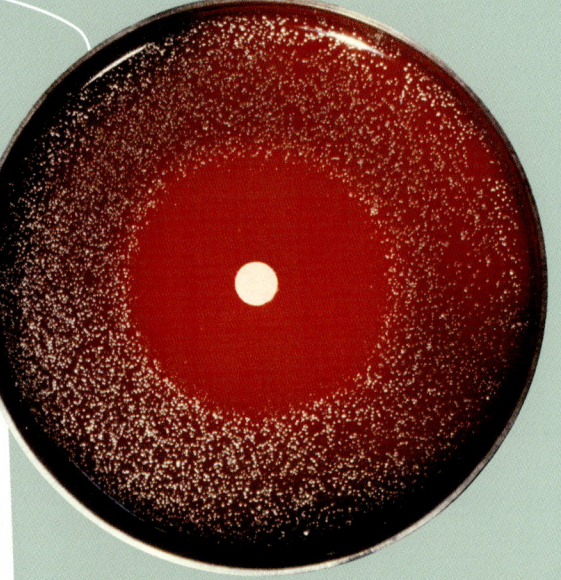

인과 관계 생각하기
어떤 경우에는 행운이 발명을 가능하게 만듭니다. 1928년 알렉산더 플레밍이 세균 감염을 억제할 수 있는 방법을 연구하던 도중에 씻지 않은 균 배양 접시에 자라고 있는 곰팡이가 (위 그림에서 흰색의 곰팡이) 주위에 있는 균을 죽였다는 사실을 알아차렸습니다. 최초의 항생제인 페니실린은 이렇게 발견됐습니다.

식물의 씨앗 주머니로 알려진 깍지는 동물의 털에 붙을 수 있는 가시를 가지고 있어서 씨앗을 멀리 퍼뜨릴 수 있습니다.

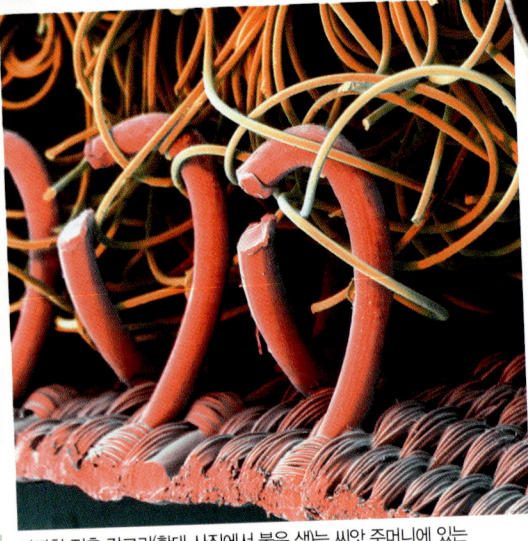

딱딱한 접촉 갈고리(확대 사진에서 붉은 색)는 씨앗 주머니에 있는 갈고리와 비슷합니다.

반짝이는 아이디어
발명가들은 그들이 자연에서 관찰한 것을 다른 아이디어에 연결시키는 재주를 가지고 있습니다. 1948년의 스위스 발명가 조르주 드 메스트랄은 옷에 붙어 있는 가시가 많은 깍지를 보았습니다. 그는 깍지들이 옷 섬유에 붙을 수 있는 고리를 가지고 있는 것을 발견했지요. 그리고 이것을 사용하여 접촉 갈고리를 발명했습니다.

문제 해결을 위한 고민
1993년 영국의 발명가 트레버 베일리스가 아프리카의 에이즈 전파에 관한 TV 프로그램을 보고 있었습니다. 그는 아프리카 사람들이 전기 공급을 받지 못해 라디오를 통해서 중요한 정보를 들을 수 없어서 죽어가고 있다는 사실을 알게 되었습니다. 그는 작은 전기 발전기에 태엽장치 모터를 연결하고 바람에 의해 작동되는 라디오를 발명하여 이 문제를 해결했습니다.

"노벨상은 1867년 다이너마이트를 발명해 큰 돈을 벌었던 스웨덴의 화학자인 알프레드 노벨에 의해 만들어졌다."

"세상에서 가장 중요한 발명 중 하나인 바퀴는 누가 발명했는지는 몰라요."

행복한 사고
어떤 발명은 사고에 의해 이루어집니다. 1853년 미국의 백만장자 코르넬리우스 반데르빌트는 뉴욕의 한 레스토랑에서 식사를 하고 있었는데 그는 튀긴 감자가 너무 두껍다고 불평을 했습니다. 그래서 주방장은 아주 얇게 썰은 감자를 조리해 주었지요. 이것이 최초의 감자 칩이었습니다. 감자 칩은 이제는 전 세계의 많은 사람들이 먹고 있습니다.

직업적 발명가
어떤 사람들은 사업화할 수 있는 발명품을 만듭니다. 토마스 에디슨은 1879년 최초의 전구를 발명하는 등 1,000가지가 넘는 발명을 한 직업적 발명가였습니다. 그가 발명한 많은 것들은 다른 사람의 아이디어로부터 나온 것이지만 그의 실험실은 언제나 발명 공장 같았습니다.

불에 강한 내화성을 가진 '케블라'라는 섬유는 소방관들을 보호하는 데 사용됩니다.

강도가 강함에도 불구하고 케블라 섬유는 옷감을 짤 수 있을 정도로 유연성이 좋아 로프(줄)로도 사용됩니다.

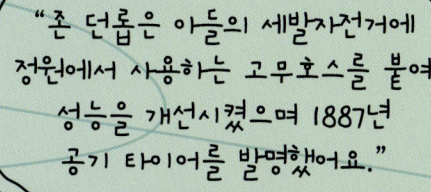

"존 던롭은 아들의 세발자전거에 정원에서 사용하는 고무호스를 붙여 성능을 개선시켰으며 1887년 공기 타이어를 발명했어요."

전문 지식
어떤 발명은 전문 지식을 필요로 합니다. 1960년대 미국 화학자인 스테파니 쿼렉은 철보다 5배나 강하고 신축성이 뛰어난 '폴리파라페닐렌 테레프탈아미드'로 불리어진 플라스틱을 개발하였습니다. 케블라라 불리는 이 물질은 현재 총탄을 막을 수 있는 방탄조끼를 만드는 데 사용되고 있습니다.

베르너 폰 브라운

로켓이 장착된 오펠 자동차가 1928년 베를린의 아부스 경마장을 돌진하고 있는 모습.

베르너 폰 브라운은 대단한 발명가였습니다. 그는 인간을 달에 실어 보낸 새턴 V 로켓 개발에 참여한 과학자로 그보다 앞서 더 작은 로켓 개발을 주도했습니다. 그는 또한 우주정거장 건설을 위한 야심찬 계획을 세웠고 화성 탐사 비행을 시도했습니다. 그러나 이러한 모든 것은 나치 독일을 위한 V2 미사일을 개발하던 초창기의 경험이 바탕이 되어 이룬 것들입니다.

천문학에 빠지다

1912년 폰 브라운은 프리츠 오펠의 로켓 자동차와 로켓 연구의 선구자인 레르만 오베르트의 로켓 연구에 매료되어 천문학에 빠졌습니다.

그는 우주여행에 대한 집념을 가지고 오베르트의 로켓 연구를 돕기 위하여 베를린 대학의 우주비행학회에 가입했습니다.

"12살 때 폰 브라운은 로켓을 카트에 붙이고 사람들로 붐비는 베를린 거리에서 점화한 사실 때문에 체포된 적이 있어요."

V2 로켓이 제2차 세계대전 직후인 1945년 10월, 영국 과학자에 의해 발사되고 있는 모습.

다시 시작

1945년 폰 브라운은 미군에 체포되었으며 미군은 그를 미국으로 데려갔습니다. 그는 V2 로켓 프로그램에서 일하고 있는 127명의 기술팀에 합류했습니다. 그들의 임무는 V2 로켓을 핵미사일로 개발하는 것으로 1958년 폰 브라운이 만든 로켓 중 하나는 미국의 첫 번째 위성을 쏘아 올렸습니다. 이것으로 미국과 러시아 사이의 우주경쟁의 시작이 되었으며 미국은 제일 먼저 달에 착륙하게 되었습니다.

잘못된 목표

1930년대 후반 독일 나치 정부는 V2 로켓을 무기로 개발하도록 폰 브라운을 설득하였습니다. 첫 번째 V2 로켓이 런던에 떨어졌다는 뉴스를 듣고, 그는 잘못된 땅에 떨어졌다는 사실을 빼놓고는 로켓 발사가 완전히 성공했다고 말했습니다.

"놀랍게도 3,225개의 V2 로켓이 제2차 세계대전의 막바지에 발사되었습니다. 하루에 10개까지 발사하기도 했습니다."

야심찬 계획

폰 브라운 박사는 최초의 미국 로켓을 만들며 우주 탐사에 대한 야심찬 계획을 세웠습니다. 그는 거대한 궤도를 가진 우주정거장을 고안하였고 달과 화성으로 가는 여행 방법을 생각해 냈습니다. 그는 훗날 우주여행에 대한 TV프로그램을 만드는 월트디즈니 사의 고문으로 일했습니다.

달에 착륙하다

폰 브라운 박사가 이룩한 가장 큰 성공은 1960년말 달에 착륙한 거대한 새턴 V 로켓이었습니다. 이전의 어떤 로켓보다 새턴 V 로켓은 크고 무거운 것들을 지구 궤도나 궤도 바깥으로 보내는 힘을 가지고 있었습니다. 폰 브라운 박사의 꿈은 1969년 그의 로켓이 발사한 아폴로 11호가 사람을 달로 보내는 데 성공함에 따라 마침내 이뤄졌습니다. 이후 여섯 차례나 달에 사람이 갔으며 이때마다 새턴 V 로켓을 사용하였습니다.

우주여행의 초석을 세우다

폰 브라운 박사의 새턴 로켓은 우주왕복선으로 대체되었습니다. 달과 다른 위성으로의 여행에 대한 그의 희망은 부서졌으며 1972년 그는 미국의 우주 프로그램을 위해 일하는 것을 중단하였습니다. 그 후 1977년에 사망하였습니다. 그러나 인공위성을 우주와 달에 보내려는 그의 야심은 성취되었습니다.

안녕!

잘 지냈어?

같이 학교에 가는 거지?

어서 가자~

말과 **글**을

응, 안녕!

그럼!

응!

그래!

사용하는 뇌

언어

대화 도중에 우리는 사람들이 말하는 것을 이해하기 위해 다양한 신호에 반응합니다. 뇌에서 처리하는 과정이 필요합니다. 입술 모양, 얼굴 표정, 몸짓과 같은 시각적인 신호들은 뇌의 시각 영역이 언어를 이해하는 데 중요요함을 보여줍니다.

사람들이 전화로 이야기할 때 중요 요소를 하게 되는 이유는 이런 시각 정보들을 보지 않아 말을 쉽게 이해하지 못하기 때문입니다.

수화

언어라고 해서 꼭 말만 포함하는 것은 아닙니다. 청각장애인들이 사용하는 수화인에 수화하는 사람도 다른 언어와 구음을 나타내는 손짓 모양을 통해 대화를 나눕니다. 수화하는 많은 사람이 언어와 같은 방법으로 뇌의 시각 영역에서 분석되어 언어 중추를 자극합니다.

베르니케 영역
시각 및 청각 부위에서 들어온 정보를 분석합니다.

청각 영역
소리와 목소리의 높낮이를 분석합니다.

시각 영역
눈을 통해 들어온 정보를 분석합니다.

혀
입의 모양과 위치를 변화시켜 말소리를 변화시킵니다.

성대
섬유 조직으로 이루어진 판으로, 열고 닫으며 소리와 높낮이를 조절합니다.

목소리를 내봐요

대화를 나누기 위해서는 말하는 기관과 뇌에서 처리하는 과정이 필요합니다. 정보는 뇌의 시각과 청각을 관할하는 부위에서 분석이 됩니다. 그 다음 베르니케 영역으로 보내져 해석됩니다. 해석된 정보는 브로카 영역으로 가서 어떻게 대답할 것인지 결정되어집니다. 마지막으로 운동 중추에서 성대와 혀 그리고 입술에 명령을 내려 필요한 말을 하게 됩니다.

운동 중추
근육에 정보를 보내 말을 하게 합니다.

신경 정보가 지나가는 경로

브로카 영역
말이 만들어 지는 것을 조절합니다.

입술
입모양을 변화시켜 소리를 바꿉니다.

"언어는 약 10만 년 전에 네안데르탈인으로부터 발생한 것 같습니다."

말하기를 배워 봐요

인간이 쓰는 복잡한 언어는 인간을 다른 동물과 다르게 만드는 특징 중의 하나입니다. 앵무새도 말을 할 수는 있으나 자신이 생각하는 것을 설명하는 것을 위해 언어를 사용할 수는 없습니다. 말을 하는 것은 소리를 내는 것이라는 것과는 다릅니다. 말을 한다는 것은 다른 사람과 대화를 하기 위해 소리를 사용하는 것입니다. 우리는 아주 어릴 때부터 언어를 배우며 일생을 통해 계속해서 언어를 사용하는 기술을 발전시켜 나갑니다.

앵무새에 말하기

우리는 앵무새가 말하도록 가르칠 수 있지만 실제로 대화를 하도록 가르칠 수는 없습니다. 앵무새는 단지 소리를 반복하는 것을 배울 뿐, 스스로 문장을 완벽하게 만들 수는 없습니다. 그런 것은 인간만이 할 수 있는 일이지요.

예쁜 우리 강아지!

만약에 내가 말도 잘 듣고, 야채를 먹으면 아이스크림을 먹을 수 있게 허락해 줄 거야?

제2의 언어

어릴 때 모국어가 아닌 다른 언어를 배우는 것은 비교적 쉽습니다. 우리의 뇌가 새로운 지식에 쉽게 반응을 하기 때문입니다. 어떤 아이들은 동시에 두 가지 언어를 배울 수도 있습니다. 그러나 나이가 들면 다른 언어를 배우는 것은 더욱 어려워집니다. 그 나래에 살지 않는 한 거의 불가능해지지요. 그러나 다른 사람들보다 언어 주가 발달한 어떤 사람들은 제2의 언어를 잘 배우기도 합니다.

나는 초콜릿이 먹고 싶어!

노암 촘스키

1928년에 태어난 노암 촘스키는 언어학을 연구하는 중요한 학자들 중의 한 명입니다. 촘스키는 언어를 배우는 본능적 요인 한 가지를 문법을 사용하는 방법을 배우는 것으로 유명합니다. 촘스키는 모든 언어는 하나의 공통된 구조를 가지고 있다는 학설을 주장하는 방법으로 배울 수 있는 능력을 가지고 있다는 것입니다. 다양한 언어들은 세계각의 방법으로 배우는 본능적인 능력은 촘스키에 따르면 언어를 잘 배울 수 있습니다. 하지만, 촘스키에 타고난 능력과 상관없이 언어는 모두에게 타고난 능력입니다.

단어와 문장

어린아이들은 단어와 문장 구조에 아주 예민합니다. 2살쯤 되면 아이들은 약 300개의 단어를 압니다. 4살 정도 되면 단어들을 서로 연결시키기 시작해서 간단한 문장을 만들 수 있습니다. 5~6살이 되면 더욱 복잡한 문장도 함께 사용할 수 있습니다.

더 많이 가방

고양이

재미있는 두뇌 게임

단어를 만들어요

이야기를 하거나 글을 쓸 때, 여러분의 뇌는 여러 가지 단어들 가운데서 여러분이 표현하는 데 적합한 단어들을 고릅니다. 이번 장에 나오는 문제들은 단어들 사이의 관계를 여러분이 잘 이해하는지 실험하는 문제들입니다. 더불어 여러분이 이상한 문장 속의 단어를 읽을 때 여러분의 뇌가 얼마나 쉽게 혼란스러워 하는지도 실험해 볼 것입니다.

관계없는 것 고르기

다음의 단어 목록에 제시된 5개의 단어 중 3개는 서로 관계가 있는 단어들입니다. 그렇다면 관계가 없는 2개의 단어를 고르고, 그 이유를 말해 보세요.

1. 돛, 원추, 돛대, 고양이, 갑판
2. 스테이플러, 연필, 자, 펜, 크레용
3. 달, 지구, 화성, 태양, 해왕성
4. 돌고래, 참새, 유럽울새, 까마귀, 해마
5. 나무, 뛰다, 꽃, 하늘, 웃다

빈 칸 빠르게 채우기

단어 사이의 관계를 아는 것은 단어를 올바로 사용하는 첫 단계입니다. 아래의 문장을 완성하기 위해 필요한 올바른 단어를 보기에서 골라 보세요.

- **새**와 **부리**의 관계는 **사람**과 (　　　　)의 관계와 같습니다.
  〈보기〉 눈, 입, 머리카락, 털, 까마귀

- **눈**과 **시각**과의 관계는 **코**와 (　　　　)의 관계와 같습니다.
  〈보기〉 후각, 향기, 미각(맛), 촉각, 청각

- **안**과 **바깥**의 관계는 **위**와 (　　　　)의 관계와 같습니다.
  〈보기〉 아래, 겉, 속, 옆, 구석

- **펜**과 **잉크**와의 관계는 **붓**과 (　　　　)의 관계와 같습니다.
  〈보기〉 연필, 색깔, 종이, 페인트, 붓질

- **세발자전거**와 **숫자 3**의 관계는 **두발자전거**와 (　　　　)의 관계와 같습니다.
  〈보기〉 숫자 2, 숫자 4, 외바퀴 자전거, 숫자 5, 숫자 1

파랑	초록	주홍	하양	분홍
빨강	주홍	파랑	초록	주홍
하양	분홍	초록	빨강	빨강

파랑	초록	주홍	하양	분홍
빨강	주홍	파랑	초록	주홍
하양	분홍	초록	빨강	빨강

섞여 있는 정보들

단어를 보는 환경은 단어를 읽을 때 영향을 줍니다.

■ 1단계

단어를 읽는 것이 아니라 단어의 색깔을 읽어보고 시간을 재 보세요. 왼쪽에 있는 두 개의 칸 중에서 위에 있는 15개의 단어를 읽어 보세요.

■ 2단계

아래 칸을 보면서도 1단계와 똑같이 해보고 시간을 재 보세요.

읽기에 능숙한 사람의 경우 단어를 자동적으로 읽어 내려가는 것이 어렵지 않을 수도 있습니다. 그러나 만일 단어의 색과 단어가 같지 않다면 대부분의 경우 우리는 단어를 빠르게 읽을 수 없을 것입니다.

동물들의 색깔은?

왼쪽에 있는 동물들의 색깔과 쓰여 있는 동물 이름을 큰 소리로 말해보고 시간을 재 봅시다. 예를 들어 왼쪽의 첫 번째 동물은 '파란 토끼'라고 읽으면 되지요. 그 다음 오른쪽에 있는 동물들도 같은 방법으로 읽어 보세요. 그리고 두 개의 결과를 비교해 보세요.

🌀 정보들이 섞여 있을 때, 함께 쓰여 있는 글자를 무시하기가 어렵습니다. 이때 올바로 정보를 읽어 내기 위해서 우리는 무의식적으로 이루어지는 자동적인 읽기를 중단하게 되어 읽는 속도가 느려집니다.

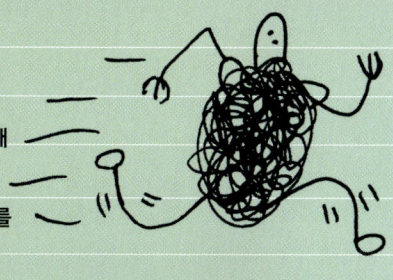

비슷한 단어, 반대되는 단어

이번 문제는 제시된 단어가 서로 어떤 관계에 있는지를 알아보는 문제입니다. 문제 1을 보면 두 개의 단어 꾸러미가 있습니다. 위에서부터 한 줄씩 각각 왼쪽과 오른쪽에서 비슷한 뜻을 가진 단어를 골라 보세요. 문제 2에서도 같은 방법으로 단어를 고르세요. 단, 이번에는 서로 반대되는 말을 고르세요.

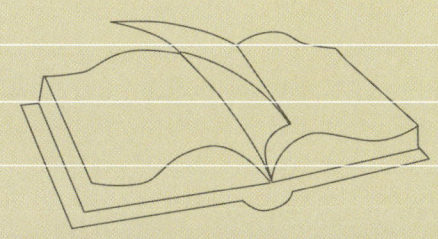

■ 문제 1 – 비슷한 단어 찾기

좋다, 배고프다, 일하다
피곤하다, 자르다, 포함하다
무섭다, 쓰레기, 파티
친구, 바나나, 어리석다

굵다, 고양이, 강하다
사과, 졸리다, 악화되다
최고, 생선, 유령 같다
잡다, 자라다, 바보 같다

■ 문제 2 – 반대되는 단어 찾기

감추다, 멀다, 칭찬하다
날카롭다, 씹다, 가장자리
비틀다, 합리적이다, 수수께끼
기다, 떠나다, 시작하다

모욕하다, 눈을 깜박이다, 들다
물어뜯다, 가운데, 이상하다
단정치 못하다, 비논리적이다, 검사하다
돌아오다, 걷다, 여행하다

언어를 사용해요

"영화 티켓 두 장만 주세요. 우리가 원하는 곳에 앉을 수 있나요?"

"우리는 작년에 알프스에 스키를 타러 갔었어요. 아주 멋진 시간이었지요!"

"3월에 갔어요. 제 생각에는 그때가 눈이 가장 많을 때라서 스키 타기에 제일 적합한 때인 것 같아요."

"언제 갔었나요?"

"그럼 우리도 그래야겠네요. 아이들도 너무 좋아할 거예요."

"그가 나를 용서 할까?"

"너는 네가 그 일을 왜 했는지를 설명을 하고 그의 대답을 들어야 해."

"아빠가 뭐하는 걸까?"

언어와 학습

만일 언어가 없었다면 우리는 손짓 발짓으로 모든 것을 배웠어야 했을 것입니다. 어떤 기술에 대해서는 그것만으로도 가능했겠지만, 대다수의 복잡한 일들은 언어로 묘사되어야 합니다. 위에 있는 아이는 영화를 보기 위해서 표를 사야 하는 것을 이해하지 못합니다. 아이에게 말로 설명해 주지 않는다면 계속 이해하지 못할 것입니다.

사회적 본능

우리는 대화를 통해 정보를 전합니다. 수천 년 전부터 전해진 많은 정보는 음식을 구하고 위험을 피하는 데 도움을 주었습니다. 현대 도시에서 우리가 휴일에 관해 서로 이야기하는 것처럼 우리는 우리의 생존에 영향을 미치지 않는 일에 관한 이야기를 하면서 많은 시간을 보냅니다. 그러나 여전히 끊임없이 정보를 교환합니다.

대화 나누기

어떤 심각한 대화들은 주의 깊게 경청해야만 합니다. 그리고 우리는 우리가 말하고자 하는 것들을 정확하게 표현해야 합니다. 특히 우리가 이방인과 대화를 할 때 우리를 도와주는 몸짓 언어나 표현들을 서로 잘 이해하지 못할 경우에는 원활한 대화가 어렵습니다.

우리는 인생의 의미나 우주와 같은 자연에 대해 알기 위해서 혹은 우리 주위의 사람들과 교감할 목적으로 언어를 사용합니다. 우리는 지난 과거의 일과 미래의 계획에 대하여 이야기할 수 있습니다. 무엇보다 우리는 이야기를 통해 다른 사람의 경험을 배울 수 있고, 배운 것을 기억해서 지식으로 저장합니다. 문화의 전파는 언어 없이는 불가능합니다.

"호주 원주민들 사이에 구전되고 있는 가장 오래된 이야기는 화산 폭발에 관한 이야기로 지질학자들에 의하면 12,000년 전에 일어난 화산 폭발에 관한 이야기라고 합니다."

"아마 금성에 사람이 살고 있는 있을지도 몰라. 우리가 단지 모를 뿐이지."

"말도 안 되는 소리야. 내 설명을 들어 봐."

"아버지는 1920대에 활동했던 영화 촬영 기사였단다. 모험에 관한 많은 이야기를 해주셨지."

논쟁하기

누군가와 대화를 한다는 것은 때때로 논리적인 말로 상대방을 설득하는 일이기도 합니다. 이를 위해서 여러분은 상대방의 말을 주의를 기울여 잘 듣고, 대답하기 전에는 깊게 생각해야 합니다. 상대방이 무슨 말을 했는지 무얼 잘못 말했는지 등을 파악하면 아마 여러분은 논쟁에서 이길 수 있을 것입니다.

이야기 들려주기

많은 사람들이 글을 읽을 줄 몰랐던 과거에는 이야기를 통해 세대에서 세대로 생각이 전달되었습니다. 특히 재주가 좋은 이야기꾼이었던 어떤 사람들은 복잡하고 긴 이야기도 잘 기억할 수 있었습니다. 그러나 요즘에는 글로 기록된 이야기들 때문에 이런 전통적인 방식의 구전이 사라지고 있습니다.

언어와 사고

언어가 없이 우리는 생각을 할 수 있을까요? 나무 심기, 바나나 껍질 까기와 같은 일들은 언어가 없어도 할 수 있습니다. 우리의 조상들도 사냥을 하거나 음식을 모으기 위해서 굳이 언어로 생각을 할 필요는 없었을 것입니다. 그러나 과학과 같은 복잡한 생각을 하기 위해서 언어는 매우 필수적입니다.

117

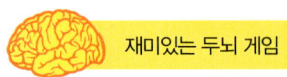

재미있는 두뇌 게임

큰 소리로 말해요

단어 빨리 말하기

이 게임은 여러분의 어휘력을 알아보는 게임인 동시에 여러분의 뇌가 얼마나 빨리 단어를 생각하고 사물들 사이의 연결을 잘 만들 수 있는지 알아보는 게임입니다. 제한된 시간 안에 10~15개의 연결된 단어들을 생각해 낸다면 여러분의 어휘 능력은 좋은 것입니다.

📩 이런 것들이 필요해요
- 친구 두 명, 스톱워치, 펜, 종이

빈 칸 채우기

이 게임은 이야기 속에 있는 단어와 문맥을 얼마나 잘 이해하는지를 알아보는 게임입니다. 이 단어들은 아래에 있는 이야기의 어느 위치에 들어가야 할까요? (이들 중 2개의 단어는 들어갈 수 없습니다.)

- 못생긴
- 싸움
- 틈
- 날카로운
- 충격
- 높은
- 눈부신
- 꼼짝없이
- 무시무시한
- 바보 같은
- 날아올랐다
- 발톱

■ 1단계
30초 동안 친구에게 가능한 한 동물의 이름을 많이 대 보라고 하세요.

■ 2단계
친구가 말한 동물들의 이름을 종이에 적으세요. 모르는 단어가 있으면 어른에게 물어보세요.

■ 3단계
이번에는 친구에게 30초 동안 과일 이름을 말해 보라고 하세요. 그후 다른 주제에 대한 여러분의 생각을 적어 보세요.

슈퍼맨은 그 모습을 보고 그 자리에서 (①) 얼어붙고 말았다. (②) 빌딩 꼭대기에서 새처럼 생긴 (③) 것이 쳐다보고 있었기 때문이다. 슈퍼맨은 곧 목숨을 건 (④)이 시작될 것이라고 생각했다. 그 괴수는 슈퍼맨이 밑에 있다는 것을 알고 숨돌릴 (⑤)도 없이 끔찍한 소리를 내면서 슈퍼맨을 습격했다. 곧 슈퍼맨은 생각할 겨를도 없이 괴수의 날카로운 (⑥)에 잡아 채이고 말았다. 그러나 (⑦)도 잠시, 슈퍼맨은 곧 (⑧) 광선을 괴수의 눈을 향해 발사했다. 괴수는 (⑨) 비명을 질러댔고, 슈퍼맨은 다음번 공격을 위해 하늘을 향해 (⑩).

우리의 뇌는 단어들을 시각 이미지와 연결시킴으로써 단어들을 기억하는 놀라운 능력을 가지고 있습니다. 이번 장에 나오는 게임은 단어를 잊어버리지 않도록 여러분의 어휘력과 자신감을 높여 주는 단어 훈련기법이 적용된 것입니다.

모든 그림은 이야기를 한다
이 게임은 이야기를 만드는 능력을 알아봅니다. 옆의 그림에서 5개의 사물을 골라 간단한 이야기를 만들어 보세요. 5개의 물건을 사용해서 이야기를 만들 때 적절한 문장을 사용하세요. 환상의 세계에서 벌어지는 이야기이던, 학교에서의 생활이던 가능한 한 상상력을 발휘해서 이야기를 만들어 보세요.

관계가 있는 단어들
우리가 대화를 할 때 올바른 단어를 찾는 일은 쉬운 일이 아닙니다. 이 게임은 서로 관계 있는 의미를 가진 단어들을 생각해 낼 줄 아는 능력을 알아봅니다.

이런 것들이 필요해요
- 2명의 친구와 어른, 펜과 종이, 위에 구멍이 있는 상자, 스톱워치

■1단계
어른에게 종이 2장에 12개의 단어를 써 달라고 요청하세요(명사와 형용사). 종이를 접어 상자에 넣으세요.

■2단계
첫 번째 친구에게 종이 한 장을 끄집어 내어 단어를 읽으라고 하세요. 두 번째 친구에게는 비슷한 단어를 말하라고 하세요. 만일 '요트'라는 명사를 이야기하면 '배'라고 이야기 할 수 있고, 만일 '추운'이라는 형용사를 이야기하면 '얼다'라는 동사를 말할 수 있지요.

■3단계
친구가 5초 이상 대답을 못하거나 적당한 단어를 생각해 내지 못하면 게임은 끝납니다. 어른에게는 대답할 때까지 걸리는 시간을 재 달라고 하세요.

이야기 이어 나가기
이번 게임은 하나의 주제를 정해서 이야기를 계속 이어나가는 게임입니다.

이런 것들이 필요해요
- 2명의 친구
- 퀴즈의 사회자
- 스톱워치

■1단계
두 명의 친구에게 단어를 반복하거나 너무 오래 지체하지 말고 30초 동안 한 주제에 대해서 이야기하라고 합니다. 이야기 주제는 시간을 재는 사회자가 결정합니다.

■2단계
시작하라는 사회자의 말이 떨어지면 첫 번째 친구가 이야기하도록 합니다. 두 번째 친구는 첫 번째 친구가 규칙을 어겼다고 생각할 때 언제든지 도전할 수 있습니다. 사회자가 최종 판단을 합니다.

■3단계
다음 두 번째 친구에게 새로운 주제에 대해서 이야기를 시작하라고 합니다. 3번 정도 진행한 후 다음, 이야기하는 시간을 1분으로 늘릴 수 있습니다.

읽기와 쓰기

언어를 말로 표현하는 것이 인간 사회에서 필수적인 것처럼 글쓰기도 문명 발달에 필수적인 요소입니다. 읽기와 쓰기는 생각을 미래 세대로 전승하고 보존시켜 줍니다. 글을 통해 오래전에 살았던 사람들의 말을 읽을 수 있고 역사를 배울 수 있습니다. 우리들은 과거에 발견된 사실 위에 새로운 사실들을 추가하여 우리의 지식을 넓혀 나갑니다.

"라틴어와 같은 어떤 고대 언어들은 더 이상 사람들이 말로 사용하지 않기 때문에 글자의 형태로만 존재하지요."

어른들도 글을 배워요

많은 사람들이 글을 읽고 쓰는 방법을 배우는 기회를 놓치곤 합니다. 불행히도 읽고 쓰는 기술은 나이가 들어감에 따라 배우는 속도가 느려집니다. 그러나 읽기 훈련을 오랫동안 받아온 어른들은 철자를 잘 모른다고 해도 단어를 빨리 인식해서 아이들보다 글을 빨리 읽을 수 있답니다.

알파벳과 상징

어떤 언어는 굉장히 다양한 단어를 만들기 위해 제한된 알파벳을 사용합니다. 영어는 50만 개의 단어를 만들기 위해 26개의 알파벳을 사용합니다. 반면에 중국어는 한 단어가 하나의 뜻을 가지고 있습니다. 신문을 읽으려면 적어도 3,000개의 한자를 알아야 하지요. 위에 보이는 키릴 문자는 많은 동유럽 사람들이 사용하고 있습니다.

읽기 배우기

아이들은 보통 4~5세에 읽기를 배웁니다. 읽기를 할 수 있으려면 책에 적힌 상징들을 해독할 줄 알아야 하지요. 이탈리아어와 같이 쉬운 언어에서는 같은 모양의 글자들이 항상 같은 소리를 냅니다. 그러나 영어와 같은 언어는 같은 모양의 글자라고 해도 조합에 따라 서로 다른 소리를 내기 때문에 배우기가 좀 더 어렵습니다.

예술로서의 문자

어떤 글자는 글자만으로도 아름다워서 예술의 한 분야로도 여겨집니다. 과거는 물론이고 오늘날에도 사람들은 '서예'라고 불리는 우아한 글쓰기를 배우기도 합니다. 중국에서는 새롭게 만들어지는 글자들은 그들 고유의 형태적, 의미적 특징이 있습니다. 이것은 '캘리그래피(글씨를 아름답게 쓰는 기술)'라는 실용적인 예술의 한 분야를 낳았습니다. 작가들은 자신만의 생각과 느낌을 표현하기 위해서 새로운 글자를 만들기도 합니다.

그림과 글자

어린아이들은 만화책을 매우 좋아합니다. 어른들의 경우에는 소설만큼 복잡한 이야기 구조를 가지고 있는 만화책의 한 종류인 그래픽 노블을 좋아하지요. 이런 만화들은 단어와 더불어서 그림을 통해 의미를 전달합니다. 그림을 통해 상징으로 단어를 표현하는 방법은 도로 표지판 등에 자주 쓰입니다. 그림문자로 알려진 이것은 사용하는 언어가 무엇이던 간에 누구든지 이해할 수 있다는 장점이 있습니다.

"우리는 단어의 첫 글자와 마지막 글자를 쓸 줄 아는 한 철자의 순서가 틀리더라도 그것을 읽을 수 있어요."

말하기와 쓰기

대다수 사람들이 글쓰는 법을 배우지만 소수의 사람만이 글을 잘 씁니다. 우리는 이야기를 말로 할 수는 있으나 글로 쓸 때는 줄거리를 곧잘 잊어 버립니다. 우리는 글을 쓸 때 불분명한 언어를 자주 사용합니다. 많은 공식 문서가 이해하기 힘든 이유가 여기 있지요. 글로 쓸 때 간단명료하게 자기 자신을 표현하는 법을 배우는 것이 중요합니다.

장 프랑수아 샹폴리옹

어떤 사람들은 언어를 배우는 데 큰 재능을 가지고 있습니다. 그들은 다른 사람들이 말하는 것을 잘 알아듣고, 이내 언어를 유창하게 읽고 쓸 줄 압니다. 장 프랑수아 샹폴리옹은 이런 면에서 천재적인 인물이었습니다. 그러나 그는 자기가 살던 시대의 언어를 배우는 대신 오래전에 잊혀졌던 언어를 해석하는 기술을 발견했지요. 그래서 학자들이 고대 이집트의 잃어버린 세계를 다시 발견할 수 있게 하는 데 크게 공헌하였습니다.

아프리카 에티오피아의 암하라 인들이 쓰는 암하라 어.

성스러운 문서를 만드는 데 사용된 아베스타 어는 동부 이란 지역의 고대 언어입니다.

언어의 대가

1790년 프랑스에서 태어난 장 프랑수아 샹폴리옹은 가난한 집안 출신으로 8살이 되어서야 학교에 갔습니다. 그는 언어에 뛰어난 재질을 가지고 있는 것을 발견하고 16살까지 12개의 언어를 마스터했습니다. 그는 암하라 어, 아베스타 어, 산스크리트 어, 찰대 언어와 같은 사라진 언어들에 매료되었습니다. 그는 마침내 역사학과의 조교수가 되었으며 과거를 이해하는 길을 제공할 수 있는 고대 언어의 전문가가 되었습니다.

산스크리트 어는 기원전 1500년경의 힌두 인도에서 쓰인 고대 언어입니다.

파라오의 땅

샹폴리옹이 어린 아이였을 때 고대 이집트의 경이로운 유적들이 발견되었습니다. 그러나 아무도 비석이나 벽에서 발견된 상형문자를 읽을 수 없었기 때문에 그것들을 건설한 문명은 신비에 싸여 있었지요. 샹폴리옹은 고대 이집트에 매료되고 말았습니다.

로제타석의 발견

1799년 프랑스 육군 대위가 이집트의 로제타 항구 근처에서 돌 하나를 발견하였습니다. 로제타석은 3가지 종류의 언어 즉, 이집트 상형문자, 데모틱이라고 불리는 다른 형태의 이집트 어, 전형적인 그리스 어로 쓰여 있었습니다. 그러나 3가지 언어는 같은 의미를 나타내고 있습니다. 로제타석에는 기원전 196년 파라오 프톨레마이오스 5세가 발간한 문서의 내용이 적혀 있습니다.

암호 해독가

1801년 로제타석은 영국으로 옮겨졌으며 영국학자 토마스 영이 이집트 데모틱 언어를 번역하였으나 상형문자는 번역하지 못했습니다. 그러나 샹폴리옹이 상형문자가 의미하는 바를 풀려고 시도했고, 1822년과 1824년 사이에 그는 돌에 새겨진 모든 상형문자를 해독하는 데 성공했습니다. 고대 이집트어를 해독해 낸 것은 굉장한 업적입니다.

"샹폴리옹은 18살 때부터 그레노블 대학교에서 역사와 정치학을 가르쳤어요."

해석을 증명하다

1828년 샹폴리옹은 이탈리아의 학자 이폴리토 로셀리니와 함께 이집트로 갔습니다. 그들은 표지석이나 벽화에 있는 많은 상형문자들에 대한 샹폴리옹의 해석들을 확인했습니다. 그의 번역이 맞다는 것이 확인되자 많은 상형문자들을 해독할 수 있었습니다. 그러나 이 여행은 샹폴리옹을 지치게 만들었으며 3년도 못 가서 그는 뇌졸중에 걸려 41세의 나이로 사망하였습니다.

과거로 이어지는 창문

샹폴리옹 이전에 고대 이집트 문명은 신비에 싸여 있었습니다. 모든 사실들은 그저 고고학적 발견을 통해 추측될 뿐이었습니다. 상형문자가 해독되자마자 역사가들은 고대 이집트인들의 언어를 읽을 수 있었고 그들의 삶을 더 많이 이해하게 되었습니다.

창조적인 뇌

창의격이란 무엇일까?

창의력은 논리적 과정의 결과로 나오지 않는 어떤 번뜩이는 생각입니다. 우리들은 미술가와 음악가를 창조적인 사람의 대표로 생각하기 때문에 창의력은 예술적인 것이라고 생각합니다. 그러나 창의력은 모든 사고의 중요한 부분을 차지합니다. 우리의 생활을 변화시키는 발명은 발명가들의 창의력이 없다면 존재하지 않을 겁니다. 창의적인 해결은 과학, 정치학, 경제학, 수학의 중요한 부분을 이루고 있지요. 우리들은 창의력이 영감으로부터 온다고 자주 생각합니다. 창의력은 열심히 노력한 결과 얻어집니다.

머릿속을 맴도는 생각

모든 창의력은 우리가 이미 알고 있는 지식에서 나옵니다. 그리스 수학자인 아르키메데스는 기원전 250년에 왕관 속 금의 부피를 측정하는 문제를 창조적인 영감으로 해결하였습니다. 그러나 그의 뇌 속에는 이미 수많은 해결책들이 맴돌고 있었습니다.

행운의 기회

어떤 문제의 해결책은 운 좋게도 사고를 통해 나옵니다. 그러나 창의적인 사람은 자기 스스로 행운을 만들기도 하지요. 아르키메데스는 목욕탕에 들어간 순간, 수면이 올라가는 것을 보았습니다. 그는 신체 부위가 물에 잠김으로써 부피 변화가 일어난다는 사실을 알았습니다.

"과학자 찰스 다윈은 공원을 산책할 때 좋은 아이디어가 많이 떠올랐다고 합니다."

 재미있는 두뇌 게임

한 번에 점 연결하기
종이에서 펜을 떼지 않고 붉은 점들을 모두 연결하여 4개의 직선을 그릴 수 있나요?

🌀 이 문제를 풀기 위해서는 한 가지 혹은 두 가지의 다른 접근을 할 수 있습니다. 여러분이 한 번에 성공하지 못하면 다른 점들에서도 될 때까지 시도해 보세요.

자연은 창조적인 생각의 어머니
자연은 중요한 발명의 영감을 제공해 줍니다.
왼쪽의 발명품을 오른쪽에 있는 영감을 준 자연과 연결해 보세요.

1. 신칸센 총알 열차 A. 상어피부
2. 미래 자동차   B. 연잎
3. 수영복   C. 고양이 눈
4. 자가 세정 페인트 D. 거북복
5. 도로반사경   E. 물총새 부리

🌀 위에 언급한 발명품들은 자연을 모방한다는 의미의 '생물 모방'이란 방법으로 만들어졌습니다. 여러분도 공원이나 정원을 방문할 때 주위에 보이는 물체로부터 영감이나 새로운 아이디어를 발견할 수 있는지 살펴보세요.

그림을 보고 이야기 만들기
미술책이나 인터넷에서 그림을 고르세요. 그리고 잠깐 동안 그림을 보고 세밀한 것에 초점을 맞추세요. 그리고 그것에 대한 이야기를 만들어 보세요.

🌀 그림을 이해하고 해석하는 것은 그림이 보여주는 것과 의미하는 바를 생각하게끔 만들기 때문에 좋은 창의력 훈련이 될 수 있습니다. 여러분에게 영감을 주는 무언가에 관한 이야기를 통해서 여러분은 스스로 인상적인 무언가를 창조할 수 있습니다.

기본으로 돌아가기
빈 마분지 상자로 여러분은 무엇을 할 수 있나요? 여러분의 상상력을 사용해서 뛰어난 무언가를 디자인 할 수 있는지를 생각해 보세요.

🌀 어떤 위대한 발명가들은 단순한 방법을 새로운 방법으로 사용합니다. 여러분은 위대한 아이디어를 생각해 내기 위해 물건을 힘들여 고칠 필요가 없습니다.

창의력을 키워 주는 문제들

수평적인 사고

다음의 수수께끼를 상상력과 수평적 사고를 이용해 해결해 보세요.

A. 로미오와 줄리엣이 마룻바닥에 누워 죽어 있다. 그들에게 어떤 표시도 없었다. 그러나 그들은 물에 흠뻑 젖어 있었고 그들 옆에는 깨어진 사발이 놓여 있었다. 그들은 어떻게 죽은 것일까?

B. 여러분은 벽에 대고 공을 던지지 않고 공을 던져 다시 되돌아오게 할 수 있나요?

🌀 수수께끼를 풀 때 우리는 질문을 그대로 읽고 답을 구하려고 합니다. 그러나 수수께끼가 의미하는 여러 가지를 생각하면 수평적 사고를 익힐 수 있습니다.

무에서 유를 창조하다

여러분의 집 주위에 있는 다양한 사물들에 커다란 창조성이 숨어 있습니다. 종이, 통, 마분지, 튜브, 빨대같이 매일 사용하는 것들을 사용해서 새로운 것을 발견해 보세요. 예를 들어 빈 계란 통을 사용해서 여러분의 상상력에 자극을 주는 어떤 것을 넣어서 조각을 해보세요.

🌀 여러분은 굉장히 환상적인 물건을 만들어 낼 수 있어요. 만약 당장에는 여러분의 생각이 뛰어나지 않다는 말을 듣는다 할지라도 언젠가는 창조적인 섬광이 번뜩이게 되어서 더욱더 대단한 것을 배울 수 있을 거예요.

6가지 문제들을 통해 여러분의 잠재된 창의력을 점검해 보세요. 어떤 게임은 수평적 사고를 필요로 하고, 어떤 것은 여러분의 손이 발휘하는 창의력에 좌우됩니다. 각각의 문제들을 풀어 보고, 여러분이 창조적인 능력을 가졌는지를 살펴보세요. 정답은 188쪽에 있습니다.

창의력을 키우는 방법

창의력을 향상시키기 위한 많은 방법들은 틀에 박힌 논리와 고정관념으로부터 벗어나도록 해줍니다. 여러분의 마음을 문제로부터 더욱 자유롭게 움직이게 하지요. '상자 밖에서 생각하기'는 여러분이 다른 각도로 사물을 보도록 도와주며 창의적으로 되는 데 필요한 참신한 접근을 가능하게 만들어 줍니다.

브레인스토밍
가능한 한 많은 생각이 어떤 결론 없이 자유롭게 나오도록 하는 활동을 브레인스토밍이라고 합니다. 혼자서 할 수도 있으나 보통은 그룹을 만들어 그 그룹에서 나온 모든 생각을 누군가가 적어 내려가면서 진행하지요. 사람들의 생각이 다 고갈되었을 때, 그때까지 나온 의견들을 적은 목록을 보고 무엇이 있는지 살펴보세요. 별난 생각은 종종 가장 좋은 생각으로 판정날 거예요.

시각화하여 생각하기
단순히 생각들의 목록을 만드는 대신 생각을 그림(다이아그램)으로 나타낼 수 있습니다. 지구온난화와 같은 중심 문제부터 시작해서 이와 관계된 모든 사실을 점차 추가해 보세요. 근원적이고 창의적인 사고로 이르게 하는 새로운 생각으로 브레인스토밍의 시각적 형태가 효과를 나타낼 수 있습니다.

수평적 사고
브레인스토밍과 비슷하게 수평적 사고도 모든 가능성을 열어 두고 문제에 접근합니다. 수평적 사고의 기본은 문제를 평범한 방법으로 보는 것을 피하는 것입니다. 여러분은 새로운 생각들이 나올 수 있도록 다양한 방법들을 사용할 수 있습니다. 예를 들어서 책을 펼쳐서 떨어뜨린다거나, 책에 핀을 던져 핀이 꽂힌 부분을 본다든가 하는 방법들이지요. 이것은 이상해 보일 수도 있지만, 놀랍도록 효과적으로 문제를 풀어주기도 합니다.

만일 이렇다면?

고정된 사고를 벗어나는 한 가지 방법은 "만일 이렇다면"이라고 의문을 가져보는 것입니다. 예를 들어 "만일 모든 버스여행이 무료라면"이라고 질문을 던질 수 있습니다. 이러한 질문은 차의 역할에 대한 창의적인 생각을 할 수 있게 합니다. "만일 아무도 쓰레기를 치우지 않는다면"과 같은 부정적 질문을 통해 문제를 푸는 방법을 찾을 수도 있습니다. "애완동물들이 말을 한다면" 같은 질문은 그 자체가 비현실적입니다. 이런 질문은 다분히 공상적이나 우리가 어떻게 동물들을 다룰 것인지에 대해 유용한 생각을 떠오르게 할 수 있습니다.

나는 하루 2번 사람을 따라 걷는단다.

나는 스스로 걷도록 훈련을 받았어.

움직이면서 생각하기

많은 사람들은 걸으면서, 뛰면서, 일하면서 문제에 관해 보다 창의적으로 생각합니다. 반복적인 운동은 우리의 마음을 자유롭게 만들어서 문제 해결에 집중하게 해줍니다.

거꾸로 생각하기

여러분이 무언가를 알고는 싶은데 답을 구하기 위한 방법을 모른다면 거꾸로 생각하는 것을 시도해 보세요. 이것은 농구에서 득점을 한 과정을 알아내는 것과 같습니다. 예를 들어서 C가 득점을 하기 위해서는 B로부터 공을 전달받아야 하고, B는 또 A로부터 공을 전달받아야만 합니다.

"3세기 티레의 철학자 포르피리는 생각들을 연결하는 도표를 처음으로 사용했습니다."

 재미있는 두뇌 게임

다른 방법으로 생각해서 문제를 푸는 연습을 통해 여러분은 창의력을 쑥쑥 키울 수 있습니다. 자유롭게 상상하면서 문제를 풀어보세요!

소설 만들기
아래의 단어들을 조합하여 재미있는 이야기나 시를 만들어 보세요.

보라색, 양, 감자튀김, 줄, 의자, 꼭대기, 사과, 나사, 매듭, 미소

만약 이렇다면?
다음의 시나리오를 완성해서 가장 상상력이 풍부한 이야기를 만들어 보세요.

- 만일 우리가 잠을 자지 않는다면?
- 만일 여러분이 살고 있는 집이 말을 한다면?
- 만일 우주로 휴가를 간다면?
- 만일 우리의 눈이 어깨 속에 있다면?
- 만일 우리가 물속에서 호흡할 수 있다면?

창의력을 키우는 훈련

클립으로 무얼 할 수 있을까
클립을 종이 묶는 데에만 사용하지 말고 30가지의 다른 용도로 사용할 수 있나요? 10분 이내에 다른 용도에 대해서 가능한 한 많이 써 보세요. 이상할수록 더 좋은 생각입니다. 그럼 시작하세요.

강을 건너는 여러 가지 방법
여러분은 호수 한 편에 서 있고 친구가 반대편에 서 있습니다. 여러분이 친구 쪽으로 가려고 한다면 5분 내에 호수를 건너갈 수 있는 방법은 무엇이 있을까요? 재미있는 방법들이 나올 테니 열심히 생각해 봅시다.

주변 관찰하기

창의력은 우리 주위의 세상을 잘 관찰하고 영감을 받아 그것을 잘 사용할 수 있는 능력을 말합니다. 주변을 둘러 보고 주위의 색깔을 보세요. 예를 들어 초록색을 띤 것들을 얼마나 많이 볼 수 있나요? 아마 여러분이 생각했던 것보다 더 많이 있을 것입니다. 관찰은 보이지 않던 것을 보이게 합니다.

"알베르트 아인슈타인은 창의적인 사고 실험을 통해 유명한 상대성 이론을 만들었어요."

창의적인 놀이

연극은 여러분의 마음을 자유롭게 만들어 주고 창의력 발달에 도움을 줍니다. 그럼 시각적인 상상력을 이용해서 친구들을 위한 보물찾기 계획을 세워 봅시다. 여러분의 집이나 정원 주변을 둘러보고, 친구들을 유인할 수 있는 보물찾기 힌트들을 생각해 봅시다. 그 힌트들은 그림으로 그려질 수도 있습니다. 하나의 힌트는 보물에 이르게 하는 다른 힌트와 연결됩니다. 그러면 시작해 볼까요?

레오나르도 다빈치

<모나리자>는 피렌체 출신의 부자였던 비단 상인의 부인을 그린 초상화로 추측됩니다.

지금까지 알려진 천재적인 인물들 중 한 명인 레오나르도 다빈치는 다양하고 방대한 영역에 대한 관심으로 유명합니다. 무엇보다도 미술에 비상한 재주를 가졌던 레오나르도 다빈치는 인체와 해부학에 큰 매력을 느꼈습니다. 그는 기술자이자, 시대를 앞서 나가 온갖 종류의 놀라운 기계들의 발명을 꿈꾼 발명가이기도 했습니다.

놀라운 예술가

1452년 이탈리아의 피렌체 근처에서 태어난 레오나르도 다빈치는 15세 때 피렌체 미술가인 안드레아 델 베로치오 밑에서 조수로 일하게 되었습니다. 그는 해부학에 흥미를 가졌기 때문에 인물을 아주 현실적으로 잘 그리는 화가가 될 수 있었습니다. 그는 아주 천천히 작업을 해 17년 동안 단지 6개의 작품만을 완성하였습니다. 그의 가장 유명한 작품은 아마 1505년에 그린 것으로 추측되는 <모나리자>입니다.

공상적인 기술자

1482년 레오나르도 다빈치는 자신을 군사공학가라고 스스로 불렀던 밀란 공작으로부터 많은 보수를 받으며 일을 했습니다. 운이 좋게도 다빈치는 당대의 어떤 기술자들보다 재주가 뛰어났습니다. 그는 물의 힘에 많은 관심을 가지고 물레방아에 의해 움직이는 많은 기계들을 만들었습니다. 이후에 그는 터키의 이스탄불을 가로지르는 다리를 만들자고 제안한 적도 있었는데 이 제안이 실행되었더라면 세계에서 가장 긴 다리가 될 수도 있었습니다.

이 그림은 물레방아에 의해 움직이는 돌을 투척하는 무기의 설계도입니다.

"다빈치는 작품의 대다수를 미완성으로 남겼습니다. 아마도 그는 주의력 결핍으로 고통을 받았던 것으로 전해집니다."

레오나르도 다빈치는 비행 물체를 만들었다고 생각했지만 이 헬리콥터는 실제로는 작동되지 않았습니다.

시대를 앞서간 인물

그의 많은 발명품은 그 시대에는 만들어질 수 없지만 훗날 실현되었던 것들입니다. 그는 낙하산의 한 형태, 글라이더, 자전거, 물에 뜨는 구명조끼, 수중에서 숨쉬는 기계, 물속에서 배를 공격할 수 있는 무기, 가라앉지 않는 이중 돛대를 가진 배 등을 만들었습니다. 그는 심지어 헬리콥터 제작을 생각하기도 했습니다.

"레오나르도 다빈치의 스케치와 그림들은 세상에 남은 수많은 문화유산들 중에서 큰 가치가 있는 것에 속해요."

다빈치의 노트

레오나르도 다빈치는 세밀화로 스케치한 노트를 남겼습니다. 덕분에 우리는 그가 가진 많은 재주들에 대해 알고 있습니다. 이 노트는 특이한 점이 있는데 바로 왼쪽에서 오른쪽으로 쓰인 '경자(거꾸로 써 있어서 거울로 비추어야 올바로 된 모습으로 보이는 글자)'로 쓰여졌다는 것입니다. 레오나르도 다빈치는 왼손잡이였기 때문에 오른손잡이인 사람들의 방식으로 글을 쓰면 잉크가 손에 묻게 됩니다. 그는 이런 불편함을 피하기 위해 글자를 거꾸로 썼을 것으로 추측됩니다. 이는 다빈치의 독창적인 면모를 보여주는 증거입니다.

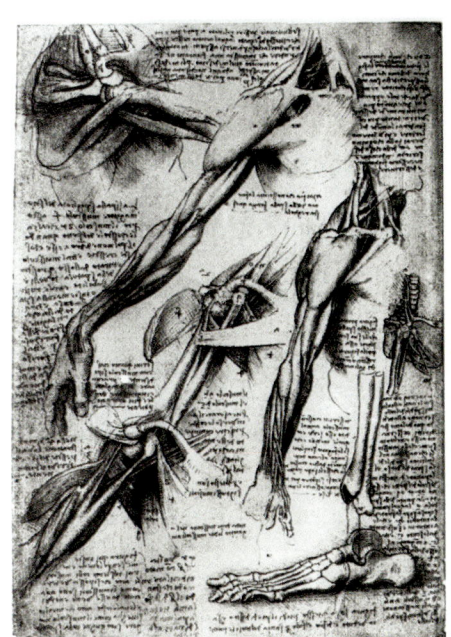

레오나르도 다빈치가 그린 팔다리에 대한 그림은 세계 최초의 해부도였습니다.

섬뜩한 해부학에 매혹되다

레오나르도 다빈치는 인체해부학에 매료되었습니다. 그는 시체를 해부하고 자신이 본 것을 옮겨 그리는 일로 시간을 보냈습니다. 사람들의 의심을 불러오는 이런 무시무시한 활동은 교황에 의해서 금지가 된 일이었습니다. 그러나 다빈치는 해부를 쉽게 그만 두지 않았습니다. 그가 그린 많은 그림들은 글로 인체를 묘사한 것보다 탁월하게 우리의 몸을 묘사해 주었습니다. 그가 남긴 많은 그림은 굉장히 자세하고 정확했습니다.

과학적인 학문 연구의 개척자

레오나르도 다빈치는 과학, 광학, 해부학, 동물학, 식물학, 지리학, 공기역학 등 모든 분야의 학문에 관심이 있었습니다. 그가 개척한 각 분야의 연구 방식은 지금도 유용하게 사용되고 있습니다. 고전이나 고대 인물들의 생각을 그대로 따르는 대신 그는 '새는 어떻게 날 수 있을까'와 같은 간단한 질문을 던지는 등 자연을 관찰하는 혁명적인 접근 방식을 사용했습니다.

뇌가 바로 나예요

자아를 인식해요

여러분은 거울과 사진을 통해 여러분 자신을 인식할 수 있습니다. 본인이 느끼는 자신에 대한 이미지는 여러분의 성격과 다른 사람이 여러분을 어떻게 볼지에 대한 생각이 함께 포함된 것입니다. 이런 자아 인식은 스스로를 깨닫고 다른 사람들과 어떻게 관계를 맺어야 하는지 생각하게 만듭니다. 이것이 바로 자아의식이지요.

내 안의 나
우리는 대부분 우리의 성격을 만드는 내면의 자아가 있다고 믿습니다. 이런 생각은 생물학에 기반한 것이 아니기 때문에 대부분의 과학자들은 이것을 환상이라고 하지요. 이런 생각은 많은 사람들이 죽은 후의 삶을 생각하게 하는 영혼의 기반이 되는 생각입니다.

이게 바로 나야~!
거울 앞에 고양이를 두면 고양이는 움직이거나 반응하지 않습니다. 새들 역시 스스로를 인식하지 못하고 자신의 경쟁자로 여겨 쫓아내려고 합니다. 아기들도 마찬가지입니다. 하지만 18개월 정도 지나면 아기들은 자신이 누구를 보고 있는지를 인식하게 됩니다.

자부심
우리는 무언가가 되고 싶은 꿈들이 있습니다. 만일 우리 스스로 그 이상에 도달하지 못했다고 생각이 되면 자부심이 줄어듭니다. 그리고 종종 그 이상향이 현실적이지 않다고 느끼기도 하지요. 하지만 자신에 대한 판단이 부정확할 때도 있으며 실제로는 우리가 생각한 것보다 더 이상향에 가까워져 있을지도 모릅니다.

두뇌의 활성화와 자아 인식

뇌가 활성화된 모습을 기계를 사용해서 보면 옆의 그림에서 보듯이 높은 활성을 나타내는 곳이 빨갛게 보입니다. 인지 작용이 일어날 때 활성화는 한곳에서만 일어나는 것이 아닙니다. 자아인식에 관련된 감각을 잃어버렸지만, 다른 기능들은 모두 괜찮은 사람은 없습니다. 자아를 인식하는 부분이 기억력과 사고력을 담당하는 부분인 대뇌피질과 관계가 있기 때문입니다.

"어떤 사람들은 스스로 한 개 이상의 자아를 갖고 있다고 생각하며 괴로워합니다. 이런 사람들을 조사해 보면 평균적으로 13개의 서로 다른 자아를 갖고 있다고 믿지요"

"정말 예쁘다! 친구들과의 만남이 기대되는군."

자아상

스스로가 인식하는 자아는 여러분의 개인적인 경험과 외모, 그리고 다른 사람이 당신을 어떻게 보는지에 따라 만들어집니다. 여러분은 긍정적인 자아상을 갖고 있겠지만, 어떤 사람들은 자신의 이미지를 일그러뜨리는 부정적인 자아상을 갖고 있기도 합니다. 예를 들어 부끄러움이 많은 사람이라면 다른 사람들이 항상 자신을 판단하고 있다고 생각하지요.

자의식

어느 누구도 자의식이 정확히 무엇인지는 모르지만 우리 모두 자의식을 갖고 있습니다. 자의식은 스스로의 존재와 사고의 과정에 대해 깨닫는 것이라고 설명할 수 있습니다. 즉, 자의식이란 자신의 정체성이며, 생각하고, 계획하고, 자신의 생각과 계획을 분석하는 능력을 의미하지요.

다양한 성격들

사람들은 같은 일을 경험해도 각기 다른 방법으로 영향을 받습니다. 예를 들어 미진이는 파티를 싫어하지만 친구 다영이는 파티를 좋아합니다. 둘은 다른 성격을 갖고 있습니다. 하지만 이것으로 이 두 명이 다른 상황에 어떻게 반응할지를 예측할 수는 없습니다. 미진이는 새로운 것을 잘 수용하지만 다영이는 그렇지 않을 수도 있지요. 우리는 다양한 성격적 특색을 갖고 있습니다.

"고대 그리스인들은 다혈질, 점액질, 우울질, 담즙질의 4가지 기본적인 성격 유형이 존재한다고 생각했어요."

유전자
여러분의 성격 중 일부는 부모님께 물려받습니다. 부모님 모두 재미있고 사랑 가득한 분들이라면 여러분도 그렇게 될 가능성이 높지요. 하지만 성격은 여러 가지 다양한 방법으로 표출되기 때문에 무조건 유전자만으로 간단하게 결정되지는 않습니다.

함께 어울리기
어떤 사람은 수줍음이 많고 특별한 친구 몇 명만 가지고 있습니다. 어떤 사람은 좀 더 사교적이며 여러 사람들과 잘 어울리지요. 다른 성격을 가진 사람들의 생각을 열린 마음으로 받아들이는 것은 감성적으로나 지적으로 여러분이 발달하는 것을 도와줍니다.

다양한 개성
서양에서는 사람들 각자의 개성을 쉽게 인정해 줍니다. 그러나 어떤 문화권에서는 그렇지 못하기도 합니다. 우리는 옷을 입는 방법이나 행동하는 방법을 통해 우리의 개성을 잘 드러낼 수 있습니다. 이와 더불어 스스로에 대해서 자부심을 느낌과 동시에 사회를 구성하는 한 명의 개인으로 책임감을 가져야 합니다.

본성과 양육
여러분이 경험한 것은 성격 형성에 큰 영향을 줍니다. 만일 여러분의 가장 친한 친구가 교통사고를 당한다면 여러분은 큰 영향을 받을 것입니다. 그러나 쌍둥이의 경우 개인적인 경험에 의해 서로 다른 방법으로 영향을 받을지라도 그들은 종종 새로운 경험에 대해 비슷한 방식으로 대처할 것입니다.

5가지로 구분한 성격

대부분의 심리학자들은 성격을 5가지로 나눕니다. 이렇게 만들어진 여러 가지 조합들이 다양한 성격으로 나타나게 됩니다.

 ←— **정서안정성** —→

걱정이 많고 불안정하며 자괴감에 잘 빠진다.

평온하고 안정적이며 자기만족적이다.

 ←— **외향성** —→

사교적이며 유쾌하며 애정이 많다.

수줍어하며 진지하고 낯을 가린다.

  ←— **개방성** —→

상상력이 풍부하고 독립적이며 다양성을 추구한다.

현실적이며 관례에 따르는 것을 좋아한다.

 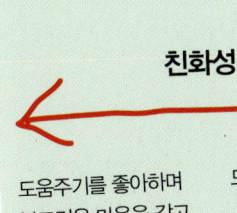 ←— **친화성** —→

도움주기를 좋아하며 부드러운 마음을 갖고 상대방을 신뢰한다.

도움을 주지 않으며 무자비하며 의심이 많다.

성격을 아는 간단한 방법

사람들은 종종 간단한 방법으로 성격을 정의합니다. 한 가지 흔한 방법은 A타입의 사람은 위의 그림에서 보이는 여자아이처럼 활동적이며 고집이 세다고 합니다. 그리고 B타입의 사람은 좀 더 차분하다고 합니다. 하지만 이렇게 간단한 방법으로는 모든 성격들을 나타낼 수 없습니다.

 ←— **성실성** —→

계획적이고 사려 깊으며 자기 수행을 할 줄 안다.

계획적이지 않으며 부주의하고 의지가 약하다.

재미있는 두뇌 게임

당신은 어떤 성격을 가졌나요?

한 사람의 감정, 습관, 특징들이 모여서 그 사람만의 성격을 형성합니다. 그렇다면 여러분은 자신에 대해 더 잘 알 수 있을까요? 아래의 성격 테스트를 통해 알아봅시다.

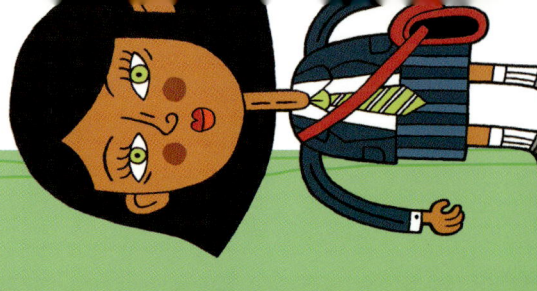

당신의 성격은?

각자의 질문에 '예', '아니오', '모름'으로 대답하세요. 정해진 정답과 오답은 없습니다. 여러분이 생각하기에 가장 여러분다운 것을 답으로 신택하면 됩니다. 그리고 아래의 지시사항에 따라 여러분의 점수를 계산하고 결과를 읽어 보세요.

1. 위험한 행동을 하는 것을 좋아하나요?
2. 무언가가 싫을 때, 싫다고 말하는 것을 꺼려하나요?
3. 전화로 길게 통화하는 것을 좋아하나요?
4. 다른 사람들의 생일을 잘 기억하는 편인가요?
5. 한두 명의 친한 친구보다 큰 무리에서 어울리기를 좋아하나요?
6. 다른 사람들의 비판에 민감하게 반응 하나요?
7. 흥미를 쉽게 잃어버리고 새로운 것을 계속 시도하는 편인가요?
8. 새로운 사람을 만나는 것을 좋아하나요?
9. 숙제를 보통 제 시간에 하는 편인가요?
10. 어떤 사람이 불쾌해할 때 그 사람에게 미안함을 느끼나요?
11. 평소에 외부의 압박에도 차분함을 유지하는 편인가요?
12. 다른 사람이 여러분을 화나게 했을 때, 용서하고 잊어버리는 편인가요?
13. 다른 사람이 볼 때, 여러분은 부끄러움을 잘 타는 사람인가요?
14. 주말에 무엇을 할지 계획을 자주 세우나요?
15. 여러분의 방은 단정하게 정리가 잘 되어 있나요?
16. 다른 사람과 다투는 일이 드문가요?
17. 익숙하지 않은 장소들을 다사하기를 좋아하나요?
18. 다른 사람이 여러분을 어떻게 생각하는지 신경을 쓰나요?
19. 세탁 동그와 같은 자신 일을 하자고 먼저 말해 본 적이 있나요?
20. 자신이 반항적이라 생각하나요?
21. 무슨 일을 할 때 능력을 최대한 발휘하나요?
22. 번지점프, 스카이다이빙 또는 래프팅을 시도해 본 적이 있나요?
23. 작은 것에도 쉽게 화를 내는 편인가요?
24. 음악이나 패션 취향이 자주 바뀌는 편인가요?
25. 사람을 쉽게 만나요?
26. 예술적이고 창의적인 취미를 즐기는 편인가요?
27. 만약 다른 사람과 의견이 다를 때 본인의 의견을 주장할 수 있나요?
28. 느긋하고 근심 걱정이 없는 편인가요?
29. 책을 한 번 읽기 시작하면 보통 끝까지 다 읽나요?
30. 쉽게 불안해하나요?

매리 애닝

18세기의 마지막 해에 영국에서 태어난 매리 애닝은 혼자 공부하여 지질학의 선구자가 된 사람입니다. 그녀는 멸종된 동물의 화석을 찾는 데 천재적인 재능을 보였고, 유럽의 저명한 과학자들에게 지질학 전문가로 인정받았습니다. 당시는 여성이 학문을 하는 것을 금지하는 시대였음에도 불구하고, 그녀는 뛰어난 능력으로 업적을 남길 수 있었습니다.

암모나이트는 쥐라기 해안에서 가장 흔하게 발견할 수 있는 화석으로, 앵무조개의 조상입니다.

쥐라기 해안

매리 애닝은 영국 남부에 있는 라임레지스의 쥐라기 해안에 살았습니다. '쥐라기 해안'이라는 이름은 그 지역 절벽에서 공룡이 살던 쥐라기 시대의 화석들이 발견되어서 붙여진 이름입니다. 19세기 초의 사람들은 화석을 잘 이해하지 못했지만, 영국 박물학자들은 이 지역을 방문해 많이 연구했습니다. 만약 화석을 직접 발굴하는 것이 어려운 경우에는 매리와 같은 화석 수집가를 통해서 구할 수 있었습니다.

이 그림은 바다 건너 보이는 라임레지스와 차마우스 해변의 광경입니다. 매리 애닝은 이곳에서 중요한 화석들을 발견했습니다.

화석 사냥꾼

매리 애닝의 아버지는 가구를 만들며, 화석을 수집하는 일을 했고, 종종 해변으로 자녀들도 데리고 나갔습니다. 그는 이렇게 발견한 화석들을 가게 앞에서 부자들에게 팔았습니다. 애닝의 아버지는 애닝이 11살일 때 세상을 떠났고, 가족은 수입이 끊기게 되었습니다. 애닝의 어머니는 남편의 일을 이어받아 화석을 계속 판매했고, 애닝과 그녀의 오빠는 화석을 찾으러 다녀야 했습니다. 이렇게 해서 매리는 화석을 찾고 감정하는 전문가가 되었고, 20살이 될 무렵에는 화석 사업을 혼자 운영하기에 이르렀습니다.

> "1800년에 한 살배기 매리 애닝은 번개를 맞고도 살아남았답니다. 사람들은 그녀가 이 사건으로 인해 총명하고 관찰력이 뛰어나게 되었다고 믿었지요."

수중 파충류

애닝은 1811년 대발견을 했습니다. 먼저 애닝의 오빠가 악어의 머리라고 생각한 화석을 발견했고, 1년에 걸쳐 이 어룡의 전신 화석을 세계 최초로 발굴하게 되었습니다. 어룡은 물속에 사는 파충류로 오늘날의 돌고래와 비슷하게 생겼습니다. 그녀는 이 화석을 그 지역에 사는 부자에게 팔고, 이 부자는 다시 런던 박물관에 팔았습니다. 당시 그녀는 겨우 12살이었습니다.

생체 시계

여러분의 뇌에는 생체 시계가 있습니다. 생체 시계는 낮 시간엔 깰어 있에 따라 달라집니다. 우리 몸속에 흐르모들이 언제 분비되어야 하는지도 알려 주지요. 우리는 각자의 생체 리듬에 맞춰진 시계를 갖고 있습니다. 예를 들어 잠을 늦게까지 자는 사람과 일찍 일어나는 사람은 생체 시계가 다르지요. 여러분은 어떤 사람입니까?

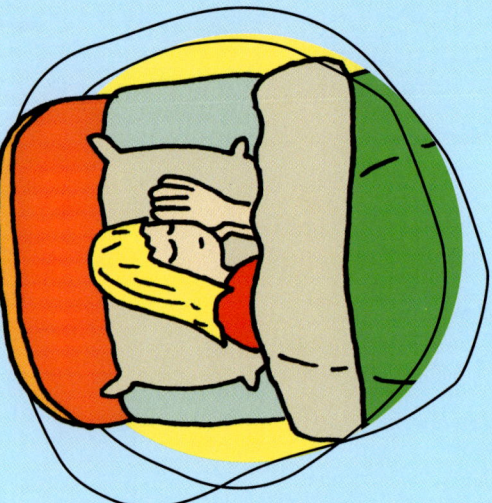

★ 다음 질문에 답하고 189쪽으로 가서 당신이 올빼미형인지 일찍 일어나는 유형인지 확인해 봅시다.

1. 금요일 저녁입니다. 당신은 토요일 아침에 학교를 가지 않습니다. 그러면 몇 시에 자러가나요?
A. 저녁 8-9시
B. 저녁 9-10시
C. 저녁 10-11시
D. 저녁 11시 이후

2. 토요일 아침, 당신은 몇 시에 일어나나요?
A. 아침 9시 이전
B. 아침 9-10시
C. 아침 10-11시
D. 아침 11시 이후

3. 당신은 잠드는 데 시간이 어느 정도 걸리나요?
A. 보통 10분 미만
B. 10-20분 사이
C. 20-30분 사이
D. 30분 이상

4. 아침에 알람이 울립니다. 당신의 모습은?
A. 활기찬 하루를 준비하기 위해 침대에서 벌써 나간다.
B. 알람을 끄고 침대에서 천천히 흐느적거리며 일어난다.
C. 정지 버튼을 누르거나 깊은 잠을 잔다.
D. 알람을 끄고 다시 깊은 잠을 잔다.

5. 하루 중 언제 가장 활력이 넘치나요?
A. 아침
B. 오후
C. 저녁
D. 밤

6. 아침 식사 시간입니다. 얼마만큼 배가 고픈가요?
A. 몹시 배가 고프다. 적으도 셋어 먹을 만큼!
B. 조금 배가 고프다.
C. 별로. 하지만 하루를 시작하기 위해 무엇이든 먹는 것이 중요하다고 생각한다.
D. 음... 꼭두새벽부터 무슨 밥이야!

"먼저 여러분이 먼 해보고 느끼가 다른다면 시간으로도 충분히 잠을 꿀 것입니다. 물러 여러분이 올빼미형의 경우 잠을 깨기 어려워서 있어야 할 시간에 자기가도 인정한 것이고, 자야 할 시간에 깨어 있기도 인정한 터지요. 심지어 여러분은 아픔 수도 있어요. 이것을 시작라고 해요."

145

남자의 뇌 vs 여자의 뇌!

남자의 뇌? 여자의 뇌?

다음 질문에 답해 보고 189쪽으로 가서 여러분의 뇌가 남성 유형인지 여성 유형인지 알아보도록 합시다.

1. 친구가 화났을 때, 당신도 화가 나나요?
2. 자고 자신과 친구보다 큰 집을 갖고 싶어지나요?
3. 친구들이 말한 당신의 친구의 몸짓 언어에 집중하나요?
4. 당신은 TV와 컴퓨터 게임에 관한 이야기보다 당신이 아는 사람에 대한 이야기하길 때 더 즐거운가요?
5. 당신은 지도와 도표보다 글로 쓰인 것을 더 잘 이해하나요?

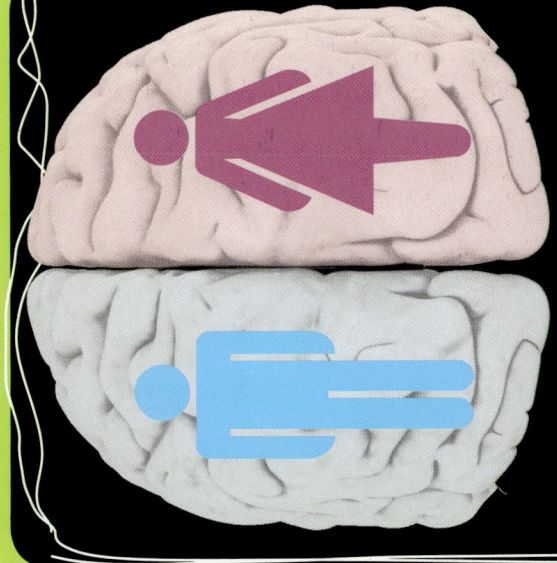

우리들은 모두 다른 방식으로 행동합니다. 그렇게 행동하는 중요한 원인 중 하나는 우리의 뇌입니다. 어떤 심리학자들은 뇌에는 두 가지 종류가 있다고 믿습니다. 하나는 남자의 뇌이고 다른 하나는 여자의 뇌입니다. 어떤 사람은 잠을 자고 싶어하고, 어떤 사람은 여전히 기운이 차 쌩쌩한 모습을 본 적이 있나요? 왜 그런 것일까요? 아래의 문제들을 통해서 뇌가 여러분의 행동에 어떤 영향을 미치는지 확인해 보도록 합시다.

손가락을 살펴보세요

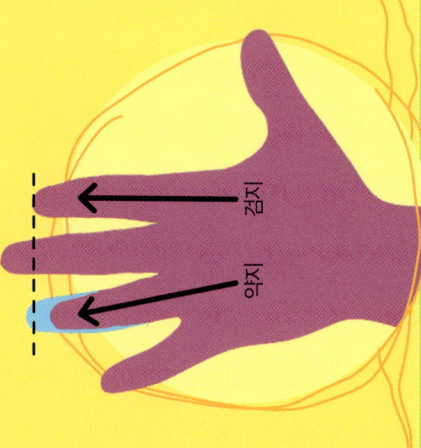

테스토스테론은 남성 호르몬(몸의 변화를 일으키는 몸에서 분비되는 화학 물질)입니다. 하지만, 테스토스테론은 여성의 몸속에도 존재합니다. 만약 여러분이 태아일 때부터 높은 테스토스테론 수치를 가지고 있다면, 당신의 약지는 보통 검지보다 길 것입니다. 그리고 당신은 남성적인 뇌를 가졌을 가능성이 높습니다.

자전거를 그려 봅시다

남성적인 뇌를 가진 사람들은 여성적인 뇌를 가진 사람보다 작고 세심한 부분들을 더 잘 알아차립니다. 이것을 증명하는 좋은 방법은 남자와 여자에게 30초 동안 자전거를 보고 모습을 기억해서 그려 보라고 하는 것입니다. 남성적인 뇌를 가진 사람은 뼈대와 안장을 포함한 실제 자전거와 가깝게 그림을 그리는 경향이 있습니다. 반면에 여성적인 뇌를 가진 사람은 자전거로서 역할을 할 수 없는 무언가를 그립니다.

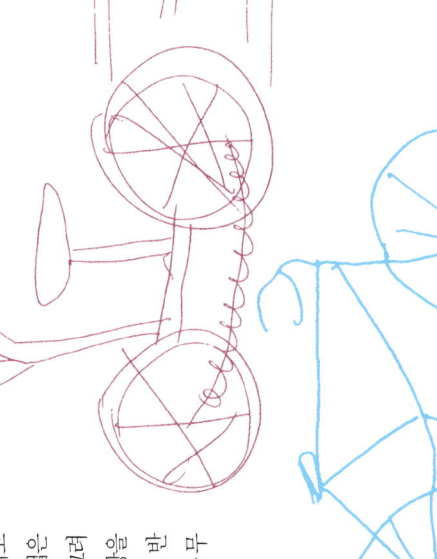

144

성격 유형

개방성
만약 점수가 높으면 여러분은 새로운 것을 경험하길 좋아하고 변화를 잘 받아들일 것입니다. 그리고 충동적으로 결정하여 대화하기를 좋아합니다. 당신은 아마도 (얇이는 싫지만) 두루두루 하는 여러 가지 취미를 가지고 있을 것입니다. 만약 당신의 점수가 낮다면 당신은 아마도 익숙한 환경과 일상적인 것을 좋아할 것입니다. 당신은 아마 열중하고 있는 한 가지 취미를 가지고 있을지도 모릅니다.

성실성
여기서 높은 점수를 얻은 당신은 현명하고 신뢰성 있고 열심히 일하는 사람입니다. 성실한 사람들은 그들이 하는 모든 일에 최선을 다하지요. 그리고 아주 꼼꼼하고 정돈을 잘합니다. 또한 조금 까다로울 수도 있습니다. 만약 점수가 낮다면 당신은 정리정돈을 못하는 편일 겁니다.

외향성
외향적인 사람들은 다른 사람과 말하는 것을 좋아하고 자부심이 강합니다. 흥미와 재미를 추구하지요. 그리고 위험한 것, 스릴을 추구하는 사람인 경우가 주중종 있어요. 내향적인 사람은 큰 그룹의 일원이 되기 보다는 한두 명의 친한 친구와 친해지기를 좋아합니다. 내향적인 사람은 두 명 정도의 친한 친구와 친해지기를 좋아합니다. 내향적인 사람은 자주 부끄러움을 탈 수도 있습니다.

친화성
여기서 높은 점수를 얻은 당신은 사람들과 쉽게 어울리고 매우 활동적입니다. 만약 당신의 점수가 낮다면, 아마도 논쟁을 좋아하거나 너무 나서는 성격일지도 모릅니다. 대부분 사람들은 나이가 들면서 점점 진화적인 성격을 가지게 됩니다.

정서 안정성
여기서 높은 점수를 얻은 당신은 감정적으로 안정됩니다. 당신은 다른 사람보다 더 쉽게 작정을 하지요.

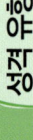 모든 사람은 5가지 성격 유형을 조금씩 가지고 있습니다. 하지만 정도의 차이는 있습니다. 당신은 개방적이면서 신경질적일 수도 있고, 성실하면서 외향적일 수도 있다.

점수 계산법

개방성
질문 7번, 17번, 20번, 24번, 26번에 '네'라고 대답하면 2점.
질문 14번에 '아니요'라고 대답하면 1점.
질문 7번, 14번, 17번, 20번, 24번, 26번에 '모름'이라고 대답하면 1점.

성실성
질문 4번, 9번, 15번, 19번, 21번, 29번에 '예'라고 대답하면 2점.
질문 6번, 11번, 18번, 23번, 28번, 30번에 '아니오'라고 대답하면 1점.
질문 6번, 11번, 18번, 23번, 28번, 30번에 '모름'이라고 대답하면 1점.

외향성
질문 1번, 3번, 5번, 8번, 22번에 '예'라고 대답하면 2점.
질문 13번에 '아니오'라고 대답하면 1점.
질문 1번, 3번, 5번, 8번, 13번, 22번에 '모름'이라고 대답하면 1점.

친화성
질문 2번, 10번, 12번, 16번, 25번, 27번에 '예'라고 대답하면 2점.
'모름'이라고 대답하면 1점.

정서 안정성
질문 6번, 18번, 23번, 30번에 '예'라고 대답하면 2점.
질문 11번 또는 28번에 '아니오'라고 대답하면 1점.

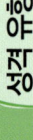 각각의 성격 특성별로 점수를 구하세요.
3점 이하 = 낮음, 4~8점 = 중간, 9점 이상 = 높음
이제 각각의 성격 특성을 보세요.

애닝 같은 사람들의 발견으로 당시 사람들은 어룡과 수장룡의 모습을 위의 그림과 같이 상상할 수 있게 되었습니다.

바다 용

돈이 많았던 수집가 토마스 버츠는 애닝의 발견에 감명을 받아 1820년에 자신의 모든 수집품을 팔아 그 돈으로 매리 애닝을 후원합니다. 이 자금으로 애닝은 사업을 시작하게 되고, 1823년에는 현재 수장룡이라고 불리는 긴 목을 가진 바다 용의 화석을 발견하는 등 엄청난 발견들을 하게 되지요.

라임레지스의 해변에서 자신의 탐사용 망치를 들고 강아지와 함께 있는 매리 애닝의 모습.

유명한 전문가

애닝은 정식 교육을 제대로 받지는 못했지만, 스스로 해부학과 지질학을 공부했습니다. 그녀는 어린 나이에 헨리 드 라 베슈와 절친한 친구가 되었고, 이 사람은 훗날 런던 지질학회의 회장이 됩니다. 그녀는 편지나 만남을 통해 많은 저명한 과학자들과 알게 되고, 1820년대 중반에는 모든 종류의 화석에 대한 전문가로 인정받게 되었습니다. 그럼에도 그녀는 라임레지스를 거의 벗어나지 않고 계속 그곳에서 살았습니다. 그녀는 당시 과학의 중심지였던 런던에도 딱 한 번만 방문했다고 합니다.

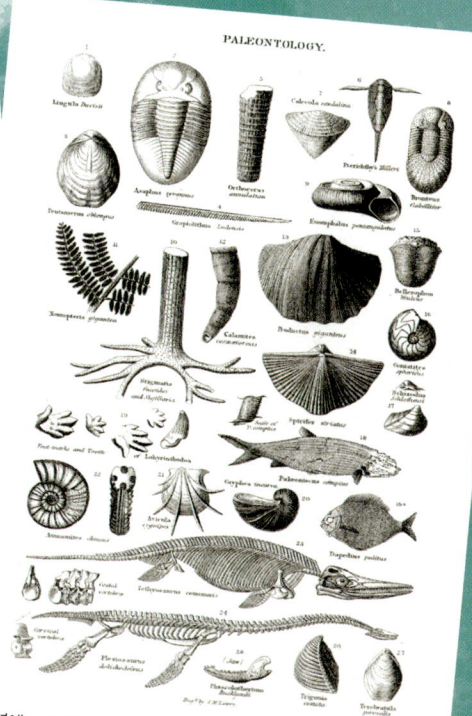

1860년에 그려진 이 삽화에는 어룡과 수장룡의 모습이 그려져 있습니다. 아마도 매리 애닝이 발견한 화석을 기반으로 그렸을 것입니다.

지질학의 선구자

매리 애닝이 화석을 수집하던 시기에, 대부분의 과학자들은 지구와 생물이 6천 년 전에 6일 간에 걸쳐 만들어졌다고 믿고 있었습니다. 찰스 다윈의 『종의 기원』도 애닝이 죽은 뒤 12년이 지난 1847년이 되어서야 출판되었습니다.

그녀가 발견한 멸종된 생물의 화석은 당시 지질학에서 가장 중요한 발견이었고, 그 발견에 대한 그녀의 생각은 과학자들이 생명의 역사를 다른 방법으로 설명하도록 이끌었습니다.

1824년 누군가 그녀에 대해서 다음과 같은 말을 했습니다. "이 나라에 그녀보다 과학을 잘 이해하는 사람은 아무도 없다는 사실을 모두 인정해야 한다."

무의식

여러분 삶의 일부분은 뇌에서 의식을 담당하는 부분의 영향을 받습니다. 그러나 행동의 많은 부분은 의식을 하기 이전까지는 무의식적으로 이루어집니다. 여기에는 우리의 오래된 조상들로부터 전해 내려오는 원시적인 본능과 지각 능력, 기억력들도 포함됩니다. 때때로 무의식은 생각지도 못한 방법으로 여러분의 성격과 결정에도 영향을 미칩니다.

"정신적인 문제의 일부분은 무의식적인 원인을 가지고 있습니다. 만약 여러분이 그 원인을 알게 된다면 그 문제는 사라질 겁니다."

냄새와 무의식

향기는 무의식적인 기억의 강한 자극원입니다. 예를 들어서 풀 냄새는 시골에 놀러갔던 어느 날을 기억나게 만듭니다. 냄새가 행동에 영향을 줄 수 있다는 것은 한 연구에 의해서 입증되었습니다. 세제 냄새가 나는 방에서 식사를 한 사람들은 냄새가 나지 않는 방에서 식사를 한 사람들보다 식사 후에 청소를 하기가 더 쉽다고 합니다.

칼 융

스위스의 심리학자 칼 융은 조상으로부터 물려받은 기억의 뭉치로서 집단적인 무의식에 대해 믿었습니다. 그는 이 개념을 통해 문화의 일부분인 귀신 이야기, 미신, 우화 등을 설명할 수 있다고 생각했습니다. 그러나 1961년 그가 죽은 뒤 융의 가설은 다른 개념에 의해서 대체되었습니다.

플라시보 효과

무의식적인 마음은 건강에 큰 영향을 줄 수 있습니다. 어떤 사람들은 몸과 마음의 병으로 인해 고통받기도 합니다. 이 질병은 스트레스와 같은 정신적인 문제로 생기는 질병이지요. 그런데 이러한 질병에 걸린 환자는 그들이 치료될 수 있을 것이라는 믿음을 주는 약을 먹은 이후에 회복이 됩니다. 비록 그 약에 치료시키는 활성 성분이 없다 하더라도 말이지요. 이것을 플라시보 효과라고 합니다.

"여러분의 무의식은 통제하기 어렵지만 생존을 위해서 매우 중요하지요."

본능
무의식적인 정신 활동의 대부분은 본능에 의해 생기는 것처럼 보입니다. 탐욕과 같은 무의식적인 충동이 일어난 인간의 뇌를 촬영해 보면 다른 동물들도 가지고 있는 뇌의 부위(변연계)가 활성화된 모습을 볼 수 있습니다. 이 부분은 식욕과 같은 기본적인 본능을 통제하는 기능을 합니다.

무의식을 이용한 광고
어떤 광고들은 인간의 무의식을 이용하기도 합니다. 어떤 특정한 메시지, 노래, 광고 문안을 보면 어떤 물건을 떠올리게끔 말이에요. 예를 들어서 아이스크림 위우기 쉬운 노래를 함께 사용합니다. 왜냐하면 여러분들이 그 노래를 들을 때마다 아이스크림이 떠올라서 사도록 만들기 위해서지요.

"강한 감정을 통제하는 뇌의 부분은 이십대에 이르러 성숙해집니다."

의식적인 통제
무의식적인 정신 활동을 실험할 때, 우리는 피실험자에게 절대로 그 실험에 대해 이야기해 주지 않습니다. 왜냐하면 실험 내용에 대해 알려 주게 되면 피실험자들의 의식이 그들의 반응을 통제하기 때문입니다. '문명화'라고 불리는 이런 의식적인 통제는 무의식적인 충동을 자제하도록 만듭니다. 만일 우리가 본능을 통제하지 못한다면 우리 사회는 붕괴될 거예요.

꿈과 꿈꾸기

우리는 종종 꿈에서 이상한 경험을 합니다. 비록 우리가 잘 기억하지 못한다 할지라도 항상 꿈을 꿉니다. 꿈은 매우 이상하며 비논리적입니다. 꿈에서는 우리가 깨어 있을 때 일상에서 마주치게 되는 사람들과 일이 나타나기도 합니다. 과학자들은 여전히 꿈이 의미와 왜 꿈을 꾸는지에 대해 알기 위해 노력하고 있습니다.

머릿속을 정리하는 작업

대부분의 과학자는 꿈이 뇌가 하는 정리 활동의 일부분이라는 것에 동의하고 있습니다. 여러분이 잠을 잘 때 여러분이 모든 낮 동안에 일어난 사건을 정리합니다. 그리고 이들 장기 기억으로 만들어집니다. 이러한 과정에서 어느 다른 기억을 잊으시고, 이들 열어 꿈으로 만듭니다.

몽유병

어떤 사람은 수면 장애로 고통스러워합니다. 그리고 몽유병도 꿈에 동반되는 것은 아닙니다. 청소와 같은 것을 하기도 합니다. 주로 그들은 자신이 한 일을 기억하지 못합니다. 몽유병은 꿈에 의한 형태가 아닙니다. 왜냐하면 수면파는 다른 구간의 꿈에 일어나기 때문이지요.

예언하는 꿈

어떤 사람들은 꿈이 미래를 예언한다고 생각합니다. 사실 많은 꿈은 우리의 걱정을 반영합니다. 그리고 이것은 설제 사건으로 일어나기도 합니다. 만약 여러분이 선생님에게 자주 혼나는 것을 걱정한다면 여러분도 그것에 관한 꿈을 자주 꿀 겁니다. 그런데 만약 당신의 선생님이 다음날 꿈을 꾸지 못합니다. 그런데 꿈보다면 꿈이 당신의 꿈이 되는 것입니다.

지그문트 프로이트

세상에서 가장 유명한 심리학자 중 한 명인 지그문트 프로이트는 꿈이 상징적인 형태로 무의식의 중요한 욕망을 표현한다고 생각했습니다. 그는 꿈을 분석하는 것으로써 정신적인 문제를 가지고 있는 사람의 치료 중으로 사용했습니다. 그리고 이런 정신분석(꿈에 의한 치료를 사랑으로 인정을 받아) 1800년대 들을 시작했습니다. 심리학자 한 가정으로 발전해 나갑니다.

감정을 느껴요

우리는 기쁨과 두려움과 같은 강한 감정을 느낍니다. 이런 감정은 우리의 뇌 속 깊은 곳에서 생기는 것처럼 보입니다. 원시적인 생존 본능과 관련된 가장 기본적인 감정이기 때문입니다. 이보다 더욱 복잡한 감정은 진화의 역사를 살펴볼 때, 최근에 이르러서야 생겼다고 볼 수 있습니다. 감정을 조절하며 체계적으로 사용하는 능력을 우리는 감성 지능이라고 부릅니다.

감정과 분위기

감정은 강한 정신적·신체적인 경험입니다. 영화를 보고 있는 위의 남자는 너무 즐겁습니다. 그는 황홀한 감정을 느끼며 미소를 멈추지 않습니다. 그러나 이 강한 감정은 오래 지속되지 않을 것입니다. 이 행복은 오래 지속되지 않으며 차분한 감정으로 바뀔 것 입니다.

"대부분의 경우 여자는 남자보다 더 감정적입니다. 남자는 종종 감정을 감추도록 학습당하기 때문이지요."

보편적인 감정

인간에게는 뇌의 깊은 곳에서 만들어지며 의식적인 통제의 영역을 넘어서는 6개의 보편적인 감정이 있습니다. 여러분이 누구든지 간에 6개의 감정들은 자동적인 반응으로 여러분의 얼굴에 표현됩니다. 위에 보이는 여섯 사람들 중 앞의 3명은 왼쪽에서부터 두려움, 화남, 놀람이라는 감정을 나타내고, 다음 줄의 3명은 기쁨, 불쾌함, 혐오스러움의 감정을 나타냅니다.

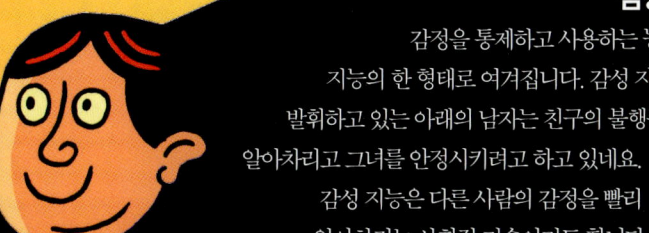

감성 지능

감정을 통제하고 사용하는 능력도 지능의 한 형태로 여겨집니다. 감성 지능을 발휘하고 있는 아래의 남자는 친구의 불행을 알아차리고 그녀를 안정시키려고 하고 있네요. 감성 지능은 다른 사람의 감정을 빨리 알아차리는 사회적 기술이기도 합니다.

감정의 통제

우리가 성장함에 따라 의식의 통제를 담당하는 뇌 부위도 함께 성장합니다. 그래서 우리는 우리의 감정을 통제하고 조절하는 방법을 배우게 되지요. 오른쪽 밑에 있는 남자는 옆의 친구가 팝콘을 우적우적 먹고 있는 것 때문에 짜증이 났습니다. 하지만 화를 내지 않으려고 스스로 감정을 조절하고 있네요.

> "울고난 뒤에 기분이 나아지는 이유는 눈물이 여러분을 우울하게 만드는 화학 물질을 자연스럽게 씻어버리기 때문일지도 모릅니다."

복잡한 감정

우리는 6개의 보편적인 감정뿐만 아니라 죄의식, 짜증, 놀람, 교만, 시기, 그리고 사랑과 같은 30가지의 복잡한 감정을 경험합니다. 다양한 감정은 인간 사회의 복잡성과 관련이 있습니다. 사랑 같은 감정은 통제하기 어려운 것처럼 보인다 해도 사실 많은 생각을 동반하는 덜 자동적인 감정이지요.

울음

지금까지 알려진 바로는 인간만이 유일하게 울 수 있다고 합니다. 고통으로 인한 울음은 눈물을 나오게 만드는데, 이로 인해 다른 감정과는 구별되는 표정을 만들어 냅니다. 물론 기쁨으로 흘리는 눈물도 있습니다. 주로 성숙한 어른들에게서 볼 수 있지요. 이것은 고통과 기쁨이 함께 연결되어 있음을 보여줍니다.

마하트마 간디

우리들은 천재와 정치는 상관이 없다고 생각합니다. 그러나 어떤 정치적 인물들은 새로운 방식으로 문제를 보는 재능을 가지고 있고, 그 능력으로 역사를 바꾸기도 합니다. 그런 능력을 가진 사람 중 가장 유명한 사람이 바로 인도의 독립운동을 이끈 마하트마 간디입니다. 그는 권력에 대한 비폭력 불복종 저항을 시작하였고, 이 저항은 널리 퍼져 전 세계 서민층의 권리와 자유를 보장하려는 운동으로 번져 나갔습니다.

불쾌한 사실의 깨달음

1869년 인도의 구자라트에서 태어난 마하트마 간디는 변호사가 되기 위해 공부를 하였습니다. 1893년 그는 남아프리카에서 12개월 동안 일할 기회가 있었는데, 어느 날 일등석 자리를 양보하지 않았다는 이유로 열차에서 쫓겨나면서 그는 인종차별의 서러움을 느낄 수 있었습니다. 그날 이후 간디는 정치운동가가 되어 남아프리카에 머물며 남아프리카에 거주하고 있는 인도인들이 투표권을 얻을 수 있게 도와주었습니다.

간디는 19살 때, 런던 대학교에서 변호사가 되기 위한 수업을 받기 위해 영국으로 건너갔습니다.

"남아프리카에서 간디는 법정에서 터번 착용을 금지당하는 등의 인종차별을 경험합니다."

비폭력 운동

1906년, 남아프리카 정부는 남아프리카에 거주하고 있는 인도인들에게 등록증을 들고 다니도록 강요하였습니다. 간디는 인도인들에게 이 법에 대해 거부하되 폭력은 사용하지 않도록 부탁했습니다. 7년 동안 비폭력 운동을 하며 수천 명이 감옥을 가거나 폭행을 당하고, 때론 총에 맞기도 했지만 간디는 평정심을 잃지 않았습니다. 결국 평화를 반대하는 이들의 가혹한 처분은 정부와 간디의 협상을 이끌어 내게 했고 비폭력 운동은 첫 번째 승리를 거두게 됩니다.

간디는 남아프리카에 머무르는 동안 변호사로 일했습니다. 위 사진은 1903년 그와 함께 일하던 동료들과 찍은 사진입니다.

위대한 영혼

1915년 간디는 영국의 지배를 받고 있던 인도로 돌아왔고 그곳에서 독립투쟁에 가담했습니다. 그는 가난한 서민층에게 강요된 부당한 세금을 반대하는 운동을 벌이고, 이 운동으로 '마하트마' 또는 '위대한 영혼'이라는 이름을 얻게 됩니다. 그는 항상 비폭력 저항을 주장했습니다. 1919년에 영국의 군인들이 무방비 상태의 시민들에게 총을 쏴서 379명 이상의 사망자가 나온 암리차르 학살 사건 때도 비폭력 저항운동을 계속했습니다.

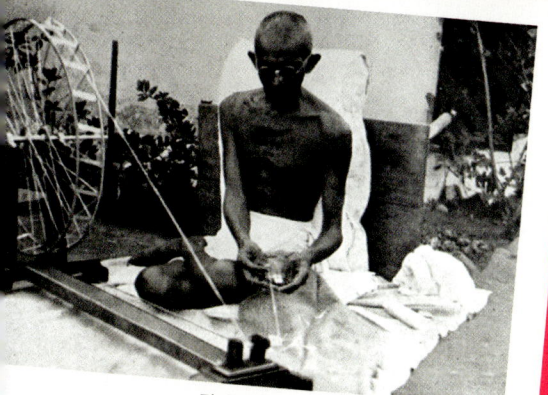

간디는 매일매일 많은 시간을 물레를 돌리며 옷을 직접 만들어 입었으며, 모든 인도 사람들이 자신과 같이 직접 옷을 만들어 입도록 부탁했습니다.

물레를 돌리는 투사

1920년대 간디는 독립운동을 계속 하면서 인도의 신분계급 제도인 카스트 제도에 대해서도 반대 운동을 펼쳤습니다. 그는 매우 검소한 삶을 살았는데, 부유한 사람들이 입는 옷이 아닌 가난한 사람들이 입는 옷을 골라서 입었습니다. 그는 모든 인도 사람들에게 영국에서 수입해온 옷 대신 집에서 직접 짠 무명옷을 입도록 권했습니다.

간디(사진 가운데 지팡이를 들고 있는 사람)는 '소금행진'을 하는 동안 수천 명의 사람들을 이끌고 인도를 돌아다녔습니다.

"1930년 간디는 영국에서 수입되는 소금에 붙는 세금을 반대하며 400킬로미터를 걸어서 바다로 가 직접 소금을 만들어 오는 '소금행진'을 시작했습니다."

그가 남긴 위대한 유산

현대 사회의 모든 비폭력을 주장하는 사람들은 간디로부터 영향을 받았습니다. 간디는 시민들의 권리를 주장했던 마틴 루서 킹과 넬슨 만델라 같은 운동가에게 많은 영향을 주었습니다. 현재 미국 대통령인 버락 오바마는 "나는 항상 마하트마 간디를 통해 영감을 얻었다. 왜냐하면 그는 평범한 사람들이 모여 굉장한 일을 할 때 만들어지는 변화를 직접 보여주었기 때문이다."라고 말했습니다.

이유 있는 희생

1940년대 초 간디는 영국에게 인도를 떠나달라고 부탁했습니다. 독립운동을 하는 동안, 수천만 명의 사람들이 경찰들의 총에 죽임을 당하거나 부상을 당했고 간디를 포함한 많은 사람들이 잡혀갔습니다. 1947년 인도의 독립은 인정되었지만 이후 인도는 힌두교를 믿는 인도와 이슬람교를 믿는 파키스탄으로 나뉘게 됩니다. 1948년 인도의 분단을 반대하던 간디는 힌두교의 급진파에 의해 암살당합니다. 많은 사람들은 그의 죽음을 애도하였고 100만 명에 가까운 사람들이 그의 장례식에 참석했습니다.

공포심

공포를 느끼는 순서
공포를 느끼게 되면, 감각 정보가 만들어져 뇌 시상에서 편도체라는 뇌의 한 부분으로 신경 신호를 보냅니다. 이 신경 신호는 부신에서 어떤 행동을 취하기 위해 꼭 요한 화학 물질을 만들어 내게 합니다. 동시에 다른 메시지는 뇌의 전두두개골 보내서 위험을 감지하게 합니다.

- 시상: 편도체에 신호를 전달합니다
- 전두두개질
- 편도체: 공포심을 일으킵니다

위험한 상황에 처했을 때 어느 정도의 공포를 느끼는 것은 중요합니다. 예를 들어 우리가 갑자기 크는 두려워하지 않는다면, 차나 트럭에 부딪힐 수 있을 것입 니다. 공포는 순간적으로 주의력을 집중해 낼 수 있게 하여 케로부터 엄리 도 망칠 수 있게 해주고, 담장을 뛰어넘어 도망칠 수 있게 하는 신체적인 반응을 일 어나게 합니다. 그러나 현대 사회에서 우리를 놀라게 하는 많은 상황은 위와 같은 신체적 반응을 필요로 하지 않습니다. 스트레스는 병을 일으킬 수 있기 때문입니다.

젖 먹던 힘까지
공포심이 생기면 부신에서는 아드레날린 같은 화학 물질이 분비되어 혈관을 따라 몸 전체로 흐르게 됩니다. 이 같은 화학 물질들은 신경 신호들과 함께서 호흡 속도를 빠르게 하고 그 속에 더 많은 피를 흐르게 하며 피를 튼튼하게 이식을 너욱 포성하게 만들어 줍니다. 그래서 일시적으로 평소에 가지고 있던 힘보다 더 강한 힘을 가질 수 있게 됩니다.

극복하거나 도망치거나
공포는 분노와도 관계가 있습니다. 두 감정 모두 '극복하려고 하는 용기와 이 순간을 피해 도망치려고 하는 나약함'을 다리기를 하고 있는 감정입니다. 피를 둔하게 쓰을 수 있게 하기도 하지만 선체를 잘 못 쓰게 만들기도 합니다. 어떤 사람은 공포의 반응으로 놀이 난 건물 속에 전히 누군가를 구할 수 있게 만들기도 합니다.

다른 사람의 기분을 읽어요

우리는 우리가 의식하지 못하는 사이에 우리의 감정을 표현합니다. 여러분이 말을 하지 않더라도 눈빛이나 몸짓 따위로 이야기를 한답니다. 이런 비언어적인 표현들은 상당수가 의식의 통제 바깥에 있는 것들입니다. 우리는 어떤 감정들을 숨기기 위해서 시치미를 떼기도 합니다. 그러나 쉽게 성공하지 못하는 경우도 있습니다. 왜냐하면 우리의 감정과 신체 언어는 종종 우리가 말하고자 하는 것과 일치하지 않기 때문입니다.

"우리는 자신의 감정에 솔직한 사람들을 믿으려고 합니다."

"6개의 보편적인 감정을 표현하는 표정은 세상 모든 사람들에게서 똑같이 나타납니다."

얼굴 표정
기쁨, 놀람, 공포, 분노, 걱정, 그리고 불쾌함과 같은 기본적인 얼굴 표정은 쉽게 읽을 수 있습니다. 어떤 감정은 다른 사람에게 전염되기도 하지요. 웃고 있는 누군가를 보고 있으면 자신도 어느새 웃고 있는 것을 알 수 있습니다. 많은 사람들은 의심, 양심의 가책과 자만심 같은 미묘한 감정도 알아차릴 수 있습니다.

눈 마주치기
우리는 상대방의 눈을 통해 감정을 읽기도 합니다. 사실 눈 자체가 감정을 표현하는 것은 아니고, 눈 주변의 근육 모양이 바뀌어 감정이 변한다고 생각하는 것입니다. 이런 변화는 통제할 수 없습니다. 만일 누군가가 계속 눈 마주치기를 피한다면 우리는 그 사람이 감정을 감추고 우리를 속인다고 생각하게 됩니다. 물론 오해일 수도 있지만요.

"진심으로 짓는 미소는 억지로 짓고 있는 웃음과 다릅니다. 왜냐하면 각각의 감정은 각각 다른 부분의 뇌가 담당하고 있기 때문이지요."

거짓말 탐지기

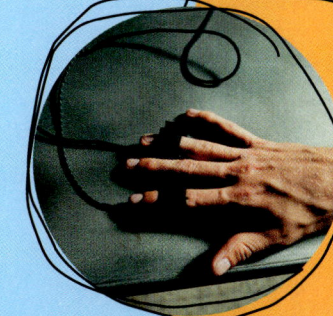

우리는 거짓말을 할 때 어떤 특정한 반응을 보입니다. 심장 박동 수나 호흡 속도가 빨라지거나 땀을 흘리기도 하지요. 이같은 반응들은 전자 거짓말 탐지기에 감지되는데, 거짓말을 정말 잘 하는 사람은 그런 반응을 보이지 않고 평온한 상태로 거짓말 탐지기를 속일 수도 있습니다.

몸짓 언어

기쁨이나 좌절로 인한 슬픔같이 알기 쉬운 감정도 있지만, 대부분의 경우 다른 사람의 감정을 알아내기란 어렵습니다. 이럴 때 상대방의 몸짓을 통해 그 사람의 감정을 읽을 수 있습니다. 그러나 신난 행동을 하는데 얼굴은 슬퍼 보이는 것과 같이 표정과 행동이 다르면 우리는 혼란스러워 할 수도 있습니다.

감정 속이기

우리는 종종 우리의 감정을 속이려고 할 때가 있습니다. 예를 들어 친척 집을 방문했을 때 지루해 보이지 않으려고 하거나, 슬플 때 기쁜 것처럼 보이려고 할 때와 같은 경우들이 있지요. 그러나 진심에서 나오는 웃음과 억지 웃음은 다릅니다. 진짜 웃을 땐 눈도 함께 웃습니다.

배우들의 연기

배우들은 그들이 실제로 느끼지 않는 감정도 표현할 수 있습니다. 이것은 어려운 일이지만 연기론과 같은 방법론을 통해 배우들은 그들이 연기해 내야 하는 역할의 감정과 생각에 몰입합니다. 어떤 배우는 너무 연기를 잘해서 완전히 넋을 잃게도 만듭니다.

재미있는 두뇌 게임

몸으로 나누는 대화

여러분은 말뿐 아니라 얼굴 표정, 몸짓으로도 여러분의 감정과 생각을 표현할 수 있습니다. 사실 몸짓 언어는 여러분이 생각하는 것 이상으로 여러분에 대해서 많은 것을 말해 줍니다. 왜냐하면 우리는 우리의 행동을 모두 의식하지는 못하기 때문입니다. 아래의 문제들을 풀어 보고 감정을 이해하는 방법들을 알아보세요. 정답은 189쪽에 있습니다.

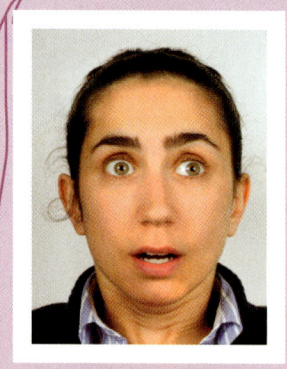 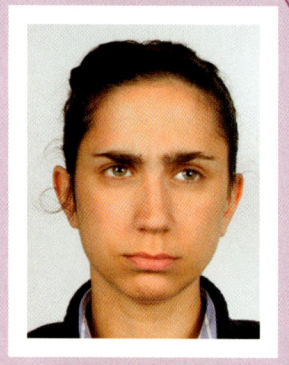
 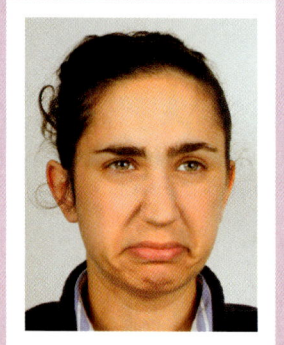
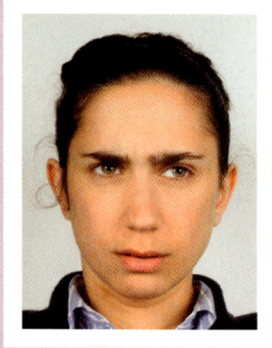 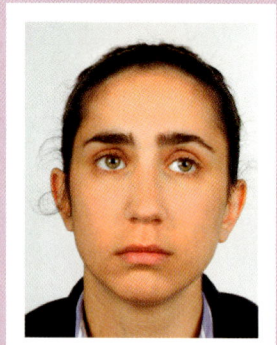

표정 맞추기
얼굴 표정은 종종 말보다 더 많은 내용을 알려줍니다. 위의 얼굴들을 보고 다음의 여섯 가지 감정들과 짝지어 보세요.
: 화남, 싫음, 행복함, 슬픔, 놀람, 혐오스러움

 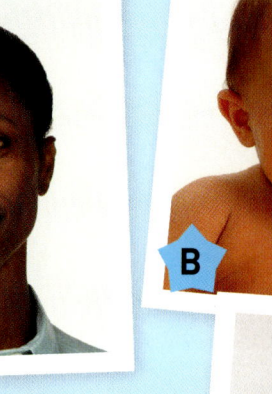

가짜 웃음을 찾아라
진짜 웃음은 여러분의 얼굴 전체에 퍼지는 반면, 가짜 웃음은 웃어야 할 시기를 놓치거나, 표정이 굳어 있고, 눈으로는 웃고 있지 않습니다. 여섯 개의 얼굴들을 보고 가짜 웃음과 진짜 웃음을 구분해보세요.

"심리학자들은 인간의 얼굴이 약 7,000개 정도의 다른 표정을 나타낸다고 믿습니다."

몸짓 언어

몇몇 전문가들은 몸짓 언어가 의사소통의 80퍼센트를 차지한다고 말합니다. 여러분은 어떤 사람이 여러분을 좋아하고 안 좋아하는지를 말하지 않고도 느낌만으로 알 수 있습니다. 아래의 사진들을 보고 다음의 단어들과 적합한 신체 표현을 짝지어 보세요.

우월함, 공격성, 모방, 복종, 방어, 속임수

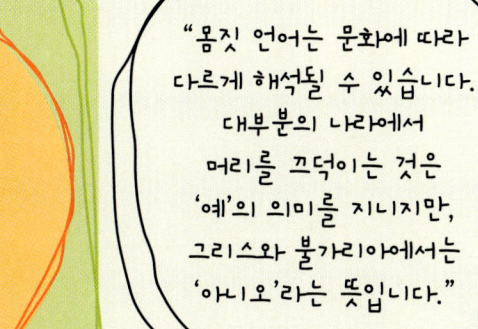

A

"몸짓 언어는 문화에 따라 다르게 해석될 수 있습니다. 대부분의 나라에서 머리를 끄덕이는 것은 '예'의 의미를 지니지만, 그리스와 불가리아에서는 '아니오'라는 뜻입니다."

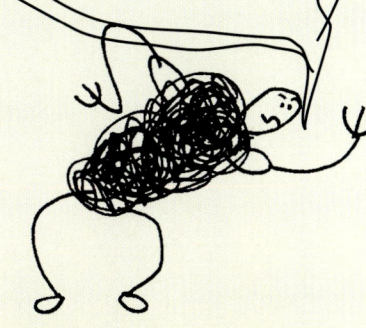

C

B

E

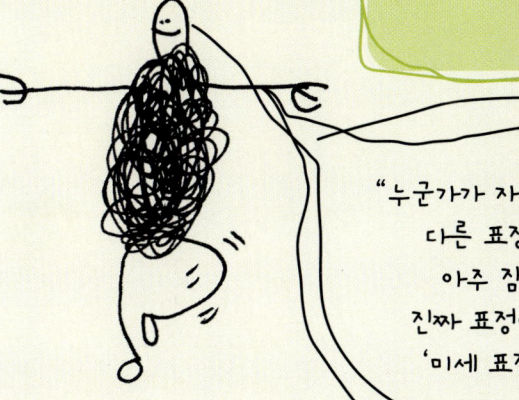

D

"누군가가 자신의 진짜 감정을 감추고 다른 표정을 지으려고 할 때, 아주 잠깐 동안 그 사람의 진짜 표정이 나타나는데 이것을 '미세 표정'이라고 부릅니다."

F

좋은 습관 나쁜 습관

우리는 우리의 삶을 도와주는 다양한 습관들을 가지고 있습니다. 여러분은 손을 씻을 때, 손을 어떻게 적시고, 비누칠을 하고, 씻을지 멈춰서 생각하나요? 아마 그렇지 않을 것입니다. 그것이 습관이기 때문에 여러분은 자동적으로 손을 씻을 수 있습니다. 이런 습관들은 손톱 물어뜯기 같은 나쁜 습관들과는 달리 매우 유용합니다. 모든 습관들은 반복을 통해 여러분의 뇌를 길들임으로써 만들어집니다. 그리고 한 번 만들어진 그것들을 버리기란 매우 어렵습니다.

중독

아주 해로운 습관들은 중독이라고 부릅니다. 뉴스에 흔히 나오는 중독에는 마약, 알코올, 니코틴(담배) 중독들이 있습니다. 그러나 초콜릿 같은 단 음식도 중독될 수 있어요. 이런 것들을 계속 먹으면 몸에 해롭지만 사람들은 멈추지 못하고 계속 먹게 됩니다. 나쁜 습관에 갇혀 버리게 되는 것이지요.

프로그램화된 행동

행동들이 반복되면 뇌에 이에 대한 신경 조직이 만들어져 습관이 됩니다. 이는 마치 세탁기와 같은 가전제품에 쓰이는 간단한 프로그램과 같습니다. 가전제품들은 한 번 스위치가 켜지면 프로그램이 스스로 돌아가지요. 이와 마찬가지로 여러분이 이빨을 닦기 시작하면 여러분의 습관 프로그램이 작동하여 여러분은 양치질을 마칠 수 있습니다.

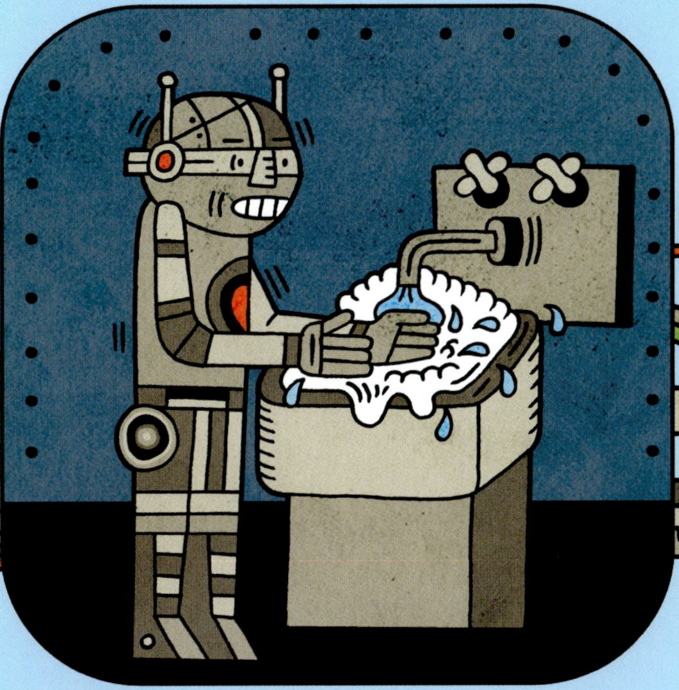

일상적인 행동

여러분은 어떤 일들을 할 때에 따로 의식적으로 생각하지 않고 자동적으로 합니다. 그것들은 여러분의 일상이기 때문이지요. 만일 세수하기와 같은 것들이 습관이 되면 여러분은 세수를 하고 있을 때, 또 다른 생각을 할 수 있습니다. 습관은 여러분이 꼭 해야 하는 일들을 잊지 않고 좀 더 쉽게 잘 할 수 있게 만들어주기 때문에 중요합니다.

나쁜 습관들

불행하게도, 나쁜 습관들을 들이게 되는 것은 아주 쉽습니다. 많은 사람들은 손톱을 물어뜯거나 코를 파지요. 이것은 다른 사람들에게 짜증을 일으킬 수는 있지만 그다지 중요하지 않습니다. 하지만 어떤 나쁜 습관들은 아주 해로울 수 있지요.

좋은 습관을 들이는 방법

대부분의 습관들은 외부의 자극에 의해서 작동합니다. 운전자가 빨간 불을 보면 습관적으로 자동차를 멈추게 되는 것처럼 말이지요. 이것은 일종의 본능과도 같습니다. 여러분은 좋은 습관을 길들이기 위해서 몇 가지 방법을 사용할 수 있습니다. 예를 들어 칫솔을 눈에 잘 보이는 곳에 두면 여러분은 양치질을 좀 더 자주 할 수 있게 되지요.

나쁜 습관 없애기

나쁜 습관은 고치기가 어렵습니다. 뇌 속에 너무 깊이 각인되었기 때문이지요. 여러분이 몇 달 동안 습관화된 나쁜 행동을 하지 않았다고 해도, 어떤 외부 자극이 있으면 쉽게 다시 그 행동을 할 수도 있습니다. 물론 시간이 해결해 주겠지만 나쁜 습관을 버리는 가장 좋은 방법은 나쁜 습관을 조금 더 덜 해로운 습관으로 점차 바꾸어 주는 것입니다.

나는 이길 수 있어!

운동을 하는 대부분의 사람들은 이기려고 합니다. 그러나 이 말은 곧 누군가는 져야 한다는 말이기도 합니다. 승부의 차이는 건강 상태와 운동 능력에 크게 좌우되지만, 비슷한 능력을 가졌다면 보통 올바른 마음가짐으로 경기에 임하는 사람이 이기게 됩니다. 이것은 아마 우리의 삶에서도 마찬가지 아닐까요?

자신감

자신감은 경기에서 이기기 위해 꼭 필요합니다. 이것은 연구를 통해서도 증명이 되었습니다. 어떤 연구에서 24명의 사람들이 팔씨름 대회에 참여하기 전에 팔의 힘이 어떤지 알아보는 검사를 받았습니다. 이때 연구자들은 팔의 힘이 약한 참가자들에게 더 힘이 세다고 거짓말을 했습니다. 그 결과 12번의 경기 중 10번의 경기에서 팔 힘이 더 약한 선수들이 이겼습니다.

목표 세우기

어딘가에 도달하기 위해서는 목표를 세워야 합니다. 승자가 되기 위해서는 장기적인 목표보다는 매일매일 실천할 수 있는 단기 목표를 세워야 합니다. 예를 들어 여러분이 자전거 경주를 한다면 지난번보다 좀더 빨리 도착하는 것을 여러분의 단기 목표로 세울 수 있습니다. 경주에서 누가 이기는지는 상관없이 말이에요. 이런 목표 설정은 여러분의 자신감을 키워줍니다.

마인드 트레이닝

1등을 해서 상을 받는 것처럼 무언가를 성취했을 때를 생각하며 마음을 가다듬어보세요. 기분이 좋아지지 않나요? 마음속으로 하는 이런 상상은 여러분이 이길 수 있도록 도와줍니다. 시합이 시작되기 전에 미리 머릿속으로 상상해보면 직접 경기를 할 때 좀 더 완벽하게 해낼 수 있습니다.

"능력을 향상시키기 위한 가장 좋은 방법은 목표를 설정하는 것입니다."

집중하기

여러분, 만일 점수를 잃었다고 해도 화를 내지 마세요. 화를 내는 것은 다음 경기에 도움이 되지 못합니다. 오히려 경기에 집중하는 것을 방해해요. 여러분은 감정을 통제하고 앞으로 해야 할 일에 집중해야 합니다. 무언가가 잘못되었을 때는 마음을 가다듬고 다시 집중해보세요. 여러분이 존경하는 사람을 떠올리며 그 사람이라면 어땠을까 스스로 물어보세요.

마음 가다듬기

어떤 선수들은 상대방이 평소보다 실력을 발휘하지 못하게 해서 이기려고 합니다. 어쩌면 여러분을 꼭 이길 거라고 뽐내거나, 신발끈을 만지며 시간을 끌 수도 있지요. 누군가가 여러분을 주눅들게 한다면 상대편의 방해 공작은 무시하고, 여러분들의 목표만 생각하세요.

삶을 위한 경쟁

모든 사람들이 운동 경기를 즐기는 것은 아닙니다. 그러나 우리 모두는 삶에 운동 경기와 같이 실패와 성공으로 끝나게 되는 도전과 맞서게 되지요. 어떤 경우 이 도전은 매우 직접적인 경쟁이 될 수도 있어요. 무엇이든 성공하고 싶다면 '스포츠맨쉽(선의의 경쟁 정신)'을 통해 목표를 이루어보세요.

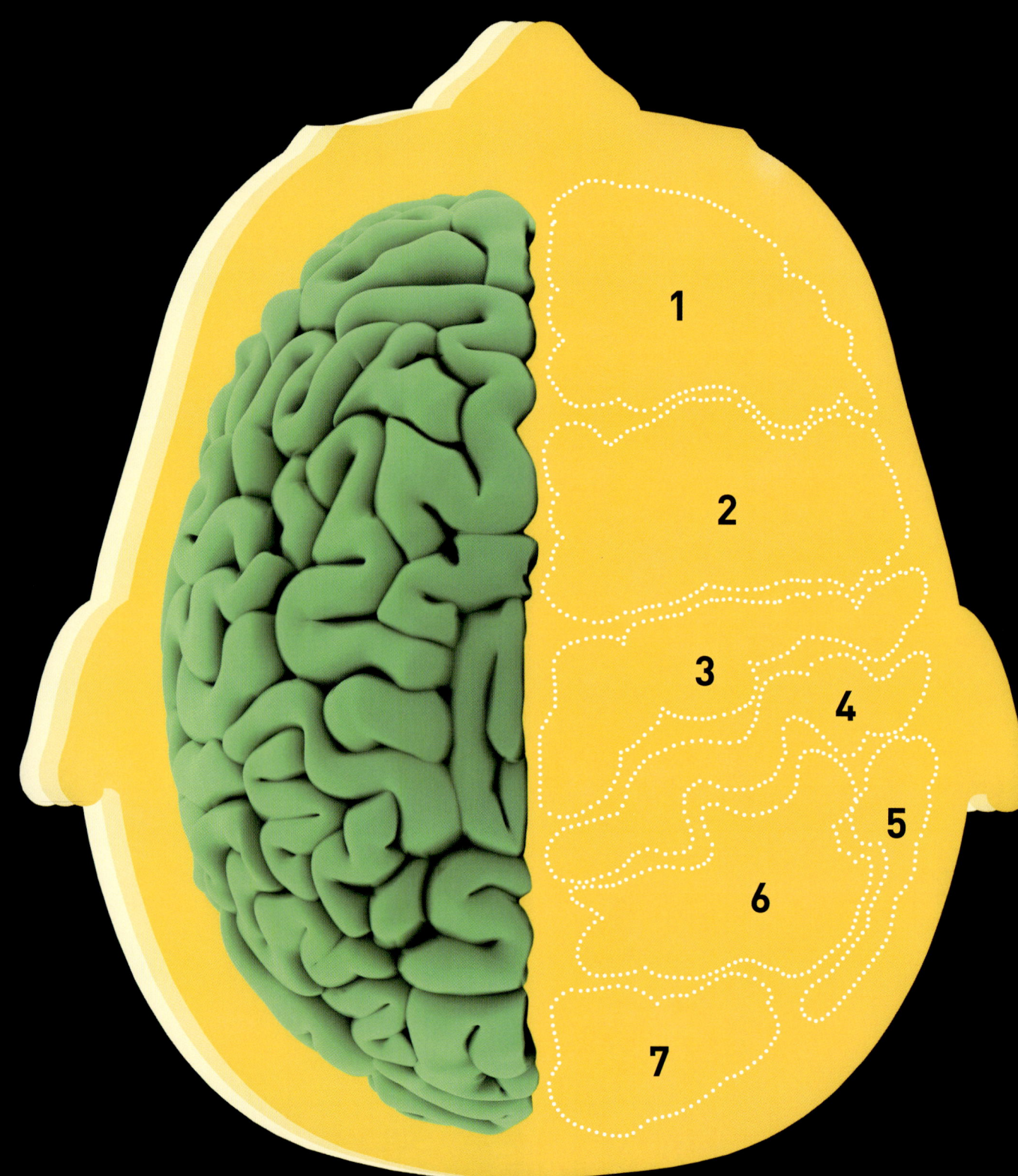

뇌는 이렇게 발달해요

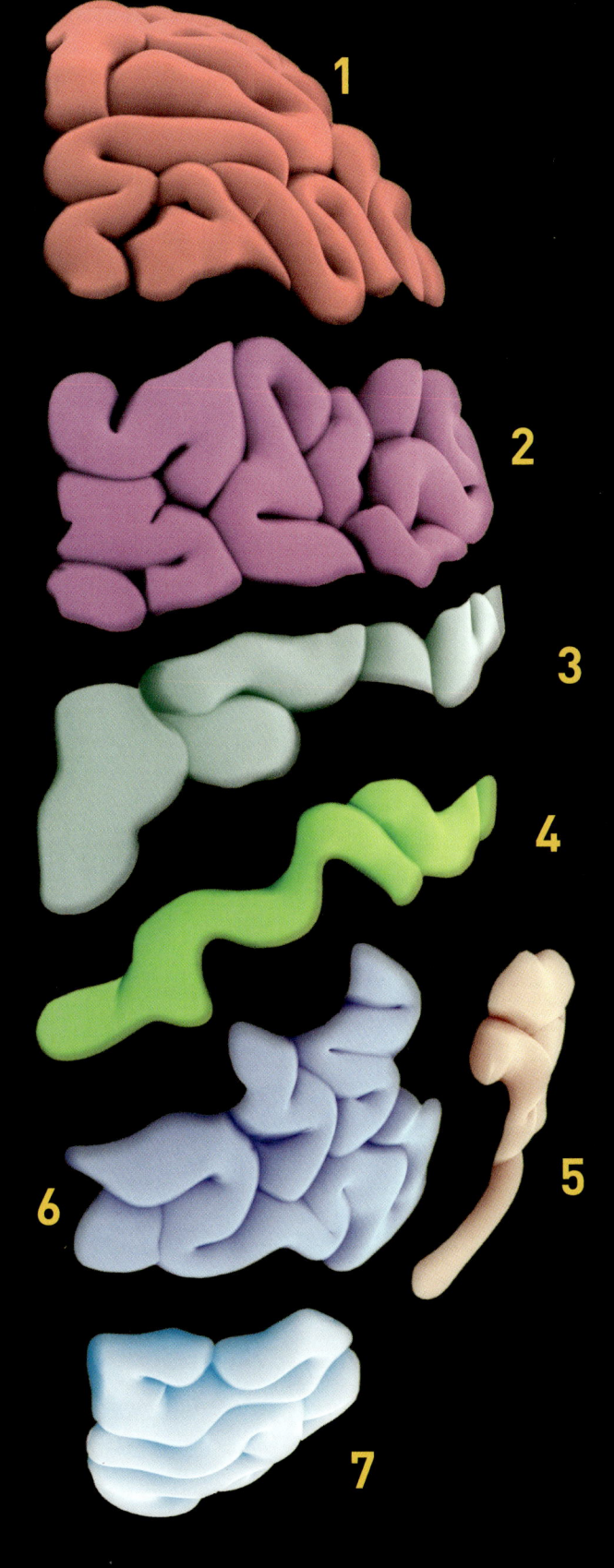

어떻게 지능을 가지게 되었을까?

원시적인 동물들은 지능을 갖지 못했습니다. 해파리의 경우, 오직 몸 전체에 걸쳐서 네트워크를 형성하는 신경섬유만을 가지고 있을 뿐, 그 신경섬유의 작용을 직접적으로 중앙에서 총괄하여 통제하는 시스템은 갖지 못했습니다. 그러나 대부분의 동물들은 감각 신호를 처리하고 그것을 외부 환경에 반응할 수 있는 정도의 두뇌는 갖추고 있습니다. 인간의 뇌에서 이러한 일들을 처리하는 뇌의 부분은 거대하게 커졌습니다. 특히, 전두엽이란 부분이 커졌는데, 그 부분은 우리가 추상적인 생각을 할 수 있도록 해줍니다.

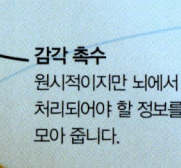

감각 촉수
원시적이지만 뇌에서 처리되어야 할 정보를 모아 줍니다.

달팽이도 뇌가 있어요

해파리같이 단순한 동물들은 머리나 꼬리가 없기 때문에 뇌도 없습니다. 뇌의 진화는 몸의 '앞뒤' 부분의 발달과 함께 시작되었습니다. 왜냐하면 동물이 몸의 한쪽 끝을 한 번 사용하기 시작하면 감각 기관들은 그곳에 집중적으로 모여 형성되기 시작합니다. 이후 감각 기관은 몸의 신호들을 처리하게 되면 몸의 각 부분으로 지시를 내리는 신경 중추도 필요하게 됩니다. 그렇기 때문에 달팽이 같은 작은 동물에게도 뇌가 있는 것입니다.

올빼미 뇌의 가장 큰 부분은 눈이나 귀로 들어오는 신호를 해독하는 데 큰 역할을 하여 올빼미가 사냥을 잘 할 수 있게 도와줍니다.

동물들의 뛰어난 감각

동물들의 뇌는 주로 감각으로부터 얻은 정보를 처리합니다. 동물의 이러한 감각 처리 기능은 대개 사람보다 뛰어나지요. 개는 사람보다 냄새를 맡는 능력이 뛰어나고, 올빼미는 어둠 속에서 오직 소리만을 이용하여 작은 생쥐를 정확히 공격할 수 있습니다.

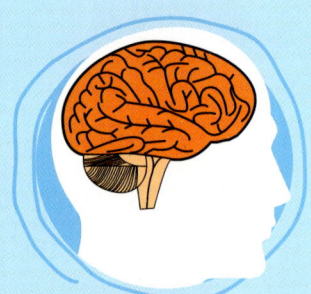

사람의 뇌

원숭이의 뇌

지능 중추

지성적인 처리를 담당하는 주요 중추는 전두엽이라고 불리는 이마 뒤쪽의 볼록한 부분입니다. 전두엽은 감각으로부터 들어온 정보를 사용하여 판단과 선택을 하고, 미래를 예측합니다. 전두엽은 진화 과정과 더불어서 크기가 점점 커졌습니다. 그래서 인류가 원숭이보다 더욱 앞서 나갈 수 있게 만들었습니다. 원숭이과의 가장 큰 원숭이인 개코원숭이는 그 전두엽의 크기가 인간의 그것보다 크지 않다고 합니다. 인간의 전두엽은 크기가 다를 뿐 아니라 구조도 함께 변화했습니다.

본능과 이성

상어는 물속에 피 맛이 났을 때 오직 한 가지만을 생각합니다. "음식이다!" 그러나 사람은 같은 상황에 처했을 때 여러 가지 상황을 생각합니다. "내가 손을 베였나?", "다른 사람의 피일까?", "가장 가까운 병원은 어디지?", "상어가 이것을 알아차릴까?", "도와주세요!" 상어는 오직 본능에 의해 움직이지만 사람은 여러 가지를 생각하는 경향이 있고, 이것은 생존에 필수적인 본능을 억제하기 때문에 이런 차이가 생깁니다.

무시무시한 백상어의 행동은 의식적인 생각의 작용이라기보다는 유전된 본능에 의한 것입니다.

"인간의 창의력은 언어 기술의 발달로 약 40,000년 전에 큰 도약을 했을 것으로 추측돼요."

최초의 인간

우리는 언제부터 어떻게 지능을 가질 수 있게 되었을까요? 아마도 인간의 언어 능력이 발달함과 더불어서 지능도 점차 발전했을 것으로 생각됩니다. 말을 하고 미래를 계획할 수 있는 능력은 매우 유용했는데, 똑똑한 인류는 더욱더 생존경쟁에서 성공할 수 있었고 많은 자녀를 가질 수 있었습니다. 이러한 과정은 원시 조상으로부터 약 230만 년 이후에 등장한 호모 하빌리스에서부터 시작된 것으로 보입니다.

사하라 북쪽의 초원이 사막이 되기 전부터 있었던 바위에는 춤추거나 사냥하는 그림이 그려져 있습니다.

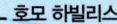

호모 하빌리스
호모 하빌리스는 '도구를 사용하는 사람'으로 알려져 있습니다. 그들은 처음으로 돌로 된 도구를 사용했습니다.

똑똑한 조상들

지금으로부터 약 16만 년 전에 호모 사피엔스라고 불리는 인류의 조상들이 아프리카에 살았습니다. 그리고 약 6만 년 전 인류는 지구 곳곳으로 퍼져 나갔습니다. 인류의 조상들은 지금의 인류와 비교했을 때 원시적인 삶을 살았지만, 생존을 위한 탁월한 지식을 가지고 있었습니다. 그들의 두개골을 조사한 결과 오늘날의 인류와 거의 비슷해 아마도 컴퓨터와 같은 복잡한 기계들을 다룰 수도 있었을 것이라고 여겨집니다. 그들은 그들이 살았던 곳에 있는 바위에 그림과 같은 예술 작품들도 남겼습니다.

찰스 다윈

다윈이 그의 삶의 변화를 가져오게 될, 그리고 그의 혁명적인 가설에 대한 영감을 줄 항해에 오른 것은 그가 겨우 23살 때였습니다.

영국의 자연과학자 찰스 다윈은 세상을 보는 방법에 일대 혁명을 일으켰습니다. 자연선택설에 따른 그의 진화론은 자원을 갖기 위한 경쟁이 적자생존을 통한 종들의 지속적인 변화를 이끈다는 것을 보여 주었습니다. 1859년 발표된 이 이론은 번뜩이는 천재적인 발상과 어마어마한 양의 증거 자료로 이루어졌습니다.

산만한 학생

1809년 영국에서 태어난 다윈은 신학을 공부하기 위해 케임브리지 대학에 들어갔습니다. 그러나 그는 자연과학에 관심이 더 많았습니다. 그는 식물학 교수인 존 스티븐스 헨슬로우와 현대 지리학의 창시자인 아담 세지윅과 친구가 되었습니다. 1831년 그는 세지윅과 지리 여행에 올랐습니다. 헨슬로우는 다윈에게 남아메리카 해안선의 지도를 만드는 탐험을 하는 비글 호의 자연과학자로 참여할 것을 제안했습니다.

"다윈의 이론이 출판되었을 때 그의 친구인 헉슬리는 '내가 진작에 이런 생각을 못했다니 정말 바보 같군!'이라고 말했습니다."

본래의 비글 호는 작고 초라한 배여서 험난한 바다에서 살아남기 위해서는 새로 만들어져야 했습니다.

비글 호 항해

비글 호를 타고 떠난 항해는 5년 동안이나 계속되었고, 선원들이 해안의 지도를 만드는 동안 다윈은 대부분의 시간을 육지에서 보냈습니다. 그는 남아메리카를 탐험하였고 그곳에서 멸종한 동물들의 화석을 발견했습니다. 그는 갈라파고스 제도를 방문하였고 그곳에서 섬과 섬 사이의 동물들이 비슷하지만 조금씩 다른 양상을 보이는 것을 발견했습니다. 그는 이러한 차이가 진화에 의한 것이 아닐까 의심했습니다.

하와이꿀먹이새들은 모두 동일한 조상으로부터 자연선택을 통해 진화했습니다.

자연선택설

다윈은 항해에서 돌아온 지 1년이 채 안 됐을 때인 1836년, 동물이 진화하는 방식에 대해 생각을 했습니다. 다윈은 만약 먹이를 구하기 어려워진다면 먹이를 구하기 위한 능력을 잘 갖추지 못한 동물을 줄어들 것이고, 그렇지 않은 동물은 늘어날 것이라고 가정했습니다. 모든 동물은 자신의 부모와는 조금씩 다르기 때문에 어떤 동물의 경우에는 특정한 환경에 잘 적응할 수 있는 장점을 가지고 태어나기도 합니다. 이는 새로운 종의 진화로 나타나게 되는데 다윈은 이것을 '자연선택'이라고 불렀습니다.

"『종의 기원』은 출간 당일에 초판이 매진될 정도로 인기를 끌었어요."

『종의 기원』이 출간되다

다윈은 자신의 이론이 신이 모든 생물체를 창조했다는 성경의 내용을 부정한다는 사실을 알았기 때문에, 자신의 이론을 뒷받침할 수 있는 많은 양의 증거를 확보할 때까지 감히 출판을 하지 못했습니다. 이 과정에서 출판은 20년이나 늦어졌습니다. 그러나 1858년에 앨프리드 러셀 월리스라는 자연학자로부터 자신의 이론과 비슷한 내용을 담은 편지를 받게 됩니다. 이에 다윈은 서둘러 자신이 쓰던 책을 계획보다 빨리 쓰게 됩니다. 1859년에 이 책은 『자연선택에 의한 종의 기원』이라는 제목으로 출판되었습니다.

인류의 기원에 대한 논쟁이 일어나자, 다윈을 비웃는 많은 만화들이 그려졌습니다.

과학과 종교

다윈의 걱정대로 『종의 기원』은 성경의 내용에 어긋난다는 이유로 논쟁의 소용돌이에 빠지게 되었습니다. 『종의 기원』에서는 인간이 원숭이로부터 진화했다는 내용이 직접적으로 언급되지는 않지만 그러한 암시가 담겨 있었습니다. 이런 사실을 받아들일 수 없는 사람들은 "우리가 천사가 아니라 원숭이 자손이라는 말인가요?"라며 질문했습니다. 그러나 다윈의 자료는 완벽해서 논리적으로 흠을 잡을 구석이 없었습니다.

다윈이 남긴 유산

오늘날 대부분의 과학자는 다윈의 이론이 진화의 원리를 잘 설명하고 있다고 생각합니다. 그의 이론은 생태계는 변하지 않는다는 개념을 바꿨고, 오히려 얼마나 깨지기 쉬운지도 보여줬습니다. 이런 변화는 우리가 먹이사슬에 미치는 영향을 주의하게 만들었고, 지구가 특별한 곳이라는 인식을 심어 줬습니다. 『종의 기원』을 출판한 이후로도 다윈은 자연에 대한 탐구를 계속했습니다. 그는 연구와 관련된 내용의 책을 여러 권 썼고, 1882년 73세의 나이로 세상을 떠나기 직전까지 자신의 마지막 책을 집필했습니다.

뇌는 어떻게 성장할까?

뇌 발달은 엄마 뱃속에 있을 때부터 시작됩니다. 우리는 태어날 때부터 이미 모든 신경 세포를 가지고 있습니다. 그리고 어린 시절을 보내면서 이런 신경 세포들은 재배열이 되면서 아주 복잡한 신경망을 만들어 갑니다. 이것은 우리가 학습하고 기억을 할 수 있도록 도와줍니다. 성인기 초기가 되면 우리의 뇌는 가장 무거워집니다. 그 이후부터는 점점 작아집니다.

신경 세포의 연결
태어난 지 몇 달이 지나면 우리 뇌는 매우 빠른 속도로 발달합니다. 우리의 뇌는 단순한 세포 구조를 가지고 기본적인 생존 기능을 조절할 수 있습니다. 그러나 새로운 자극들에 의해서 신경 세포들은 재구조화가 이루어지고 이것은 신경망을 형성하게 됩니다. 그로 인하여 우리는 정보도 저장하고, 생각도 할 수 있게 됩니다. 신경 세포들은 재배열되어 더욱 복잡하고 새로운 형태를 가지게 됩니다.

 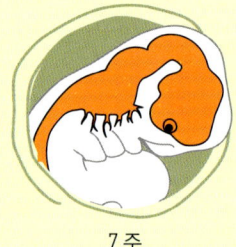 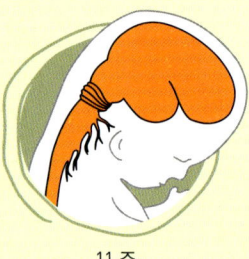

3주   7주   11주

뇌 발달의 시작
우리의 뇌는 자궁에서 태아 발달의 초기 단계 동안 세포의 관 말단까지 만들어집니다. 나중에 척수가 되는 이것은 물고기의 뇌와 비슷한데 원시적인 부분이 잘 형성되어 있습니다. 하지만 대략 11주 정도가 되면 대뇌가 확장되어 성숙한 인간 뇌의 축소판이 만들어집니다.

솎아내고 정돈하기
우리의 뇌가 드디어 작동하기 시작하면 신경 세포들을 효율적으로 사용하게 됩니다. 4세부터 우리의 삶이 마감하는 날까지 계속되는 뇌 활동 과정에서 비활성화되는 신경 세포들은 정리되고 버려집니다. 비활성화된 신경 세포들은 아무런 기능을 하지는 않지만 존재만으로도 에너지를 낭비하기 때문이지요.

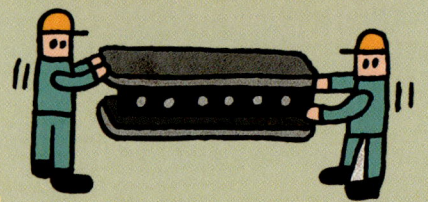

"태아가 성장하는 동안 태아의 뇌 속에서 1분당 25만 개의 신경 세포들이 생겨납니다."

늙을수록 더욱 지혜롭다?

우리는 나이를 먹어갈수록 세상에 대해 더 많은 것들을 알게 되고, 더욱더 현명한 결정을 내릴 수 있게 됩니다. 그러나 25살이 넘으면 우리는 종종 새로운 기술을 익히는 것을 어려워하게 됩니다. 그것은 우리가 이미 알고 있는 것들과 새로 배운 것을 연결시키는 일이 쉽지 않기 때문입니다. 이런 자연스러운 지능 감퇴는 피할 수 없습니다.

사용할 것인가, 잃을 것인가?

나이가 들어서도 계속 머리를 사용하면 노년기에 뇌의 능력이 떨어지는 것을 감소시켜 준다는 연구 결과들이 많습니다. 음악가, 과학자, 정치가 등과 같이 자기 분야에서 열심히 일을 하고 정년이 되어 퇴직을 한 사람들은 정신적으로 늙지 않습니다. 문제를 해결하고 일을 하는 것은 어려운 일이지만 그것은 우리의 뇌를 튼튼하고 건강하게 만들어 줍니다.

넬슨 만델라

병든 뇌

어떤 사람들은 뇌 손상으로 고통받습니다. 이들은 뇌의 각 부분으로의 혈액 공급이 차단되어 뇌 조직이 고통받습니다. 어떤 이들은 알츠하이머병에 걸리기도 하는데, 이 질병은 뇌 세포들을 엉키게 만들어 활동을 중지시킵니다. 그래서 이 병에 걸리면 더 이상 올바르게 사고할 수 없게 됩니다.

손상된 뇌 세포

뇌 수술은 이렇게 해요

"뇌 수술의 흔적을 보여 주는 두개골은 기원전 7000년경에 유럽에서 발견되었습니다."

뇌는 우리 몸의 어떤 곳들보다 섬세한 기관입니다. 또한 가장 알려진 내용이 적은 기관이기도 합니다. 뇌가 외부의 손상이나 질병에 의해서 고통을 받을 때, 이를 치료하는 외과 의사들은 다른 건강한 뇌 조직에 지장을 주지 않으려고 노력합니다. 왜냐하면 잘못 건드렸을 때의 결과를 예측하기가 불가능하고 또 다른 비참한 결과를 불러올 수도 있기 때문입니다. 이런 위험성들 때문에 뇌 수술은 지금까지 전해지는 모든 의학적 기술을 동원합니다.

뇌는 이렇게 아파요

뇌는 다양한 이유들로 손상되기 쉽습니다. 가장 일반적인 것은 외상으로 인한 손상입니다. 그밖에 뇌의 각 부분에 혈액 공급이 부족해지거나 동맥에 거대한 출혈이 생겼을 때, 뇌 내부에 암이 발생했을 때 등이 있습니다. 또한 간질이나 파킨슨병과 같이 기능적으로 뇌가 정상적으로 작동하지 않을 때에도 뇌 수술을 받습니다.

뇌의 이상을 진단하는 방법

뇌에 이상이 생겼는지 아닌지는 기계를 사용해 스캔해 보면 알 수 있습니다. 스캔을 통해 문제 부위를 알아낼 수 있을 뿐만이 아니라 동맥 같은 혈관과 그 밖의 중요한 구조 등을 알 수 있습니다. 이를 통해 의사들은 수술 계획을 세울 수 있지요.

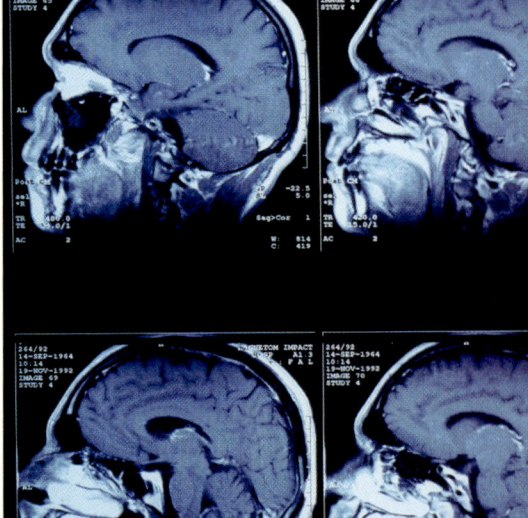

"12시간이 걸리던 뇌 수술이 이제는 1~2시간이면 가능합니다. 또한 예전보다 더욱더 좋은 결과를 기대할 수 있게 됐어요."

뇌 수술의 정밀함

3차원 입체 영상 컴퓨터에 의해 작동되는 수술 기구 덕분에 의사들은 주변 조직에 해를 가하지 않고도 손상된 부위에 접근할 수 있습니다. 원격 조정 현미경을 사용해서 수술을 할 수도 있습니다.

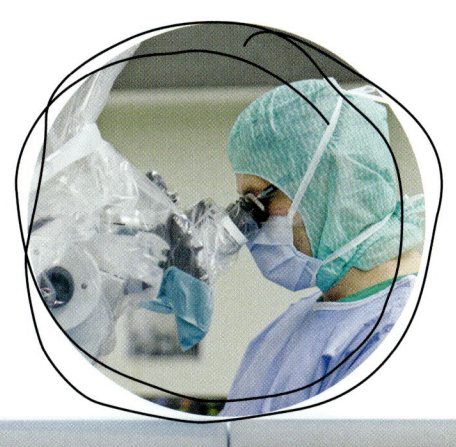

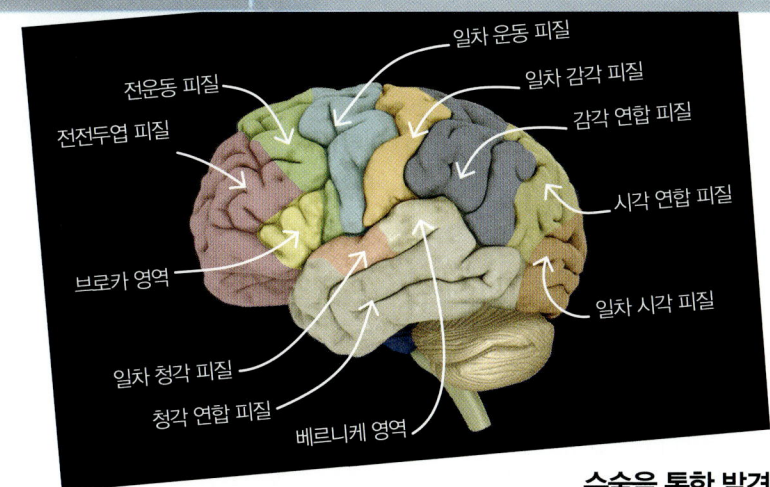

수술을 통한 발견

의사가 환자의 뇌를 수술하면 병에 걸린 부위에 대한 정보를 기록합니다. 그 결과, 우리는 뇌 각각의 부위가 가진 다양한 기능들에 대해 알 수 있게 되지요. 그리고 이것이 이후에 있을 뇌 수술의 정밀도와 효율성을 높여 줍니다.

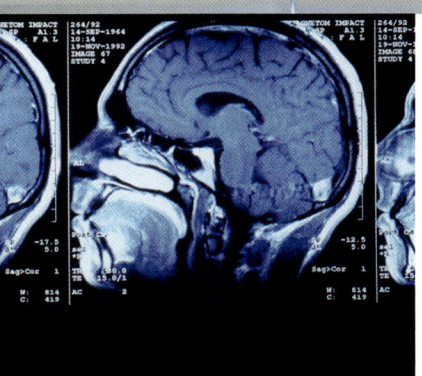

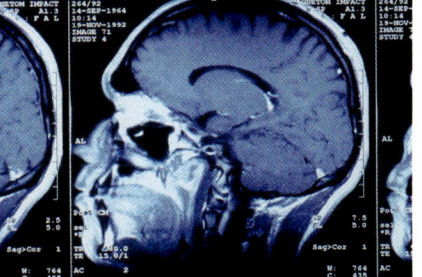

방사선 요법

어떤 뇌 질환은 뇌를 가르지 않고도 치료할 수 있습니다. 예를 들어 방사선을 이용하여 암이나 뇌종양을 일으키는 세포를 파괴하는 방사선 요법이 있습니다. 방사선은 컴퓨터 시뮬레이션을 기초로 하여 파괴할 표적을 정합니다. 방사선 요법은 고통이 없는 치료법이긴 하지만 여러 번에 걸쳐 반복 치료를 해야 합니다.

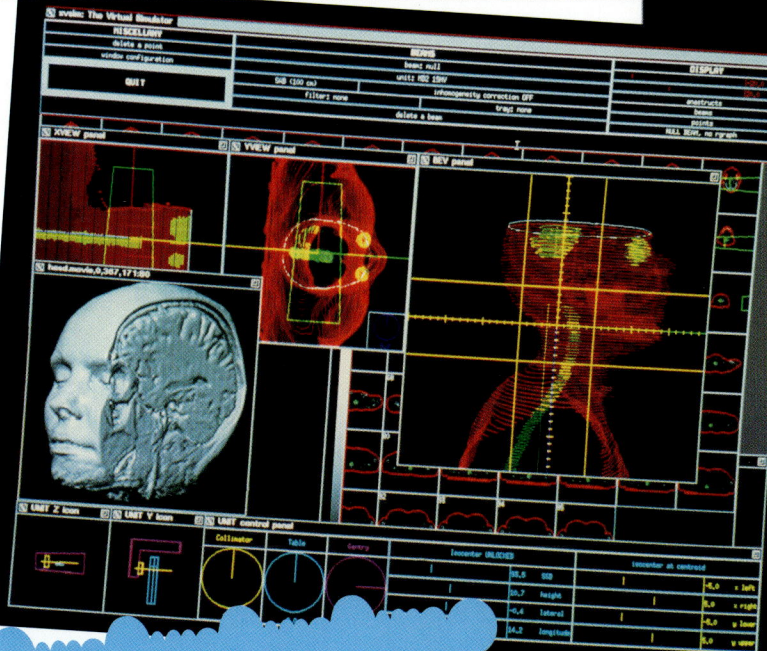

히포크라테스

고대 그리스 의사인 히포크라테스는 뇌 수술에 대한 많은 서적을 썼습니다. 그는 발작과 경련 같은 정신적 문제를 묘사했는데 이것은 뇌 손상으로 인한 증상으로 추정됩니다. 그는 두개골 골절을 가진 환자들을 수술하기도 했습니다.

동물들도 지능을 가지고 있어요

만약 여러분이 개를 기르고 있다면, 여러분은 아마도 그 개가 굉장히 똑똑하다고 생각할 것입니다. 때때로 동물은 여러분을 놀라게 하는 행동들을 할지도 모르는데 그 이유는 우리가 동물들이 생각을 할 것이라고 기대를 하지 않기 때문입니다. 우리는 동물들이 문제를 해결할 때 기억에 의한 정보를 이용하는 대신에 태어날 때부터 이미 가지고 있는 본능을 이용할 것이라고 생각합니다. 그러나 오직 몇몇의 동물들만이 자신의 본능을 이용할 뿐입니다.

동물들의 속임수
동물들의 지능에 대한 많은 이야기들은 그들이 먹이를 얻어 내는 방법과 큰 관련이 있습니다. 예를 들어 애완용 새에게 먹이를 준 사람들은 다람쥐가 그것을 훔쳐 먹는다는 것을 발견했습니다. 다람쥐는 먹이를 훔치는 데 방해가 되는 것들을 교묘하게 제거하는 재주를 선보입니다. 배고픔이라는 가장 강력한 동기는 그런 행동을 일으킵니다.

도구의 사용
어떤 동물들은 도구를 만들거나 사용할 수 있습니다. 한때 사람만이 도구를 사용할 수 있다고 여겨져 왔습니다. 그러나 침팬지는 신중하게 막대를 선택하고, 그것을 이용하여 흰개미를 잡아먹습니다. 만약 막대기가 흰개미가 사는 구멍 안에 들어가기에 너무 두꺼우면 알맞은 두께가 될 때까지 껍질을 벗길 줄도 압니다.

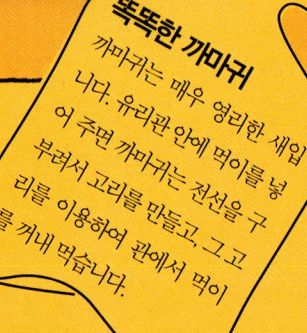

똑똑한 까마귀
까마귀는 매우 영리한 새입니다. 유리관 안에 먹이를 넣어 주면 까마귀는 철사를 구부려서 고리를 만들고, 그 고리를 이용하여 관에서 먹이를 꺼내 먹습니다.

"흰개미 같은 곤충들은 본능적으로 놀랍도록 복잡한 집을 만들 줄 알아요."

"가장 지능이 높은 동물은 원숭이, 돌고래, 개, 까마귀와 같은 척추동물이에요. 그러나 문어과 동물들도 높은 지능을 보여 주지요."

뛰어난 기억력
훌륭한 기억력을 가진 동물들은 꽤 많습니다. 어떤 새들은 겨울을 대비해 몇 달 전에 먹이를 묻어둔 위치를 정확하게 기억합니다. 아프리카에 있는 악어들은 1년에 2번 영양들이 강을 건너는 시기를 기억하여 그곳에 숨어 있기도 합니다.

동물들의 의사소통
동물들도 의사소통을 할 수 있습니다. 돌고래는 소리를 모방하여 말하는 방법을 배웁니다. 또한 몸짓을 통해서도 그들만의 언어를 사용할 수 있습니다. '리코'라는 콜리(개의 한 종류)는 200개의 장난감 이름을 알아들었습니다. 리코는 유아기의 아이들보다 빨리 단어를 배울 줄 알았습니다.

우리보다 똑똑한 동물들?
어떤 경우에 동물들은 우리보다 더 똑똑합니다. 거위 같은 새들은 별과 태양을 이용하여 정확하게 먼 거리를 이동할 수 있습니다. 지진과 쓰나미가 일어나면 동물들은 종종 임박한 재난을 감지하고, 혼란을 피하기 위해 지대가 높은 곳으로 이동을 하는 등 방어 행위를 하기도 합니다.

동물들의 자아 개념
동물들이 '자아'라는 개념을 가지고 있는지의 여부를 확실하게 말하기는 어렵습니다. 물론 어떤 동물들은 자아 개념을 갖고 있는 것처럼 보입니다. 이것은 인간이 자아 개념을 가지게 된 것의 기원에 대해 설명해 줍니다. 따라서 아마도 여러분의 강아지가 자신만의 고유한 마음을 가지고 있다고 생각하는 것은 틀리지 않은 생각일 것입니다.

재미있는 두뇌 게임

애완동물 길들이기

강아지뿐만 아니라 다양한 애완동물도 훈련시킬 수 있습니다. 심지어 금붕어도 잘 훈련시키면 친구들을 깜짝 놀라게 할 수 있지요. 애완동물과 재미있게 해볼 수 있는 실험들이 몇 가지 있으니 부모님과 함께 해봅시다.

강아지에게 새로운 기술을 가르치자

강아지를 기르고 있다면 아마 "앉아", "기다려", "누워" 정도는 가르쳤을 것입니다. 이제 두 가지 기술을 더 가르쳐 봅시다.

기술 1

강아지가 하품을 하면 "졸리니?"라고 물어봅니다. 하품을 할 때마다 "졸리니?"라고 물어보고 칭찬을 해주면 나중에는 "졸리니?"라고 묻기만 해도 하품을 하게 됩니다.

기술 2

강아지가 여러분의 주위를 뱅글뱅글 돌도록 만드는 것도 가능합니다. 먹이를 보여 주면서 여러분의 몸 주위로 한 바퀴 돌려 강아지가 따라오도록 유도한 뒤, 한 바퀴 도는 것을 성공하면 먹이를 주면서 칭찬을 해줍니다.

🌀 나이 든 강아지에게도 새 기술을 가르치는 것이 가능하지만, 어릴 때만큼 빨리 배우지는 못합니다.

두 발로 서는 햄스터

햄스터는 재미있는 애완동물이지만 금방 싫증을 내는 동물이기도 합니다. 다음 실험을 하면서 햄스터와 오랫동안 재미있게 놀면서, 운동도 시키고, 멋진 기술을 익히게 해봅시다.

■ 1단계
햄스터에게 먹이를 보여 주면서 햄스터의 머리 위로 가져갑니다.

■ 2단계
햄스터가 두 발로 서서 먹이를 먹을 때까지 "일어서"라고 말하고, 성공하면 칭찬을 해줍니다. 이렇게 몇 번 반복하면 햄스터는 "일어서"라는 말과 먹이를 연관시켜 기억을 하게 되고, 나중에는 먹이가 없이도 "일어서"라는 명령을 들으면 두 발로 서게 됩니다.

🌀 이 방법은 여러 다른 동작을 훈련시키는 데 사용할 수 있습니다. 예를 들어 "손"이라고 말하면서 햄스터 앞에 먹이를 주면 손을 내미는 동작을 익히게 할 수 있습니다.

기니피그와 산책을!

기니피그는 강아지만큼 머리가 좋지 않지만, 강아지처럼 목에 끈을 매단 뒤에 앞장서서 걸어가게 할 수 있습니다. 이렇게 하면 기니피그에게 운동도 되고, 친구들에게 자랑스럽게 보여 줄 수도 있겠지요?

■ 1단계
기니피그의 목에 달 수 있는 작은 목줄을 구합니다. 그리고 기니피그가 좋아하는 먹이를 줘서 그 먹이를 먹는 사이에 목줄을 살짝 채웁니다. 기니피그가 목줄에 익숙해지도록 조금 기다려 줍니다.

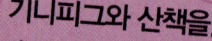

"한 달에서 두 달 정도된 어린 햄스터가 훈련시키기 쉬워요."

고양이와 악수를!

사람과 마찬가지로 고양이도 왼손잡이와 오른손잡이가 있습니다. 고양이는 독립적인 동물이기 때문에 훈련시키는 것이 쉽지 않지만 인내심을 가지고 훈련시키면 성공할 수 있을 것입니다. 특히 저녁 먹기 직전이 훈련하기 좋은 시간이지요.

■ **1단계**
손바닥에 고양이가 좋아하는 먹이를 놓고 무릎을 꿇은 자세로 고양이에게 보여 주며 냄새를 맡을 수 있게 합니다.

■ **2단계**
먹이가 있지 않은 빈 손을 고양이의 눈높이보다 약간 위로 내밉니다. 이렇게 하면 냄새는 나지만 보이지 않는 먹이를 찾기 위해 고양이가 앞발로 여러분의 손을 더듬어 먹이를 찾으려고 할 것입니다. 이렇게 할 때 상으로 먹이를 주면서 고양이에게 칭찬을 해줍니다. 몇 차례 반복하면 먹이가 없어도 손을 내밀면 고양이가 앞발을 내밀어 올려놓을 수 있게 될 것입니다.

✦ 어떤 고양이들은 쉽게 훈련에 응하지 않고 실증을 내며 그냥 가 버릴지도 모릅니다. 하지만 최선을 다 해야죠!

스스로 먹이를 먹는 금붕어

금붕어는 머리가 나쁜 것으로 알려져 있지만, 생각보다는 꽤 똑똑합니다. 그래서 금붕어가 주인을 알아보도록 훈련시키는 것도 가능하고, 조금만 인내심을 가지고 훈련시키면 손으로 금붕어 입에 먹이를 직접 넣어 줄 수도 있습니다.

■ **1단계**
물에 불린 금붕어 먹이를 수면 위에 들고 기다립니다. 너무 가까이 가면 금붕어가 겁을 먹고 도망갈 수 있으니 적당한 거리를 둡시다.

■ **2단계**
금붕어가 먹이를 먹으러 수면 위로 헤엄쳐 오르면 먹이를 떨어뜨립니다. 매일 같은 시간대에 이렇게 훈련을 시키면 금붕어가 점점 수면에 가까운 곳까지 먹이를 먹으러 올라오는 것을 볼 수 있을 것입니다. 계속 하다 보면 금붕어가 먹이를 찾아 수면에서 입을 벌리게 되고, 먹이를 입에 직접 넣어줄 수도 있습니다.

✦ 이 훈련은 여러 번 반복해야 하는 인내심이 필요로 합니다. 매일 빠짐없이 반복해야 금붕어가 기억할 수 있습니다.

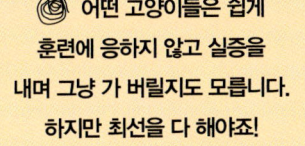

■ **2단계**
목줄에 익숙해지도록 1단계를 몇 번 반복한 뒤에 거실이나 앞마당으로 데리고 나가 봅시다. 처음에 데리고 나갔을 때는 새로운 주위 환경에 적응할 수 있도록 줄을 잡고 잠시 기다려 줍니다. 시간이 지나 주위 환경에 익숙해지면 근처를 가볍게 산책하는 것이 가능해질 것입니다.

✦ 기니피그는 겁이 많아서 밖으로 나가기가 어렵습니다. 멀리 나가지 말고 거실이나 앞마당에서 산책하는 편이 좋습니다.

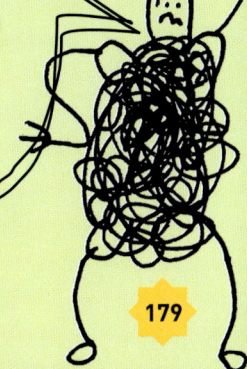

"애완용 쥐는 매우 깨끗하고 정도 많고 똑똑합니다. 눈이 나쁘기 때문에 주인을 냄새로 알아차립니다."

생각하는 기계?

컴퓨터나 계산기와 같은 기계는 사람보다 여러 면에서 뛰어난 능력을 갖고 있습니다. 심지어 어떤 로봇은 자동차같이 복잡한 물건을 만들기도 합니다. 그렇다면 이러한 기계가 사람처럼 생각하는 능력을 가졌을까요? 대부분의 기계는 생각하는 능력이 없이 사람이 미리 입력한 내용을 따라할 뿐입니다. 하지만 현재 우리는 컴퓨터와 로봇이 과거의 선수로부터 학습을 하는 방법을 개발하고 있고, 이를 바탕으로 기계들이 지능을 가질 수 있는 방법을 연구하고 있습니다.

지치지 않는 로봇

오늘날 많은 공장에서 로봇을 이용하고 있습니다. 그 로봇들은 복잡한 작업을 하고 있습니다. 로봇 컴퓨터의 조종을 받고 있습니다. 로봇은 사람에 비해 빠르고 실수 없이 작업할 수 있습니다. 컴퓨터는 중요한 것을 빠짐없이 기록하고, 지칠 일도 없습니다. 로봇의 이런 특성은 복잡해면서도 반복적인 일에 딱 알맞습니다. 하지만 로봇은 미리 입력된 일만 할 수 있습니다.

컴퓨터의 연산 능력

체스를 둘 수 있는 컴퓨터 프로그램을 만든다면, 컴퓨터는 하나의 수를 두기 전에 수없이 수가 경우의 수를 계산합니다. 이런 과정을 통해 택할한 수를 골라서 두는 것입니다. 체스의 고수가 경험을 바탕으로 가장 택할한 수를 골라 두는 것과 비교할 수 없습니다. 이것은 컴퓨터의 잘못이나 한계가 아니라 애초부터 그렇게 작동하도록 프로그램이 되어 있어서 그렇기 때문입니다. 더욱 좋은 프로그램을 짠다면 컴퓨터도 더욱 효과적으로 작동할 수 있지요.

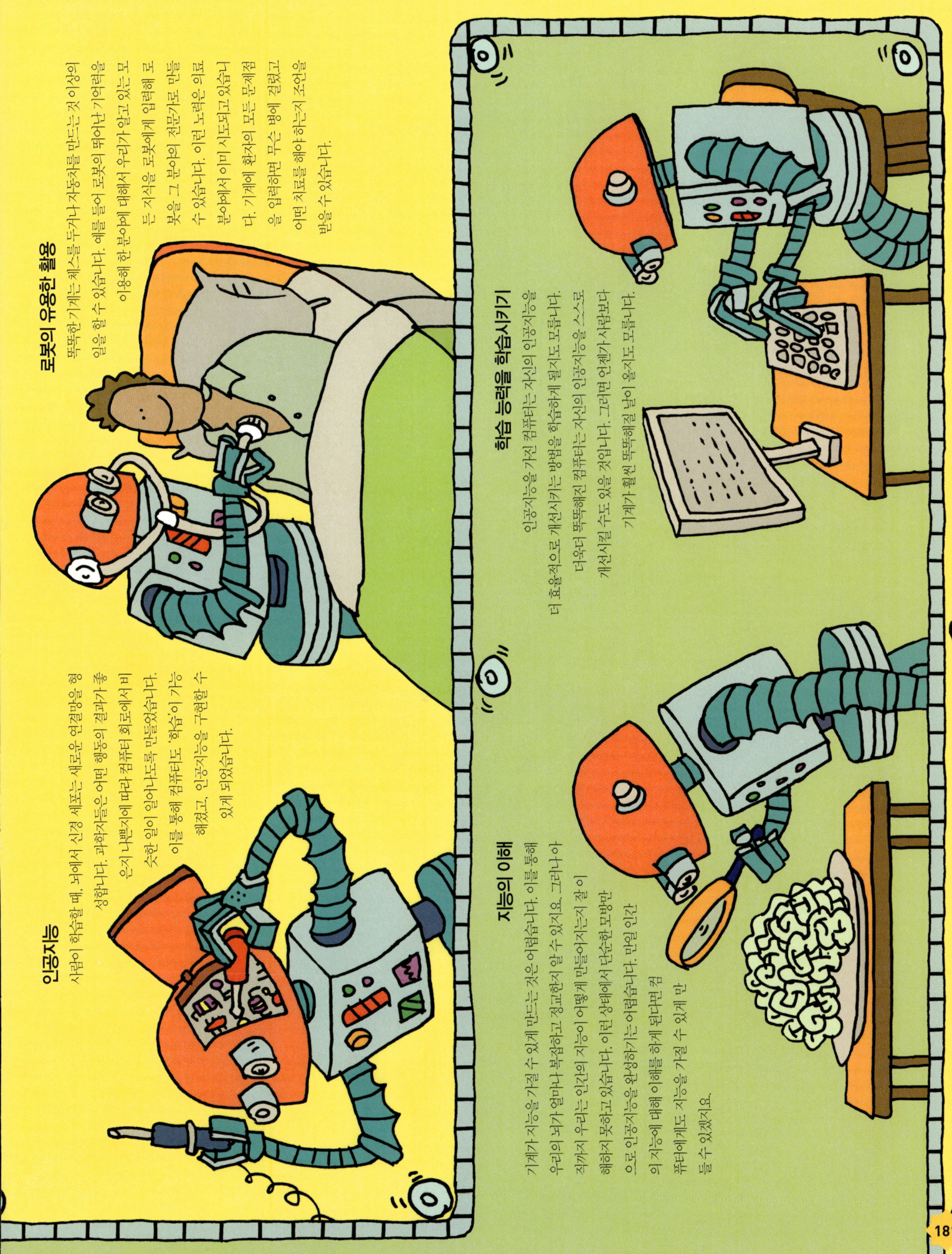

로봇의 유용한 활용

똑똑한 기계에게 체스를 두거나 자동차를 만드는 것 이상의 일을 할 수 있습니다. 예를 들어 우리가 뛰어난 기억력을 이용해 한 분야에 대해서 알고 있는 모든 지식을 로봇에게 입력해 보는 건 그 분야에 전문가로 만들 수 있습니다. 이런 노력은 이미 의료 분야에서 이미 시도되고 있습니다. 기계에 환자의 모든 문제를 입력하면 무슨 병에 걸렸고 어떤 치료를 해야 하는지 조언을 받을 수 있습니다.

인공지능

사람이 학습할 때, 뇌에서 신경 세포는 새로운 연결망을 형성합니다. 과학자들은 어떤 행동의 결과가 비슷하게 나쁠지에 따라 컴퓨터 회로에서 비슷한 일이 일어나도록 만들었습니다. 이를 통해 컴퓨터도 '학습'이 가능해졌고, 인공지능을 구현할 수 있게 되었습니다.

학습 능력을 학습시키기

인공지능을 가진 컴퓨터는 자신의 인공지능을 더 효율적으로 개선시키는 방법을 학습하게 될지도 모릅니다. 더욱더 똑똑해진 컴퓨터는 자신의 인공지능을 스스로 개선시킬 수도 있을 것입니다. 그러면 언젠가 사람보다 기계가 훨씬 똑똑해질 날이 올지도 모릅니다.

지능의 이해

기계가 지능을 가질 수 있게 만드는 것은 어렵습니다. 이를 통해 우리의 뇌가 얼마나 정교하고 복잡한지 알 수 있지요. 그러나 아직 우리는 인간의 지능이 어떻게 만들어지는지 잘 이해하지 못하고 있습니다. 이런 상태에서 단순한 모방만으로 인공지능을 완성하기는 어렵습니다. 만일 인간의 지능에 대해 이해를 하게 된다면 컴퓨터에게도 지능을 가질 수 있게 만 들 수 있겠지요.

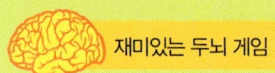 재미있는 두뇌 게임

명령을 주고 받아요

아주 간단한 작업을 수행할 때에도 우리의 뇌는 감각 기관을 통해 끊임없이 정보를 받아들이고 다음에 무엇을 할지 열심히 결정을 내립니다. 반면에 기계는 지시하는 대로만 움직일 수 있습니다. 다음의 놀이를 통해 명령을 내리고 그 명령을 해석하는 것이 얼마나 어렵고 복잡한 일인지 알아봅시다.

퍼즐 놀이

칠교판(七巧板)은 고대 중국에서 내려오는 퍼즐로 일곱 개의 조각들로 여러 가지 모양을 만드는 놀이입니다. 우리가 할 일은 친구에게 명령을 내려 다음의 모양들을 만들게 하는 것입니다.

이런 것들이 필요해요
종이와 가위, 자, 색연필이나 사인펜, 친구 1명

■ 1단계
아래에 있는 그림을 참고해서 종이에 정사각형을 그리고 일곱 조각으로 나눕니다. 색깔도 칠한 다음 각각의 조각을 잘라냅니다.

■ 2단계
이제 친구를 시켜서 원하는 모양을 만들어 봅시다. 다만 친구는 만들 모양이 무엇인지 모르는 상태에서 시작해야 합니다. 다음 모양들 중에서 하나를 골라 친구에게 어떻게 만들면 좋을지 아주 상세하게 하나하나 명령을 내려 봅시다. 예를 들어 "작은 갈색 정사각형을 여기에 두세요."라고 하면 됩니다. 생각보다 많이 어려울 거예요.

■ 3단계
다음 단계는 친구와 여러분이 역할을 바꿔서 여러분이 명령을 받을 차례입니다. 명령을 받는 입장이 된 느낌은 어땠나요? 친구와 비교했을 때 어떤 점을 더 잘 해냈나요?

그림을 말로 전달하기

여러분은 명확한 명령을 내려 목적을 달성할 수 있는 능력이 얼마나 되나요? 한 번 확인해 봅시다.

이런 것들이 필요해요
종이, 색연필이나 사인펜, 4명 이상의 친구, 스톱워치

■ 1단계
동물이나 사람(광대, 여왕 등)을 그립니다. 그 그림은 다른 사람이 볼 수 없도록 다른 방에 붙여 둡니다.

■ 2단계
친구 한 명을 뽑아 지시받은 대로 그림을 그리도록 합니다. 그 친구는 다른 사람들에게 질문을 하거나 말을 걸면 안 됩니다. 10분의 시간 제한을 두고 그 안에 끝내도록 노력해 봅시다.

■ 3단계
한 명이 그림이 붙은 방에 가서 그림을 보고 온 뒤 다른 친구들이 질문하는 것에 '네', '아니오'로만 답합니다. 그림을 그리는 사람은 다른 친구들이 질문하는 것을 잘 들으면서 원래 그림을 추측해 그림으로 그려야 합니다.

■ 4단계
제한 시간이 끝난 뒤에 원래 그림을 가져와 다른 친구가 그린 그림과 비교를 해봅시다. 만약 비슷하게 그리지 못했다면 왜 그런지 상의해 보고, 역할을 바꿔서 더 잘 할 수 있도록 다시 해봅시다.

눈가리고 공놀이 하기

이번 놀이는 짝을 이루어서 눈을 가린 친구가 다른 편 눈을 가린 친구를 공을 던져 맞추도록 명령을 내리는 놀이입니다.

이런 것들이 필요해요
- 눈가리개 여러 개
- 맞아도 다치지 않을 만한 공
- 6명 이상의 친구
- 스톱워치
- 심판을 봐줄 어른 1명

■ 1단계
짝을 정하고 둥글게 섭니다. 각 팀에서 한 명은 눈가리개를 합니다. 게임 시간은 10분입니다.

■ 2단계
눈가리개를 한 친구는 옆 사람이 시키는 대로 공을 던집니다. 예를 들어 "오른쪽으로 한 발 가. 지금 앞으로 던져라." 와 같은 명령을 따릅니다. 언제 몸을 숙여서 공을 피할지도 명령을 내릴 수 있습니다. 공이 근처에 떨어지면 공을 찾아서 주울 수 있게 지시를 내려야 합니다. 예를 들어 "앞으로 숙여서 오른손을 쭉 뻗어 공을 주워라." 라고 말할 수 있지요.

■ 3단계
시간 제한이 끝나면 역할을 바꿔서 다시 놀이를 할 수 있습니다. 시키는 대로 잘 했는지, 명령을 명확하게 내렸는지 등을 서로 평가해 줍시다.

용어 설명

감각
생명체로 하여금 내부와 외부의 환경 변화에 반응할 수 있게 하는 능력입니다. 시각, 청각, 미각, 후각, 촉각 등이 있습니다.

고정관념
쉽게 변하지 않는, 행동을 결정하는 확고한 의식이나 관념입니다.

공식
계산의 법칙 따위를 문자와 기호로 나타낸 식으로, 계산을 하기 위해 사용하는 수학적인 기술입니다.

공포증
이성적인 어떤 이유도 없이 무언가를 두려워하고 고민하며 불안을 느끼고 자기 통제를 하지 못하는 증상입니다.

논리
말이나 글에서 사고나 추리 따위를 이치에 맞게 이끌어 가는 과정이나 원리입니다.

뇌 줄기
뇌에서 양쪽 뇌의 대뇌 반구와 소뇌를 제외한 나머지 부분을 말합니다. 뇌간이라고도 부르지요. 뇌의 가장 아랫부분으로 연수, 뇌교, 중뇌로 구성됩니다.

뉴런
'신경 세포'를 가리키는 다른 이름입니다.

대뇌
뇌의 대부분을 차지하는 부분으로 좌우 반구와 양쪽을 연결하는 섬유 다발로 구성되어 있습니다. 표면에는 수많은 주름이 있지요. 고등 동물일수록 잘 발달되어 있습니다.

대뇌 반구
대뇌(대뇌 피질)와 소뇌의 반쪽 반구를 가리킵니다.

대뇌 피질
대뇌의 바깥층을 형성하며 외부에서 들어온 감각들을 종합하고 사고, 기억, 추론 등과 같은 고도의 지적인 기능을 담당하는 회백질의 층입니다.

두정엽
대뇌 반구의 가운데 꼭대기 부위입니다. 촉각과 통증, 온도 등을 해석하는 뇌 부위입니다.

로봇
컴퓨터의 조절을 통해 자동으로 일을 하는 기계 장치입니다. 인간과 비슷한 형태를 가지고 걷기도 하고 말도 하는 기계 장치이지요.

말초신경계
중추신경계로부터 피부, 근육 따위로 연결되는 신경의 모든 경로를 가리킵니다. 형태에 따라서는 체성 신경계와 자율 신경계로 나누어집니다. 기능에 따라서는 운동 신경계, 감각 신경계, 자율 신경계로 나누어집니다.

망막
눈의 가장 안쪽에 있는 빛에 예민한 세포층입니다. 어둡고 밝은 정도를 감지하는 간상 세포와 색을 구별하는 원추 세포가 있습니다. 망막은 빛의 자극을 받아 영상 감각이 시작되는 곳입니다.

머리카락 세포
신경에 연결되어 있는 조그맣고 유연한 머리카락이 있는 세포입니다.

모방
다른 사람의 모습이나 행동을 따라하는 것입니다. 모방을 통해 어린아이들은 어른들의 행동을 배우고 익히게 됩니다.

무의식
어떤 의식적인 사고나 자각이 없는 정신의 상태를 가리킵니다.

미각
맛을 느끼는 감각입니다.

박테리아(세균)
생물체 가운데 가장 크기가 작고 가장 하등에 속하는 단세포 생명체입니다. 다른 생물체에 기생하여 병을 일으키기도 하고 발효나 부패 작용을 일으키기도 하지요. 박테리아는 생태계의 물질 순환에 중요한 역할을 합니다.

반사
의지와는 관계없이 자극에 대하여 일정한 반응을 기계적으로 일으키는 현상입니다. 예를 들어 날카로운 통증을 느꼈을 때 움찔하며 피하는 것도 반사 작용 때문입니다.

베르니케 영역
언어를 이해하기 위해서는 필수적인, 소리 정보와 시각 정보를 해석하는 뇌 부위입니다.

변연계
대뇌반구의 안쪽과 밑면에 해당하는 부위를 말합니다. 종족 유지에 필요한 본능적 욕구와 생존에 관련된 감정과 기억들을 통제하는 뇌 부위입니다.

본능
어떤 생물체가 선천적으로 하게 되어 있는 동작이나 운동입니다. 아기가 젖을 빤다든지 병아리가 알을 깨고 나오는 행동들을 예로 들 수 있습니다. 또한 선천적으로 가지고 있는 억누를 수 없는 감정이나 충동을 가리키기도 합니다.

분자
화학적 형태와 성질을 잃지 않고 분리될 수 있는 물질의 최소 입자입니다. 분자를 더욱 쪼개면 어떤 물질의 성질은 사라지게 됩니다.

브로카 영역
언어를 조절하는 뇌 부위입니다.

성격
각각의 사람들이 가지고 있는 고유한 품성이나 성질입니다. 각 개인이 가진 남과 다른 자기만의 행동 양식으로 선천적으로 타고나는 면도 있고, 후천적인 환경의 영향에 의하여 만들어지는 부분도 있습니다.

세포
생명체를 구성하고 있는 가장 작은 단위입니다. 박테리아와 같은 생명체는 한 개의 세포체로 되어 있지만, 사람의 몸은 여러 가지 다양한 일을 하도록 분업이 되어 있는 많은 세포로 구성되어 있습니다.

소뇌
대뇌의 아래, 뇌줄기 뒤에 있는 뇌의 한 부분입니다. 평형 감각과 근육 운동을 조절하는 역할을 합니다.

수상돌기
신경 세포에서 세포질이 나뭇가지처럼 뻗은 것으로 신경 세포에 따라 돌기가 하나인 것도 있고 짧고 많은 것도 있습니다. 신경 흥분을 받아들이는 역할을 담당합니다.

수용체
접촉, 빛, 온도와 같은 외부 자극에 반응하여 세포 기능에 변화를 일으키는 물질입니다.

스펙트럼
빛을 파장에 따라 분해하여 배열한 것입니다. 무지개에서 볼 수 있는 여러 가지 색깔들이 나타납니다.

시각
눈을 통해 빛의 자극을 받아들이는 감각 작용입니다.

시상
감각 정보를 전달하는 중간 정거장 역할을 하는 뇌 부위입니다. 냄새 감각을 제외한 모든 감각을 대뇌 피질로 전달합니다.

시차
가까이 있는 물체가 멀리 있는 물체보다 더 많이 움직이는 것처럼 보이는 착시 효과입니다.

식물학
생물학의 한 분야로 식물에 대해 연구하는 학문 분야입니다.

신경
뇌와 다른 신체 부위 사이에 신경 신호나 신경 흥분을 전달하는 신경 세포(뉴런)로부터 뻗어 나온 섬유 다발입니다. 뇌와 척수 그리고 우리 몸 각각의 부위들 사이에 필요한 정보를 전달하는 구실을 합니다.

신경 흥분
신경 세포로부터 뻗어 나온 섬유다발을 따라서 전해지는 전기적 신호입니다. 코드화된 정보를 뇌와 몸의 또 다른 장기로 보내는 과정입니다.

신경 세포(뉴런)
신경계를 이루는 기본 단위입니다. 모든 신체 부위에 신경 신호를 전달하고 뇌에서 신경의 회로망을 만드는 특수한 세포입니다.

신동
어린 시절부터 재주와 슬기가 남달리 특별해서 큰 재능을 보이는 아이를 말합니다.

심리학
인간의 마음을 연구하는 학문입니다.

연합
새로운 기억이 뇌에 이미 저장되어 있는 기억에 연결되는 과정입니다.

운동 중추
근육 운동을 담당하는 신경의 중추입니다. 대뇌, 연수, 척수 등이 있습니다.

원근법
일정한 시점에서 본 물체와 공간을 실제 눈으로 보는 것과 같이 멀고 가까움을 느낄 수 있도록 평면 위에 표현하는 방법입니다.

원자
물질의 기본적인 구성단위입니다. 하나의 핵과 이를 둘러싼 여러 개의 전자로 구성되어 있습니다. 원자 한 개나 여러 개가 모여서 분자를 이룹니다.

인식
일반적으로는 사물을 분별하고 판단하여 아는 것을 말합니다. 뇌 과학에서는 뇌 속에 기억되어 있는 익숙한 지식을 알아내는 과정을 의미합니다.

인지
외부의 자극을 받아들이고, 저장하고, 인출하는 일련의 정신 과정을 가리킵니다. 지각, 기억, 상상, 개념, 판단, 추리를 포함하여 무엇을 안다는 것을 나타내는 포괄적인 용어로 사용합니다.

전두엽
대뇌 반구의 앞부분입니다. 사고, 판단과 같은 고도의 정신 작용이 이루어지는 곳입니다. 포유류 가운데 고등 동물일수록 잘 발달되어 있습니다.

전전두엽
전두엽에서도 생각을 가장 활발하게 조절하는 부위입니다.

주의 집중
어떤 순간에 주위 환경의 다른 것들을 배제하고 오로지 특정한 측면에만 몰입할 수 있도록 초점을 맞추는 것입니다.

중추신경계
동물의 신경 계통의 중심부를 일컫습니다. 척추동물의 뇌와 척수, 무척수동물의 신경절이 이에 해당합니다. 신체 각 부분들의 기능을 통제하고 신경 자극의 전달 통로가 됩니다.

지질학
지구와 지구 주위의 행성을 연구하는 학문입니다.

직관
감각, 경험, 연상, 판단, 추리 따위의 사유 작용을 거치지 아니하고 대상을 직접적으로 파악하는 작용입니다. 이성적인 판단에 앞서 무언가에 대해 알고 있다고 느끼는 감각으로 '육감'이라고도 합니다.

진화
생물이 생명의 기원 이후부터 점진적으로 변해 가는 현상을 의미합니다.

척수
척주관 속에 있는 중추신경계의 한 부분. 길이는 약 45센티미터이고 원기둥 모양입니다. 위쪽은 머리뼈 안의 연수로 이어지고 아래쪽 끝은 대개 둘째 허리뼈 높이에서 끝납니다.

청각
소리를 느끼는 감각입니다.

체감각 피질
피부, 근육, 관절로부터 오는 신경 신호를 분석하는 뇌 부위입니다.

촉각
물건이 피부에 닿아서 느껴지는 감각입니다.

축삭돌기
신경 세포에서 뻗어 나온 긴 돌기입니다. 신경 신호는 다른 신경 세포를 자극하기 위해서 축삭돌기를 따라서 신경세포체로부터 멀리 한 방향으로 흐릅니다.

텔레파시
한 사람의 사고, 말, 행동 따위가 멀리 있는 다른 사람에게 전이되는 심령 현상입니다.

프로그램
어떤 문제를 해결하기 위하여 그 처리 방법과 순서를 정리하여 컴퓨터에 주어지는 일련의 지시들의 집합체입니다.

플라시보 효과
실제로는 생리 작용을 일으키지 않는 물질로 만든 약을 먹었음에도 환자들이 심리적으로 안심하여 건강이 좋아졌다고 생각하는 효과입니다. 실제로 약물 성분이 없음에도 병세가 호전되는 경우도 있습니다.

양전자 방출 단층촬영
인체의 생화학적 변화를 영상화할 수 있는 핵의학 분야의 새로운 영상기술입니다. 이를 활용해서 뇌 속에서 벌어지는 현상들을 눈으로 볼 수 있습니다.

해부학
생물체 내부의 구조와 기구를 연구하는 학문입니다.

핵
세포 작용의 중추가 되며, 세포 분열에 관계하는 생명 활동의 핵심입니다.

호르몬
동물의 내분비 샘에서 분비되는 체액과 함께 몸속을 순환하여, 다른 기관이나 조직의 작용을 촉진하거나 억제하는 물질을 통틀어 일컫습니다.

회상
한 번 경험하고 난 일을 다시 재생하여 불러 내는 과정입니다.

후각
냄새를 맡는 감각입니다.

정답

6~7쪽
기억력 실험
1. 목욕탕
2. 수영, 달리기, 축구
3. 폐
4. 붉은색
5. 고양이
6. 생선
7. 하나
8. 고양이, 개, 달팽이, 물고기, 새, 토끼
9. 베이컨과 계란 프라이 냄새
10. 손가락에 난 상처

★ 만일 여러분이 6개 이상 맞췄다면 기억력이 아주 좋다고 볼 수 있습니다.

완벽한 한 쌍
A와 F를 합치면 육면체가 될 수 있습니다.

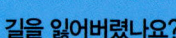

길을 잃어버렸나요?

66~67쪽
인식하기와 회상하기
1단계
1. 이스라엘–예루살렘
2. 프랑스–파리
3. 인도–뉴델리
4. 러시아–모스크바
5. 체코–프라하
6. 독일–베를린
7. 아프가니스탄–카불
8. 캐나다–오타와
9. 덴마크–코펜하겐
10. 아르헨티나–부에노스아이레스

2단계
1. 에스파냐–마드리드
2. 아일랜드–더블린
3. 중국–베이징
4. 스웨덴–스톡홀름
5. 이라크–바그다드
6. 네덜란드–암스테르담
7. 일본–도쿄
8. 이탈리아–로마
9. 이집트–카이로
10. 그리스–아테네

68~69쪽
차이를 구별하기

누가 누구인가요?
푸름이는 B입니다.

78~79쪽
한손 법칙

오른쪽으로 갈까? 왼쪽으로 갈까?

실패를 했을 경우에
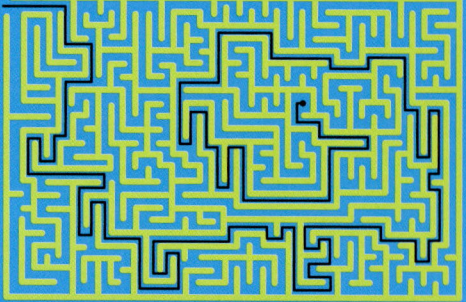

놀라운 미로
(이미지 참조)

어디가 위고, 어디가 아래야?

80~81쪽

짝이 없는 동물을 찾아라
두 번 나타나지 않는 생명체는 장수말벌입니다.

규칙을 찾아 결과 예측하기
항상 두 개의 노란색 컵케이크로 시작하고 보라색 컵케이크로 끝납니다. 그리고 그 사이에 있는 분홍색 컵케이크 숫자는 하나씩 늘어납니다. 시작을 알리는 노란색 컵케이크는 1, 5, 10번째에 있고, 이때 시작을 알리는 노란색 컵케이크들의 위치를 알려 주는 숫자의 간격은 하나씩 늘어납니다.(1과 5의 간격은 4이고, 10과 5의 간격은 5이므로) 따라서 뒤에 이어질 시작을 알리는 노란색 컵케이크는 16, 23, 31, 40, 50, 61, 73, 86 그리고 100번째에 있게 됩니다. 그 결과 49번째 컵케이크는 보라색 컵케이크이고, 100번째는 노란색 컵케이크가 됩니다.

똑같은 얼굴을 찾아라!

순서의 규칙을 찾아라
파란색 꽃-주홍색 꽃-파란색 꽃의 순서로 배열이 됩니다.

사라진 조각들을 찾아라
사라진 4개의 수수께끼 조각들은 J, K, G, F입니다.

짝이 없는 무늬를 찾아라!

90~91쪽

100원은 어디로 갔을까?
처음에 세 명의 소년은 각자 1,000원씩 3,000원을 지불했습니다. 그리고 소년들은 300원을 돌려 받았지요. 결과적으로 총 2,700원을 입장료로 낸 것입니다. (2,500원은 입장권 비용으로 냈고 200원은 보조원이 가져갔습니다). 이 2,700원에는 사라진 돈은 없습니다. 이 수수께끼에서 문제를 헷갈리게 되는 이유는 보조원이 가져간 200원을 2,700원에 더했기 때문입니다.

강 건너기는 어려워!
농부는 제일 먼저 닭을 데리고 강을 건너야 합니다. 그리고 닭을 놓고 돌아와서 이번에는 여우를 데리고 다시 강을 건넙니다. 그 다음 닭과 여우를 교환한 뒤 닭을 데리고 다시 되돌아옵니다. 이후에 닭을 놓고 곡식을 가지고 건너가서 여우와 함께 놓습니다. 마지막으로 다시 되돌아와서 닭을 데리고 강 반대편으로 갖다 놓으면 됩니다.

과자를 꼭 찾아야 해!
지숙이는 두 번째 병을 골라야 합니다.
첫 번째 병 – 완두콩
두 번째 병 – 과자
세 번째 병 – 밀가루
네 번째 병 – 콩
다섯 번째 병 – 후추
여섯 번째 병 – 쌀

기차를 놓치기 전에 다리를 건너려면?
형과 동생이 함께 건너가면 2분이 걸립니다. 그리고 형이 다시 되돌아오면 1분이 소요됩니다. 그 다음 아버지와 할아버지가 함께 건너가면 10분이 걸립니다. 그리고 동생이 되돌아가면 2분이 소요됩니다. 마지막으로 형과 동생이 함께 건너가면 2분이 걸립니다. 이제 이동하는 시간을 모두 더하면 2+1+10+2+2=17분으로 기차를 놓치지 않고 시간을 정확히 맞추어 건널 수 있습니다.

자유를 얻을 수 있는 문은?
죄수는 두 명의 보초 모두에게 이렇게 질문을 해야 합니다. "옆의 보초에게 자유를 얻을 수 있는 문이 어디인지 물어보면 그는 뭐라고 대답할까요?" 만일 자유를 얻을 수 있는 문이 붉은 색일 경우를 생각해 봅시다. 죄수가 진실만 말하는 보초에게 위와 같이 질문을 한다면 그는 "파란색 문"이라고 대답할 것입니다. 다른 보초가 항상 거짓말을 한다는 것을 알기 때문입니다. 이번에는 죄수가 거짓말을 하는 보초에게 질문을 합니다. 그러면 그 보초는 당연히 거짓말을 하며 "파란색 문"이라고 대답할 것입니다. 이런 이유로 두 명의 보초는 결국 같은 대답을 하게 됩니다. 따라서 죄수가 감옥을 탈출하기 위해서는 두 명의 보초의 대답과는 다른 반대편의 문을 열어야 합니다.

게임을 시작한 사람은?
수진이가 게임을 시작했습니다.

92~93쪽

스도쿠 초급

3	6	8	1	9	2	4	7	5
2	7	1	3	5	4	8	6	9
9	4	5	8	6	7	3	1	2
5	8	2	9	7	6	1	3	4
4	3	6	2	1	8	9	5	7
1	9	7	4	3	5	6	2	8
6	2	9	5	8	1	7	4	3
7	5	3	6	4	9	2	8	1
8	1	4	7	2	3	5	9	6

스도쿠 중급

1	7	6	4	2	8	3	5	9
2	5	4	9	3	1	7	8	6
8	3	9	5	7	6	1	2	4
7	2	5	3	8	4	9	6	1
6	1	3	2	5	9	4	7	8
4	9	8	6	1	7	2	3	5
5	4	1	7	9	2	8	6	3
9	8	7	1	6	3	5	4	2
3	6	2	8	4	5	6	9	7

스도쿠 고급

3	5	6	9	1	4	8	2	7
1	4	7	3	2	8	5	6	9
2	8	9	6	7	5	3	4	1
6	7	2	1	9	5	4	8	3
9	1	3	2	4	7	6	5	8
5	2	8	7	3	9	1	4	6
4	6	1	5	8	3	7	9	2
7	9	5	4	6	2	8	1	3
8	3	4	8	5	1	2	5	4

가쿠로 초급 / 가쿠로 중급 / 가쿠로 고급

96~97쪽

수수께끼 피라미드

오직 한 번의 기회만 있어요!
54 x 3 = 162

꽃의 수수께끼
3개의 가장 큰 수를 더하고 제일 작은 수를 곱합니다.

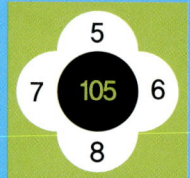

누가 누가 더 무거운가?
딸기 11개의 무게는 파인애플 1개와 바나나 3개의 무게와 같습니다.

파인애플 1개 = 딸기 5개
오렌지 1개 = 딸기 4개
사과 1개 = 딸기 3개
바나나 1개 = 딸기 2개

숫자 8의 조각들
888+88+8+8+8=1,000

통과하거나 혹은 실패하거나
아름이가 125점을 받을 수 있는 경우는 20개의 문제 중 15개를 맞추고 5개를 틀리는 경우입니다. 정답 1개당 10점을 받아서 150점을 획득하고, 오답 1개당 5점씩 감점이 되어 총 25점을 잃게 되면 아름이는 총 150-25=125점을 얻게 됩니다. 결과적으로 아름이는 15개를 맞추어 시험을 통과할 수 있습니다.

반짝반짝 빛나는 별들

연속으로 나눗셈 하기
정답은 5입니다.

102~103쪽

위로 아래로
A는 위로 B는 아래로 움직입니다.

2개만 움직여서 모양을 바꿔봐

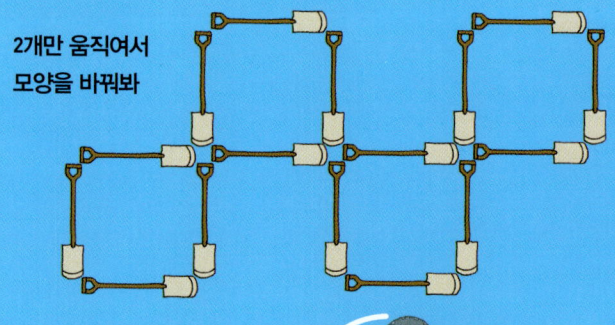

거꾸로 뒤집히는 삼각형

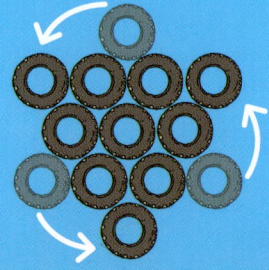

똑같이 나누기

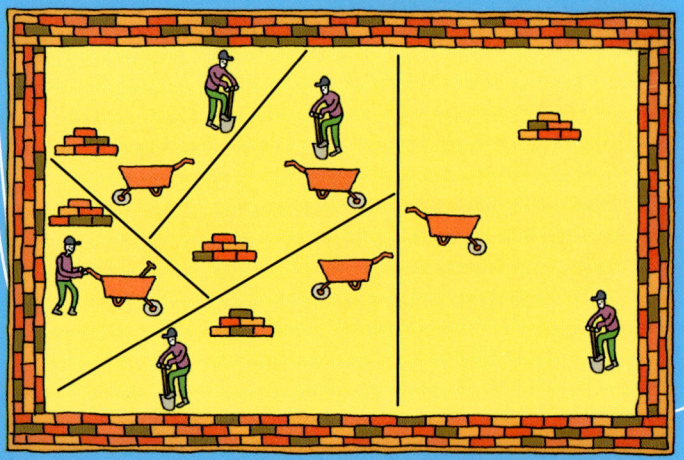

104~105쪽

각도가 다르면 다르게 보여
모양에 잘 맞는 두 개의 도형은 A와 F입니다.

위에서 보기
그림을 위에서 올바르게 본 것은 F입니다.

제대로 만들어진 상자는?
상자 C입니다.

4개의 삼각형
연필을 이용하여 삼각 피라미드 형태인 사면체를 만듭니다.

거꾸로 뒤집어 봐
세 번째 그림에서 엎어진 면의 색깔은 초록색입니다.

모양 발견하기
남아 있게 되는 분홍색 조각의 모습은 A입니다.

114~115쪽

관계 없는 것 고르기
- 고양이와 원추
  나머지는 보트(배)와 관련이 있는 단어들이다.
- 스테이플러와 자
  나머지는 글을 쓰는 데 필요한 물건들이다.
- 달과 태양
  나머지는 행성들이다. 달은 위성이고, 태양은 항성(별)이다.
- 돌고래와 해마
  나머지는 새(조류)이다.
- 달리다와 웃다
  나머지는 명사(사물의 이름을 가리키는 말)이다.

빈 칸 빠르게 채우기
- 새와 부리의 관계는 사람과 (입)의 관계와 같다.
- 눈과 시각과의 관계는 코와 (후각)의 관계와 같다.
- 안과 바깥의 관계는 위와 (아래)의 관계와 같다.
- 펜과 잉크와의 관계는 붓과 (붓질)의 관계와 같다.
- 세발자전거와 숫자 3의 관계는 두발자전거와 (숫자 2)의 관계와 같다.

비슷한 단어, 반대되는 단어
비슷한 단어 찾기
- '배고프다'와 '굶다'
- '피곤하다'와 '졸리다'
- '무섭다'와 '유령 같다'
- '어리석다'와 '바보 같다'

반대되는 단어 찾기
- '칭찬하다'와 '모욕하다'
- '가장자리'와 '가운데'
- '합리적이다'와 '비논리적이다'
- '떠나다'와 '돌아오다'

118~119쪽

빈 칸 채우기
① 꼼짝없이   ④ 싸움   ⑦ 충격
② 높은   ⑤ 틈   ⑧ 눈부신
③ 무시무시한 ⑥ 발톱   ⑨ 날카로운
                      ⑩ 날아올랐다

128~129쪽

한 번에 점 연결하기

자연은 창조적인 생각의 어머니
1-E 총알 열차로 알려진 신칸센의 앞코는 물총새의 주둥이를 보고 만들어졌다. 이 디자인은 열차를 더욱 빨리 달리게 하며, 에너지를 덜 들게 하고 소음을 줄여 줍니다.

2-D 메르세데스 벤츠는 거북복이라는 물고기의 모가 난 신체 구조에 바탕을 두고 개발된 자동차입니다. 거북복의 모양은 차를 더 넓게 만들어 줌과 동시에 더 가볍게 만들어 주어 연료 소모를 줄여 줍니다.

3-A 상어의 피부는 물을 잘 통과할 수 있게 해주는 조그마한 치아 같은 비늘로 되어 있습니다. 이 구조는 수영복에 사용되어 수영선수들의 기록을 수 초 이내로 단축시켜 주었습니다.

4-B 연잎의 표면 구조는 물과 먼지를 막아 줍니다. 이것이 자가 방수 기능이 있는 페인트를 개발하는 데 도움을 주었습니다.

5-C 고양이 눈의 빛을 반사하는 방법을 연구한 후 퍼시 쇼라는 과학자는 1935년 고양이 눈 반사경을 개발하였습니다. 그가 발명한 고양이 눈 반사경은 오늘날 전 세계에서 사용되고 있습니다.

수평적인 사고
수수께끼 A에 대한 답
로미오와 줄리엣은 금붕어입니다. 그들은 큰 사발(어항)이 떨어져 깨졌을 때 죽고 말았습니다.

수수께끼 B에 대한 답
공중을 향해 똑바로 던지세요. 그러면 자연스럽게 다시 밑으로 되돌아옵니다.

144~145쪽

남자의 뇌? 여자의 뇌?
만일 여러분이 3개 이상의 질문에 '예'라고 대답을 했다면 여러분은 절대적으로 여자의 뇌를 가지고 있다고 볼 수 있습니다. 여자의 뇌는 감정, 느낌, 몸짓 언어 등을 더욱 잘 이해하는 것 같습니다. 그에 비해 남자의 뇌는 일반적으로 지도를 읽고, 기술적인 일들과 세부적인 것들을 이해하는 것을 더욱 잘합니다. 물론 소녀가 남자의 뇌를, 소년이 여자의 뇌를 가지고 있을 수도 있지만, 대부분의 사람들은 남자의 뇌와 여자의 뇌의 특징이 혼합된 형태를 가지고 있습니다.

생체 시계
A에는 4점, B에는 3점, C에는 2점, D에는 1점을 주어, 그 총합을 구하세요.

6~11점 여러분은 밤늦게까지 잠에 들지 않는 올빼미형입니다. 그러나 잠자는 것을 잊으면 안 됩니다. 충분한 잠은 중요하기 때문입니다. 만약에 여러분이 잠을 충분히 자지 않는다면 여러분은 쉽게 화를 내고 공부에도 집중을 할 수 없을 거예요.

12~18점 여러분은 올빼미형이 아니고 일찍 일어나는 유형도 아닙니다. 적당한 수면 습관을 가지고 있습니다.

19~24점 여러분은 매우 일찍 일어나는 유형이군요. 일찍 일어나 하루를 준비할 수 있는 장점이 있지만, 잠이 부족해져서 다른 것들을 방해하지 않도록 노력해야 합니다.

160~161쪽

표정 맞추기
A-놀람, B-화남, C-행복함,
D-혐오스러움, E-싫음, F-슬픔

가짜 웃음을 찾아라!
A, C, E는 가짜 웃음입니다.

몸짓 언어
A – 거짓말할 때
사람들은 종종 거짓말할 때 안절부절못합니다. 누군가가 눈을 비비거나 손이나 다리를 까딱거리거나, 귀를 앞으로 당기는지 관찰해 보면 알 수 있습니다.

B – 모방할 때
사람들은 상대방과 좋은 관계를 유지하고 있을 때, 무의식적으로 다른 사람의 몸짓 언어를 따라합니다.

C – 우월하다고 생각할 때
마음이 이완되어 있으면서 중심이 잡혀 있는 자세는 본인 스스로 우월하고 힘이 있는 것을 느끼고 있을 때 나타나는 자세입니다.

D – 공격성을 보일 때
두 사람이 서로에 대해 공격성을 보일 때에는 얼굴을 맞대며 서로를 쳐다보고 있으나 몸은 약간 떨어져서 기울어져 있습니다.

E – 방어할 때
위축된 자세는 방어를 하기 좋은 자세입니다. 상대방이 다리와 팔을 포개거나, 발목을 교차하고 있는지, 손을 꽉 쥐고 있는지를 살펴보세요.

F – 복종을 할 때
복종을 하거나 순종적일 때는 부끄러워하거나 발의 위치가 엉거주춤합니다. 시선은 자주 땅을 향하고 때로는 손을 감추기도 합니다.

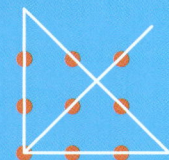

189

찾아보기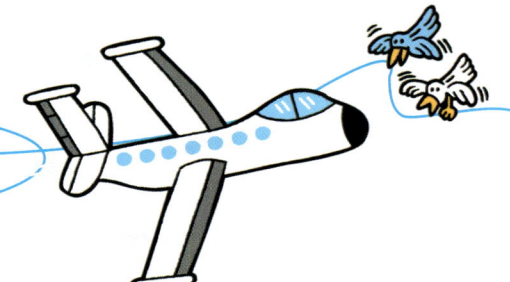

ㄱ

가드너, 하워드 83
가쿠로 93
각막 24
간디, 마하트마 154~155
갈릴레이, 갈릴레오 20
감각 6, 19, 24~57, 185
감각 기억 62
감각 연상 피질 19
감각 지도 45
감성 지능 153
감정 6, 152~153, 158~161
개방성 141, 143
거짓말 탐지기 159
고대 그리스 인 10, 20, 87, 95, 126~127, 175
고대 이집트 인 78, 122~123
고막 35
고정관념 61, 185
공간 감각 6, 102~105
공간 지능 82~83
공기 원근 29
공막 24
공포감 61, 156~157
공포증 88~89, 185
관절 센서 53
귓바퀴 35
근육 센서 53
기억 6~7, 62~71
기억술 64
기하학 94
길버트, 찰스 앨런 32
꿈 57, 150~151

ㄴ

남성의 뇌 144
냄새 수용체 40
네안데르탈인 112
노벨, 알프레드 106
논리력 86~91, 184
뇌 기저 41
뇌 무게의 증가 18~19
뇌 손상 173~175
뇌 수술 174~175
뇌 줄기 10, 41, 184
뇌와 언어 112

뇌의 구조 10~11, 19
뇌의 발달 172~173
뇌의 진화 168~169
뇌파 18~19, 127
뇌하수체 10
눈 마주치기 158
눈물 153
뉴런 16~17, 62, 76, 172, 184

ㄷ

다빈치, 레오나르도 134~135
다윈, 찰스 126, 170~171
다중지능 이론 83
단기 기억 60, 62~64, 66, 68~69
달팽이관 35
대뇌 (대뇌피질) 10~13, 19, 40, 63, 139, 172, 184
대수학 95
대인관계 지능 82~83
대화 116
던롭, 존 107
델타파 18
두정엽 11, 185
등골 35

ㄹ

로봇 180~181, 185
로제타석 122~123
루빅스큐브 101, 105

ㅁ

마이스너 소체 45
만델라, 넬슨 155, 173
맛 감각과 냄새 감각 42~43
맛봉오리 40
망막 24~25, 185
맥락막 24
맹점 25
머리카락 44~45, 53
멀미 52
메르켈의 원판 44
모근 감지기 44
모방 77
모차르트, 볼프강 아마데우스 38~39
몸짓 언어 159, 161

몽유병 150~151
무의식 148~149, 185
미각 40~43
미로 7, 78~79
미신 89
미엘린 수초 17
미토콘드리아 17

ㅂ

박테리아 106, 184
반고리관 35, 52
반복 77
반사 17, 45, 185
발명 106~109, 126~129, 134
버거, 한스 18
베르니케 영역 18~19, 112, 185
베일리스, 트레버 106
베타파 18
벤젠의 구조 57
변연계 41, 184
본능 88, 149, 168, 176, 184
부신 156
브레인스토밍 130
브로카 영역 18~19, 112, 184
빛과 그림자 29

ㅅ

사고 7, 18, 60~61
3차원 입체 영상 100~101, 104~105, 185
상대성 이론 72~73
상형 문자 122~123
생체 시계 145
샹폴리옹, 장 프랑수아 122~123
성격 검사 140, 142~143
성대 112
성실성 141, 143
세타파 18
세포 16, 184
세포체 16
소뇌 11, 184
소름 53
소리 36~37
속임수 마술 48~51, 98~99
손 13, 15, 45~46, 135

수면 10, 18
수상돌기 16~17, 184
수용체 44~45, 185
수학 지능 82~83
수화 112
숫자 퍼즐 92~93, 96~99
스도쿠 92
스트레스 148, 157
습관 162~163
시각 연상 피질 19
시각 피질 25
시각화 164
시상 10, 41, 44, 156, 185
시상 하부 10
시신경 13, 25
시차 28
신경 16~17, 44, 184
신경 말단 44~45, 52
신경 섬유 40
신경 세포 16~17, 62, 76, 172, 184
신경 흥분 16~17, 184
신경계 16, 184~185
신경망 16, 62, 76
신념 88
신체 지능 82~83
신호망 44

ㅇ

아르키메데스 126~127
아리스토텔레스의 착각 54
아인슈타인, 알베르트 72~73
알츠하이머병 173
알파벳 120
알파파 18
압력파 34
애닝, 매리 146~147
애완동물 길들이기 178~179
양손잡이 15
양전자 방출 촬영술(PET) 19, 185
언어 7, 12, 82, 112~123, 169
에디슨, 토마스 107, 127
여성의 뇌 144
연수 41
연합 64, 70~71, 76, 184
오브라이언, 도미니크 70
외향성 141, 143
왼손잡이 13, 135
우뇌 12~15
운동 영역 19, 184
운동 피질 19
울음 153
원근법 28, 185
유스타키오관 35
유전적 특성 140

육감 56~57
융, 칼 148
음악 지능 82~83
이완 157
인공지능 82~83, 181
인지 66~67, 71, 185
일차 시각 피질 19
일차 청각 피질 19
입술 모양 읽기 35

ㅈ

자기 이해 지능 82~83
자동활성 6
자신감 164
자연 관찰 지능 83
자연 선택 170~171
자유 연상 88
자의식 139, 149, 184
장기 기억 62~64, 76
전두엽 11, 184
전운동 피질 19
전전두엽 피질 19, 63, 156, 168~169, 185
전정신경 52
점자책 44
제퍼슨, 토마스 21
조건 붙이기 76, 184
좌뇌 12~15
주의 집중 60, 62, 64, 68~69, 184
주의력 결핍 134
중독 162
지각 148, 185
지능 검사(아이큐) 83
지도 읽기 100
지질학 146~147, 170, 184
진피 45
진화 168~171, 184

ㅊ

착시 효과 26~27, 29, 30~33
창의력 126~133
척수 16~17, 185
청각 19, 34~39, 52, 112
청각 연상 피질 19
체감각 피질 19, 44, 53, 185
촉감 46~47
촘스키, 노암 113
축삭돌기 16~17, 184
측두엽 11
친화성 141, 143
침골 35
침샘 40, 43

ㅋ

카버, 조지 워싱턴 84~85
카스파로프, 개리 21
캘리그래피 121
컴퓨터 87, 180~181
케블라 107
케쿨레, 아우구스투스 57
코방 40~41
퀴리, 마리 21

ㅌ

테스토스테론 144
텔레파시 56, 185
통찰력 13

ㅍ

파치니 소체 45
팽대부 52
페니실린 106
페라가몬의 갈렌 10
펜로즈의 삼각형 33
편견 185
편도체 63, 156
평형 감각 35, 52~53
평형반 52
폰 브라운, 베르너 108~109
표정 152, 158~161
표피 44~45, 53
프로이트, 지그문트 151
플라시보 효과 148
플레밍, 알렉산더 106
피타고라스 20, 95

ㅎ

학습 76~77, 116
해부학 135, 184
혀 40
혈액의 공급 11
호르몬 10, 144~145, 184
호모 사피엔스 169
호모 하빌리스 169
홍채 24
화석 146~147, 170
환각 팔다리 53
회상 66~67, 185
후각 40~42, 54, 63, 148
후구 40
후두엽 11
히포크라테스 175

191

뇌는 정말 신기해!

초판 인쇄 | 2009년 12월 10일
초판 발행 | 2009년 12월 20일

지은이 | 존 우드워드
옮긴이 | 서유헌
펴낸이 | 김정순
책임편집 | 한아름 허영수
디자인 | Design 樂
마케팅 | 정상희 한승일 임정진

펴낸곳 | (주)북하우스 퍼블리셔스
출판등록 | 1997년 9월 23일 제406-2003-055호
주소 | 서울특별시 마포구 서교동 395-4 선진빌딩 6층
전자우편 | editor@henamu.com
전화번호 | 02-3144-3123
팩스 | 02-3144-3121
홈페이지 | www.bookhouse.co.kr

ISBN | 978-89-5605-380-6 73400

이 도서의 국립중앙도서관 출판시도서목(CIP)은
e-CIP 홈페이지(http://www.nl.go.kr/ecip)에서 이용하실 수 있습니다.
(CIP제어번호: CIP2009002379)

Train your Brain to be a Genius
Copyright © 2009 Dorling Kindersley Limited, London
All rights reserved.

Korean translation copyright © 2009 by BOOKHOUSE Publishers Co.
This Korean edition was published by arrangement with Dorling Kindersley Limited.
Printed and assembled in Hong Kong by L. Rex Printing Co. Ltd.

이 책의 한국어판 저작권은 Dorling Kindersley Limited와 독점계약한 (주)북하우스 퍼블리셔스에 있습니다.
저작권법에 의해 한국 내에서 보호를 받는 저작물이므로 무단 전재와 복제를 금합니다.

도판의 출처

DK would like to thank:

Niki Foreman, Karen Georghiou, Fran Jones, Ashwin Khurana, and Eleri Rankine for editorial assistance; Johnny Pau for design assistance; Stephanie Pliakas for Americanization; Jackie Brind for the index; Stefan Podhorodecki for photography; Steve Willis for retouching, Mark Longworth for additional illustrations; Jaime Vives Piqueres for help with the POV programme.

The publisher would like to thank the following for their kind permission to reproduce their photographs:

Key: a–above; b–below/bottom; c–centre; f–far; l–left; r–right; t–top

akg-images: 108tl, 109tl; **Alamy Images:** Third Cross 59cla (carousel); Paul Doyle 64br; Richard Harding 58cb (spider); Interfoto 87tl, 122cla; Andre Jenny 85bc; Photos 12 148cl; **The Art Archive:** 122ftl; **The Bridgeman Art Library:** Bibliothèque de la Faculté de Médecine, Paris, France/Archives Charmet 10bl; British Museum, London, UK 122cl; Massachusetts Historical Society, Boston, MA, USA 21cb; Musée des Beaux-Arts, Grenoble, France/Peter Willi 123clb; Natural History Museum, London, UK 171cl; **Corbis:** Alinari Archives 134cr; Bernard Annebicque 107clb; Arctic-Images 175cl; Artiga Photo/Flirt 140tr; Bettmann 21bl, 38bl, 39cr, 39tc, 73crb, 73tr, 84bl, 84crb, 84tl, 85 (background), 108bl, 135 (background), 135clb, 147tl, 154cr, 155c (background), 170c, 171bl, 175bc; Bettmann/Underwood & Underwood 21tl; George W. Ackerman/Bettmann 85tr; Adrian Burke 77crb; Chris Kleponis/Zuma 87tr; Creasource 35br; DLILLC 95tr; Neville Elder 106br; EPA/ Oliver Weiken 21fbr; EPA/MAST IRHAM 21crb (Venus & Serena); Randy Faris 62fbr; Rick Friedman 113bl (Chomsky); The Gallery Collection 38cr, 38tl, 122cra, 170tl; Gianni Dagli Orti 134bl, 134tl; Josh Gosfield 140bl; Waltraud Grubitzsch/epa 53bl; Historical Premium; Premium RM 151cra (Freud); Aaron Horowitz 67clb; Hulton-Deutsch Collection 19ca (Broca), 73 (background), 73ftl, 85cr, 109r; Jose Luis Pelaez, Inc 83br (boy); Brooks Kraft 13br; Latitude 61fcra (python); Frans Lemmens/zefa 169cr; Philippe Lissac/GODONG 77br; Massimo Listri 120c; Yang Liu 56bc; Gideon Mendel 173crb; Ali Meyer 39 (background); Moodboard 140br; Dana Neely 174-175 (background); Michael Nicholson 171 (background); Norbert Wu/Science Faction 169tc; Historical Premium; Premium RM 151cra (Freud); Steve Prezant 140tl; Roger Ressmeyer 73tc; Ron Austing/Frank Lane Picture Agency 168c; Bob Rowan/Progressive Image 76bl; Peet Simard 67cl; Tony Hallas/Science Faction 146tl; Dale C. Spartas 177br; Stapleton Collection 146c; Peter Turnley 112tc (signing); Randy M. Ury 69bl; Gregor Schuster/ zefa 174-175c (brain scans); M.Thomsen/Zefa 64cr; **DK Images:** Geoff Brightling/Denoyer-Geppert 52bc; Harry Taylor/Courtesy of the Natural History Museum, London 146bl; **Dreamstime.com:** 22cb (lemon), 22ftl, 23bc, 23bl, 23cl, 74cl (pencil) 125ftl; Yuri Arcurs 58bc (dancing); Burning_liquid 59cla (beach); Creativeye99 59fcl (house); Davinci 125fcl; Derausdo 125clb; Dimitrii 58cra (baby); Dndavis 58ca (keys); Dragoneye 125crb; Ejla 59bc (dog); Godfer 59clb (teens); Hansich 58tr (wedding cake); Kamchatka 58ca (cat); Kirza 125cr; Kmitu 59fcla (maths); Livingdedgrrl 59ftl (swimming); Moemrik 125cla; Monika3ste 125fclb; Mwproductions 58cla (class); Nikolais 124tr; Pemmett 125fcla; Prairierattler 59cla (net); Roim 124br; Scantynebula 58cl (teddy); Siloto 125ftr; Tass 59fbl (skier); Thijsone 125tc; trentham 125fcr; Trutta 125fcrb; Upimages 125bc; Uzuri 125cl; Winterling 124-125 (jigsaw); Zela 125ca; **© 2009 The M.C. Escher Company- Holland:** M.C. Escher's "Waterfall" © 2009 The M.C. Escher Company-Holland. All rights reserved. www.mcescher.com 32t; **FLPA:** Jan Van Arkel/Minden Pictures 60bl, 60clb, 60l, 60tl; **Getty Images:** 109bl; American Images Inc. 97cl (apple), 97clb (apple); Blend Images 15tr; CGIBackgrounds.com 28cl; Ralph Crane/Time & Life Pictures 108bc; Digital Vision 121fcr; Fox Photos/ 154bl; Henry Guttmann 154cl; Harry Sieplinga/HMS Images 44br; Haynes Archive/Popperfoto 155br; Gavin Hellier 122bl; Sandy Huffaker 52cl; Hulton Archive 20cr, 72br, 123bc; The Image Bank 119tr (glasses), 119tr (umbrella); Seth Joel 159tr; LWA/Dann Tardif 57tc; Mansell/Time & Life Pictures 147bc, 155tr; New Vision Technologies Inc 121cr; Thomas Northcut 119tr (phone); Greg Pease/Photographer's Choice 29tl; Photographer's Choice 119ftr (bottle), 119tr (balloon); Popperfoto 155tl; Purestock 113bc (student); Riser 119tr (cake); Yun Shouping/Bridgeman 121ca; Southern Stock 34cl; Stock Montage 20cl (Galileo); Pete Turner/Stone 29bl; Stone 119tr (coins); Taxi 119tr (earth); Tetra images 76cl; Mansell/Time & Life Pictures 20fcl; Time & Life Pictures 83tr (man), 123c; Guy Vanderelst 28br; John Woodcock 21bl; Anna Yu 97tl; **iStockphoto.com:** 8-9ca (brain), 74-75 (gears),166l (brain); Marek Uliasz 20c; **www.kasparovagent.com, with kind permission of Garry Kasparov:** 21tr; **Lebrecht Music and Arts:** Ullstein-PWE 18cl (Hans Berger); **naturepl.com:** Andrew Cooper 60tr, 61bl; **NHPA/Photoshot:** Mike Lane 61cra (grass snake); **Photolibrary:** Big Cheese 56cl; **www.sandlotscience.com:** 'All is Vanity' Charles Allan Gilbert, 1873 - 1929 32b; **Science Photo Library:** 18-19bc (brain scan), 26cr, 27bl, 27cl, 27tl, 72bl, 72fcl, 147 (Background), 147cl; Anatomical Travelogue 53cra; John Bavosi 11cr, 12-13cr; Martyn F. Chillmaid 45br; CNRI 106tr; Christian Darkin 87ca; Martin Dohrn 53cl; Emilio Segre Visual Archives/American Institute Of Physics 72tl; Eye Of Science 106c; Steve Gschmeissner 106fcl; Nancy Kedersha 17cr; Living Art Enterprises, Llc 53tc; Dr John Mazziotta Et Al 12bl; Will & Deni Mcintyre 175crb; Hank Morgan 139tl; Sinclair Stammers 107bc; Thomas Deerinck, NCMIR 173fbr; **Still Pictures:** Ron Giling 120crb; **V&A Images, Victoria and Albert Museum:** 135tl; **Wellcome Library, London:** Dr Jonathan Clarke 16bl

Jacket images: Front: DK Images: NASA c (earth); Stephen Oliver cl (compass), cla (beaker); **Getty Images:** Photonica/A. T. White cr (hands); **Science Photo Library:** Pasieka cb; Tek Image cl (lightbulb)

All other images
© Dorling Kindersley
For further information see:
www.dkimages.com